同朋高等学校

〈収録内容〉

便利な DL コンテンツは右の QR コードか

解答用紙　過去年度

※データのダウンロードは 2025 年 3 月末日まで。
※データへのアクセスには、右記のパスワードの入力が必要となります。 ⇒ 026318

〈合格最低点〉

※学校からの合格最低点の発表はありません。

本書の特長

実戦力がつく入試過去問題集

- ▶ 問題 …………… 実際の入試問題を見やすく再編集。
- ▶ 解答用紙 …… 実戦対応仕様で収録。
- ▶ 解答解説 …… 詳しくわかりやすい解説には、難易度の目安がわかる「基本・重要・やや難」の分類マークつき（下記参照）。各科末尾には合格へと導く「ワンポイントアドバイス」を配置。採点に便利な配点つき。

入試に役立つ分類マーク

基本 確実な得点源！
受験生の 90％以上が正解できるような基礎的、かつ平易な問題。
何度もくり返して学習し、ケアレスミスも防げるようにしておこう。

重要 受験生なら何としても正解したい！
入試では典型的な問題で、長年にわたり、多くの学校でよく出題される問題。
各単元の内容理解を深めるのにも役立てよう。

やや難 これが解ければ合格に近づく！
受験生にとっては、かなり手ごたえのある問題。
合格者の正解率が低い場合もあるので、あきらめずにじっくりと取り組んでみよう。

合格への対策、実力錬成のための内容が充実

- ▶ 各科目の出題傾向の分析、合否を分けた問題の確認で、入試対策を強化！
- ▶ その他、学校紹介、過去問の効果的な使い方など、学習意欲を高める要素が満載！

解答用紙ダウンロード 解答用紙はプリントアウトしてご利用いただけます。弊社ＨＰの商品詳細ページよりダウンロードしてください。トビラのＱＲコードからアクセス可。

UD FONT 見やすく読みまちがえにくいユニバーサルデザインフォントを採用しています。

同朋高等学校

▶交通　地下鉄東山線「中村公園」駅より市バス４分または徒歩15分
「笹島」バス停より15分(栄23系統)

〒453-8540　名古屋市中村区稲葉地町7-1
☎052-411-1216(入試広報室)

沿　革

1827年創立の名古屋東本願寺掛所を母体として発展してきた３つの大学を有する同朋学園により，1958年に創立された。普通科，商業科，音楽科の３課程を有する男女共学校である。

建学の精神　共なるいのち，同朋和敬

教育方針

仏教精神にもとづき，全人教育をとおして正しい世界観をもつ，個性豊かな人間を育成する。

●普通科

２年次から選択授業で「文系・理系・医療看護系・美術系」の４コースに分かれ，文理別クラス編成で進路に対応している(３年次には理系・医療看護系は週２回７限まで)。また，「土曜特別授業」を実施しており，難関大学や医療看護系学校を希望する生徒をサポートしている。

●商業科

簿記やコンピュータなどの高い資格取得率を進路実現に生かしている。２年次からは会計・情報・ビジネス・デザインの４系列に分かれた選択授業で専門性を高めている。同朋独自の「フィナンシャル・プランニング」というお金の面から将来設計を考える授業も魅力である。

授業風景

●音楽科

併設の名古屋音楽大学との「高大一貫７年教育」が特徴。ピアノ・声楽・弦楽・管楽・電子オルガンなど８つの専攻があり一流の講師からハイレベルな音楽教育が受けられる(ミュージカルコースも他校にない特徴)。修学旅行は，音楽の都，ウィーンやザルツブルグへ行き本場の音楽に触れる。

音楽科

クラブ活動

●**運動部**　柔道，剣道，硬式野球，陸上競技，テニス，卓球，バレーボール，サッカー，バスケットボール，ソフトボール，バトン，バドミントン，ハンドボール，ラグビー，ダンス，女子蹴球，釣り同好会

●**文化部**　放送，茶道，美術，書道，情報処理，演劇，吹奏楽，囲碁•将棋，映画研究，文芸，写真，フォークソング，漫画研究，料理研究，合唱，自然哲学研究会，手話同好会

ラグビー部

年間行事

4月／入学式，フレッシュマン合宿（1年），校外学習（2年），上山研修（3年）

5月／体育大会，ウエサカ祭

7月／芸術鑑賞，アンサンブル演奏会（音楽科）

8月／オーストラリア語学研修

9月／文化祭

10月／合唱・オーケストラ演奏会（音楽科）

11月／報恩講

12月／沖縄修学旅行（2年普通科・商業科）

1月／卒業演奏会（音楽科）

2月／卒業式

3月／ヨーロッパ修学旅行（2年音楽科）

その他

①進路希望に応じて「土曜授業と実技プログラム」を受講できる。

■土曜特別授業

難関大学への進学を目標とした特別授業。毎週英語・数学を各2時限ずつ行い，定期考査・模擬試験も実施。

■医療看護系進学プログラム

医療看護系の大学・短大・専門学校への進学をめざすプログラム。受験に必要な実力を養成する「土曜特別授業」と，病院・施設への体験・実習，人間関係力を育てる「コミュニケーションワークプログラム」を実施している。

■美術系エクステンション・プログラム

美術系大学への進学を目的にした3年間のプログラム。授業後の週2～3回の補習を受講する。併設の名古屋造形大学の先生からの指導も受けられ実力がつく。

■語学系エクステンション・プログラム

外国人講師が行う英会話を中心とした講座を授業後に行い語学力をアップすることが目標。夏休みのオーストラリア語学研修や中期留学の制度につなげることもできる。

②キャリアデザイン教育

10年後の自分をデザインするため，大人や卒業生の力を借りて，「キャリアセミナー」「卒業生を囲む集い」などで生き方を考える場を設定しながら，担任との面談や情報での「職業調べ」や国語での「自分史」の作成など授業の中でもていねいに指導している。

エクステンション・プログラム〈美術〉

進　路

同朋学園が併設する3大学–同朋大学，名古屋音楽大学，名古屋造形大学へ特別推薦の道が開かれている。

●**おもな進学先**（同朋学園グループ以外）

愛知県立芸術大学，愛知大学，愛知学院大学，愛知工業大学，愛知淑徳大学，中京大学，中部大学，名古屋外国語大学，南山大学，名城大学，国立音楽大学，洗足学園音楽大学，上智大学，立命館大学，愛知県立総合看護専門学校，公立瀬戸旭看護専門学校など

◎2024年度入試状況◎

学　　科	普　通	商　業	音　楽
募　集　数	360	80	30
応募者数	1224	283	42
受験者数	1221	283	41
合格者数	非公表		

※各募集数のうち65%程度は推薦

過去問の効果的な使い方

① **はじめに**　入学試験対策に的を絞った学習をする場合に効果的に活用したいのが「過去問」です。なぜならば，志望校別の出題傾向や出題構成，出題数などを知ることによって学習計画が立てやすくなるからです。入学試験に合格するという目的を達成するためには，各教科ともに「何を」「いつまでに」やるかを決めて計画的に学習することが必要です。目標を定めて効率よく学習を進めるために過去問を大いに活用してください。また，塾に通われていたり，家庭教師のもとで学習されていたりする場合は，それぞれのカリキュラムによって，どの段階で，どのように過去問を活用するのかが異なるので，その先生方の指示にしたがって「過去問」を活用してください。

② **目的**　過去問学習の目的は，言うまでもなく，志望校に合格することです。どのような分野の問題が出題されているか，どのレベルか，出題の数は多めか，といった概要をまず把握し，それを基に学習計画を立ててください。また，近年の出題傾向を把握することによって，入学試験に対する自分なりの感触をつかむこともできます。

過去問に取り組むことで，実際の試験をイメージすることもできます。制限時間内にどの程度までできるか，今の段階でどのくらいの得点を得られるかということも確かめられます。それによって必要な学習量も見えてきますし，過去問に取り組む体験は試験当日の緊張を和らげることにも役立つでしょう。

③ **開始時期**　過去問への取り組みは，全分野の学習に目安のつく時期，つまり，9月以降に始めるのが一般的です。しかし，全体的な傾向をつかみたい場合や，学習進度が早くて，夏前におおよその学習を終えている場合には，7月，8月頃から始めてもかまいません。もちろん，受験間際に模擬テストのつもりでやってみるのもよいでしょう。ただ，どの時期に行うにせよ，取り組むときには，集中的に徹底して取り組むようにしましょう。

④ **活用法**　各年度の入試問題を全問マスターしようと思う必要はありません。できる限り多くの問題にあたって自信をつけることは必要ですが，重要なのは，志望校に合格するためには，どの問題が解けなければいけないのかを知ることです。問題を制限時間内にやってみる。解答で答え合わせをしてみる。間違えたりできなかったりしたところについては，解説をじっくり読んでみる。そうすることによって，本校の入試問題に取り組むことが今の自分にとって適当かどうかが，はっきりします。出題傾向を研究し，合否のポイントとなる重要な部分を見極めて，入学試験に必要な力を効率よく身につけてください。

数学

各都道府県の公立高校の入学試験問題は，中学数学のすべての分野から幅広く出題されます。内容的にも，基本的・典型的なものから思考力・応用力を必要とするものまでバランスよく構成されています。私立・国立高校では，中学数学のすべての分野から出題されることには変わりはありませんが，出題形式，難易度などに差があり，また，年度によっての出題分野の偏りもあります。公立高校を含め，ほとんどの学校で，前半は広い範囲からの基本的な小問群，後半はあるテーマに沿っての数問の小問を集めた大問という形での出題となっています。

まずは，単年度の問題を制限時間内にやってみてください。その後で，解答の答え合わせ，解説での研究に時間をかけて取り組んでください。前半の小問群，後半の大問の一部を合わせて50%以上の正解が得られそうなら多年度のものにも順次挑戦してみるとよいでしょう。

英語

英語の志望校対策としては，まず志望校の出題形式をしっかり把握しておくことが重要です。英語の問題は，大きく分けて，リスニング，発音・アクセント，文法，読解，英作文の5種類に分けられます。リスニング問題の有無(出題されるならば，どのような形式で出題されるか)，発音・アクセント問題の形式，文法問題の形式(語句補充，語句整序，正誤問題など)，英作文の有無(出題されるならば，和文英訳か，条件作文か，自由作文か）など，細かく具体的につかみましょう。読解問題では，物語文，エッセイ，論理的な文章，会話文などのジャンルのほかに，文章の長さも知っておきましょう。また，読解問題でも，文法を問う問題が多いか，内容を問う問題が多く出題されるか，といった傾向をおさえておくことも重要です。志望校で出題される問題の形式に慣れておけば，本番ですんなり問題に対応することができますし，読解問題で出題される文章の内容や量をつかんでおけば，読解問題対策の勉強として，どのような読解問題を多くこなせばよいかの指針になります。

最後に，英語の入試問題では，なんと言っても読解問題でどれだけ得点できるかが最大のポイントとなります。初めて見る長い文章をすらすらと読み解くのはたいへんなことですが，そのような力を身につけるには，リスニングも含めて，総合的に英語に慣れていくことが必要です。「急がば回れ」ということわざの通り，志望校対策を進める一方で，英語という言語の基本的な学習を地道に続けることも忘れないでください。

国語

国語は，出題文の種類，解答形式をまず確認しましょう。論理的な文章と文学的な文章のどちらが中心となっているか，あるいは，どちらも同じ比重で出題されているか，韻文(和歌・短歌・俳句・詩・漢詩)は出題されているか，独立問題として古文の出題はあるか，といった，文章の種類を確認し，学習の方向性を決めましょう。また，解答形式は，記号選択のみか，記述解答はどの程度あるか，記述は書き抜き程度か，要約や説明はあるか，といった点を確認し，記述力重視の傾向にある場合は，文章力に磨きをかけることを意識するとよいでしょう。さらに，知識問題はどの程度出題されているか，語句(ことわざ・慣用句など)，文法，文学史など，特に出題頻度の高い分野はないか，といったことを確認しましょう。出題頻度の高い分野については，集中的に学習することが必要です。読解問題の出題傾向については，脱語補充問題が多い，書き抜きで解答する言い換えの問題が多い，自分の言葉で説明する問題が多い，選択肢がよく練られている，といった傾向を把握したうえで，これらを意識して取り組むと解答力を高めることができます。「漢字」「語句・文法」「文学史」「現代文の読解問題」「古文」「韻文」と，出題ジャンルを分類して取り組むとよいでしょう。毎年出題されているジャンルがあるとわかった場合は，必ず正解できる力をつけられるよう意識して取り組み，得点力を高めましょう。

数学

出題傾向の分析と 合格への対策

●出題傾向と内容

本年度の出題数は大問5題，小問21題で，昨年と同様であった。

出題内容は，1が独立した10題の設問で，数・式の計算，平方根，因数分解，方程式，数の性質，2次関数の変域など。2は1次方程式の利用問題。3は規則性の問題。4は資料の整理の問題，平面図形の証明問題。5は図形と関数・グラフの融合問題。

数や式の計算や因数分解，方程式などでの基礎的な計算力，関数・グラフの基本的性質，図形に関しての重要な知識や定理などが身についているかを確かめることに主眼が置かれた問題が多い。また，解答方式がマークシートになったことにも注意しておきたい。

✔学習のポイント

まずは教科書などを使って，計算力や基礎的知識を固めることに力を入れよう。関数・グラフや図形問題に要注意。

●2025年度の予想と対策

来年度も出題数，出題形式，出題内容とも例年並みの傾向が続くものと思われる。広い範囲にわたっての基本的・基礎的な知識や考え方が重視されるだろう。

平方根を含む数や文字の計算，因数分解，方程式などの数量分野からの問題が数多く出題される傾向も変わらないだろう。関数・グラフと図形の融合問題，図形の計量問題は，応用力・思考力を必要とする形で出題されることも予想されるので，これらの分野に関しては標準レベルの問題集にあたっておくのもよい。また，規則性も例年出題されているので過去の問題を利用して慣れておこう。

▼年度別出題内容分類表 ……

出題内容			2020年	2021年	2022年	2023年	2024年
数と式		数の性質	○		○		○
		数・式の計算	○	○	○	○	○
		因数分解	○	○	○	○	○
		平方根	○	○	○	○	○
方程式・不等式		一次方程式	○	○	○	○	○
		二次方程式	○		○	○	○
		不等式					
		方程式・不等式の応用	○			○	○
関数		一次関数	○	○			○
		二乗に比例する関数	○		○	○	○
		比例関数		○			
		関数とグラフ	○	○	○	○	○
		グラフの作成					
図形	平面図形	角度	○	○		○	
		合同・相似					○
		三平方の定理					
		円の性質		○			
	空間図形	合同・相似					
		三平方の定理					
		切断					
	計量	長さ	○	○			
		面積	○	○	○	○	○
		体積					○
		証明					○
		作図					
		動点		○	○		
統計		場合の数					
		確率	○	○	○	○	
		統計・標本調査		○	○	○	○
融合問題		図形と関数・グラフ	○	○		○	○
		図形と確率					
		関数・グラフと確率			○		
		その他					
その他				○	○	○	○

同朋高等学校

英語

出題傾向の分析と 合格への対策

●出題傾向と内容

本年度は，発音問題，アクセント問題，語句選択問題，言い換え・書き換え問題，語句整序問題，会話文読解問題，長文読解物題が各1題の大問にして計7題という構成であった。全体の量，構成等に大きな変化は見られない。

全体として，問題量はさほど多くなく，内容に関しても基本的事項を理解していれば解ける問題が多い。

読解問題では，内容一致や語句補充を問う問題が中心である。文法問題に関しても，全体を通して基本的知識が問われている。

学習のポイント

教科書の重要構文と書き換えパターンをまず覚えよう。長文は平易な内容のものをたくさん読んで内容把握の練習をしよう。

●2025年度の予想と対策

問題の形式やレベルに大きな変更はないと予想される。長文読解では，平易な文章の内容を素早く把握するために，短めの文章を多く読む練習をこなしておきたい。問題集で，指示語の内容や内容把握の問題を練習しておくとよい。

文法問題では，まず教科書の基本事項を頭に入れておく。言い換え・書き換えはオーソドックスな問題が出題されているため，問題集で頻出のものを必ず確認しておこう。また会話の基本的な表現もまとめておくとよい。

近年は発音・アクセント問題が出題されているので，新出単語は必ず声に出して発音し，確認してから覚えるようにする。

▼年度別出題内容分類表 ……

	出題内容	2020年	2021年	2022年	2023年	2024年
話し方・聞き方	単語の発音	○	○	○	○	○
	アクセント	○	○	○	○	○
	くぎり・強勢・抑揚					
	聞き取り・書き取り					
語い	単語・熟語・慣用句					○
	同意語・反意語					
	同音異義語					
読解	英文和訳（記述・選択）					
	内容吟味	○	○	○	○	○
	要旨把握	○	○			○
	語句解釈	○		○		
	語句補充・選択	○	○	○	○	○
	段落・文整序					
	指示語	○	○	○	○	○
	会話文	○	○	○	○	
文法・作文	和文英訳					
	語句補充・選択	○	○	○	○	○
	語句整序	○	○	○	○	○
	正誤問題					
	言い換え・書き換え	○	○	○	○	○
	英問英答					
	自由・条件英作文					
文法事項	間接疑問文				○	○
	進行形	○			○	○
	助動詞	○	○		○	○
	付加疑問文		○			
	感嘆文					
	不定詞	○	○	○	○	○
	分詞・動名詞	○	○	○		○
	比較	○			○	○
	受動態	○	○		○	○
	現在完了	○		○	○	○
	前置詞			○		○
	接続詞		○	○	○	○
	関係代名詞	○			○	○

同朋高等学校

理科

出題傾向の分析と合格への対策

●出題傾向と内容

問題数は大問が5題，理科の4分野から出題され，さらに一問は小問集合の問題であった。小問数は25題程度である。試験時間は40分である。標準的なレベルの問題が多く，教科書のレベルを超える問題は見られない。

計算問題も出題されるが，一般的な内容の問題であり難問はない。

出題に偏りはなく，小問集合の形式もあり，教科書レベルの理科全般の幅広い知識が求められる。また，理科に関係する時事的な内容を問う問題も出題されることがある。

✔学習のポイント

教科書の要点をしっかりと理解し，幅広い基礎的な知識を身につけよう。

●2025年度の予想と対策

教科書を中心とした学習をまず行うこと。偏りのない学習を行い，弱点をつくらないようにしたい。

学習方法としては，教科書の内容を十分学習して書かれている事柄を理解するとともに，実験の方法や実験器具の扱い方，実験データの解釈，表や図の意味を理解することも大切である。さらに，標準レベルの問題集で演習を行い，典型的な計算問題などは確実に解けるようにしておきたい。

時事問題や身近な物質について問われることもあるので，新聞，テレビ等の科学的なニュースには関心を持つようにしたい。

▼年度別出題内容分類表 ……

出題内容		2020年	2021年	2022年	2023年	2024年
第一分野	物質とその変化		○			○
	気体の発生とその性質	○				○
	光と音の性質		○		○	○
	熱と温度					
	力・圧力	○		○		
	化学変化と質量					
	原子と分子	○			○	
	電流と電圧	○				○
	電力と熱	○				
	溶液とその性質				○	
	電気分解とイオン				○	
	酸とアルカリ・中和					
	仕事				○	
	磁界とその変化			○		
	運動とエネルギー				○	○
	その他		○	○		○
第二分野	植物の種類とその生活				○	○
	動物の種類とその生活					
	植物の体のしくみ					
	動物の体のしくみ		○	○		
	ヒトの体のしくみ		○		○	○
	生殖と遺伝	○		○		
	生物の類縁関係と進化	○				
	生物どうしのつながり					
	地球と太陽系				○	
	天気の変化	○		○		○
	地層と岩石			○		
	大地の動き・地震		○		○	○
	その他	○			○	

同朋高等学校

社会

出題傾向の分析と合格への対策

●出題傾向と内容

本年度は，大問は昨年度より1題増えて6題であった。小問は3問増えて30問であった。分野別の出題割合は，小問数で地理が8問，歴史が10問，公民が7問であった。地理は，世界の諸地域の特色（ヨーロッパ州），気候，産業など。歴史は，古代から現代までの政治・外交，社会・経済に関するもの。公民は政治・経済のしくみや憲法を中心に，時事問題なども出題されている。

学習のポイント

地理：諸地域の特色を理解しよう。
歴史：政治・外交などのテーマで歴史の流れを理解しよう。
公民：政治経済のしくみを理解しよう。

●2025年度の予想と対策

来年度も例年通りの出題が予想される。したがって，重要事項を中心に教科書の内容を正確に理解し，基礎基本をマスターすることが大切である。問題集で出題率が高い事項を反復演習しておくのも効果的である。重要事項は，その意味を理解するだけでなく，資料をもとに，他の事項との関連を考察しておきたい。

地理は，教科書のほか地図帳や資料集，ネット情報なども活用しながら学習しよう。歴史は，年表を活用し出来事の流れをおさえよう。また，各時代の主要な日本史と世界史の関連に注意しよう。公民は，政治経済のしくみや憲法に関する重要事項を資料を活用して正確に理解しておこう。このように，基礎・基本をくり返し学習することが大切である。その他，インターネットの報道にも注意して内外の主な出来事を分析し，世論とともに，自分の意見をまとめるなどして時事問題への関心を高めておきたい。

▼年度別出題内容分類表 ……

出題内容			2020年	2021年	2022年	2023年	2024年
地理的分野	（日本）	地形図	○	○	○		
		地形・気候・人口		○	○		○
		諸地域の特色	○	○	○		
		産業					○
		交通・貿易					
	（世界）	人々の生活と環境	○				
		地形・気候・人口		○		○	○
		諸地域の特色	○			○	○
		産業					○
		交通・貿易					
	地理総合						
歴史的分野	（日本史）	各時代の特色	○				
		政治・外交史	○	○	○	○	○
		社会・経済史	○	○	○	○	○
		文化史	○		○		○
		日本史総合					
	（世界史）	政治・社会・経済史				○	○
		文化史					
		世界史総合					
	日本史と世界史の関連			○	○	○	○
	歴史総合						
公民的分野	家族と社会生活						
	経済生活		○		○	○	○
	日本経済		○				
	憲法（日本）		○	○	○	○	○
	政治のしくみ		○	○	○	○	○
	国際経済						
	国際政治		○	○			
	その他		○	○	○	○	○
	公民総合						
各分野総合問題							

同朋高等学校

国語

出題傾向の分析と 合格への対策

●出題傾向と内容

本年度も，論説文，小説，古文の計3題による大問構成であった。

論説文は，内容吟味を中心に，知識分野問題も出題された。小説は，心情に関する問題を中心に，知識分野も組みこまれて出題された。古文は『今昔物語』からの出題で，心情に関する問題などが出題された。現代語の大意が付されている。

解答形式は，記号選択式のみとなっている。記号選択式は，選択肢にややまぎらわしいものがあり，文章の丁寧な読み取りをする力が試されている。

✔学習のポイント

漢字や熟語・文学史などは早めに知識をつけておこう。指示語の指示内容を正確に読み取れるようにしよう。

●2025年度の予想と対策

今後も現代文2題と古文1題は出題されると思われる。

論説文では，文章が取り扱っているテーマと筆者の主張を把握し，根拠をもって解答することが大切だ。

小説など文学的文章では，比喩や慣用表現の表すところを確実におさえ，情景や内容を把握することが必要となる。

また，古文は大意が付される可能性が高いが，和歌に代表されるような婉曲的な言い回しの本質の意味を読み取ることは求められる。問題集を用いて演習しておこう。

知識問題については，あらゆる範囲から的を絞って出題されると思われる。教科書に掲載されている程度の知識については，早いうちから確認しておこう。

▼年度別出題内容分類表 ……

出題内容			2020年	2021年	2022年	2023年	2024年
内容の分類	読解	主題・表題					
		大意・要旨	○	○	○		○
		情景・心情	○	○	○	○	○
		内容吟味	○	○	○	○	○
		文脈把握	○	○	○	○	○
		段落・文章構成		○			
		指示語の問題	○	○	○		
		接続語の問題	○	○	○	○	○
		脱文・脱語補充	○	○	○	○	
	漢字・語句	漢字の読み書き	○	○	○	○	○
		筆順・画数・部首					
		語句の意味	○		○	○	○
		同義語・対義語			○		
		熟語					
		ことわざ・慣用句					○
	表現	短文作成					
		作文(自由・課題)					
		その他					
	文法	文と文節					
		品詞・用法	○		○		○
		仮名遣い		○	○		
		敬語・その他		○		○	○
	古文の口語訳					○	○
	表現技法				○	○	○
	文学史		○	○	○		
問題文の種類	散文	論説文・説明文	○	○	○	○	○
		記録文・報告文					
		小説・物語・伝記	○	○	○	○	○
		随筆・紀行・日記					
	韻文	詩					
		和歌(短歌)				○	
		俳句・川柳				○	
	古文		○	○	○	○	○
	漢文・漢詩						

同朋高等学校

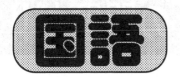

2024年度 合否の鍵はこの問題だ!!

数学　3

規則性の問題であるから，規則を見つけることができるかが鍵となる。もし，規則を見つけることができなければ，すべて書き出すしかない。下に5段目までカードを並べた図を示したが奇数段目の中央のカードは平方数となっている。また，一番左のカードに書かれた数字は1，3，7，13，21，…で，＋2，＋4，＋6，＋8，…と増加する数が2の倍数となっている。解答では奇数段目の中央の数字が平方数となっていることを利用して解いたので，ここでは，一番左の数字に注目して解く。

（1）　4段目に並んだカードは13，15，17，19であるから，1段目から4段目までに並んだカードに書かれた数字の和は1＋3＋5＋7＋9＋11＋13＋15＋17＋19＝100である。

（2）　1段目，2段目，3段目，…にはそれぞれ1枚，2枚，3枚，…のカードが並んでいることから，n段目にはn枚のカードが並んでいる。5段目の一番左のカードに書かれた数字は1＋2＋4＋6＋8＝21であり，5段目には5枚のカードが並んでいるので，5段目に並んだカードに書かれた数字は21，23，25，27，29である。したがって，一番右端のカードに書かれている数字は29である。

（3）　21段目の一番左のカードに書かれた数字は1＋2＋4＋6＋8＋10＋12＋14＋16＋18＋20＋22＋24＋26＋28＋30＋32＋34＋36＋38＋40＝421である。よって，21段目に並ぶカードは左から順に421，423，425，427，429，431，…であるから，21段目の左から5枚目に並ぶカードに書かれた数字は429である。

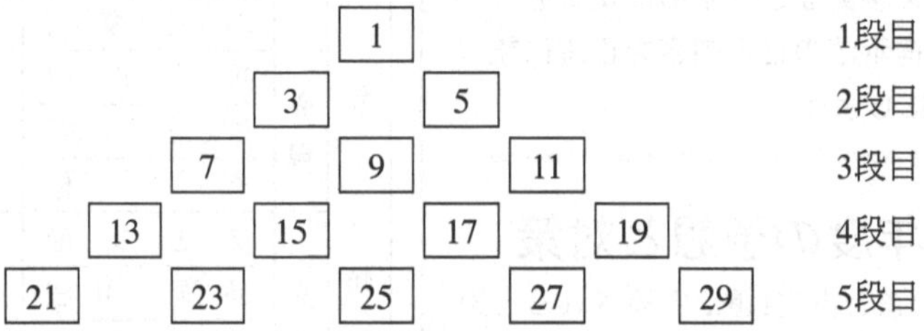

英語　6（5），7（5）

6(5)と7(5)の内容真偽問題を取り上げる。5つの選択肢から，本文の内容に合うものを1つ，ないしは，2つ選ぶ形式で出題された。

選択肢を一見して，真偽がはっきりとわかるものもあるかもしれないが，不確かな選択肢は，必ず本文の該当箇所でその当否を確認することが肝要である。

なお，正答を探していく方法と間違っている選択肢を消去していく方法を並行して行うとよい。

対策としては，なるべく多くの長文に接するようにして，速く正確に英文を読む読解力を身につけるようにしよう。

理科　2 Ⅰ

大問が5題で，小問集合が1題，その他は各分野からの出題であった。問題レベルは全般的には標準的なレベルである。

今回合否を分ける鍵となった問題として，2のⅠのエネルギーの問題を取り上げる。

(1)　仕事＝力の大きさ(N)×力の向きに移動した距離(m)から求められる。10kgの物体にかかる重力の大きさは100Nであり，5mの高さまで持ち上げるので，仕事の大きさは100×5＝500(J)である。

(2)　斜面を移動する物体には，重力の斜面方向の力がかかる。一定の力を受ける物体は，一定の加速度を受け，等加速度運動をおこなう。等加速度運動をおこなう物体の速度は時間に比例する。斜面を下りると，物体は水平方向には力を受けなくなるので等速直線運動をおこなうようになる。そのため速度は一定のままである。グラフは②になる。

(3)　高い位置にある物体は，位置エネルギーを持つ。斜面を下ると高さが減少するが，速度が増加し運動エネルギーが増加する。位置エネルギーと運動エネルギーを力学的エネルギーといい，その和は等しくなる。それでより高い位置にある物体の方が大きな位置エネルギーを持つので，水平面に達するときの運動エネルギーも大きくなり速度も速くなる。図ではD点が最も高く，位置エネルギーが最大なので，P点での速度が最も大きくなる。

全体的に標準的なレベルの問題で難問はない。いかに基礎的な知識が身についているかが鍵となる。加えて，小問集合の形式の問題も大問として1題出題される。ここで得点することが大切であり，教科書を中心に学習し偏りのない理科全般の基本的な知識を身につけるようにしたい。

社会　5　問4，6　問6

5 問4　歴史の第一次世界大戦前後の日本の状況を考える思考力を要する正誤問題である。当時は，大正デモクラシーという民主主義の芽生えやそれを勝ち取るためのさまざまな運動などが展開された。その例として，被差別部落民や女性などの解放運動は，学校教育で重視されている人権教育の視点から出題率が高いので注意したい。1922年3月3日に出された水平社宣言(全国水平社大会での宣言)は，人間の平等をうたい，部落解放運動の出発点であるとともに日本最初の人権宣言とされる。起草者の西光万吉は，「被差別部落民が団結して差別の撤廃を訴えるべき」と決意した。西光は人々に，部落民への「同情」ではなく同じ人間としての「尊敬」を求めたのである。

6 問6　公民の経済生活の景気の変動に関する頻出の出題である。インフレやデフレのように直接に生活に関連する事項は，生徒の関心を高めるのでよく出される。インフレは，好況下でモノ・サービスに対する需要が増加し，供給を上回り発生する。モノの価格が上がると，消費者は「安いうちに買おう」という心理が働き，消費が活発になり，企業は売上が増え利益が見込まれ，従業員の給料も上がるなど，社会にお金が循環して景気は上昇する。しかし，デメリットとして，お金の価値が下がる。1円の価値が下がれば，貯めてきた貯蓄の価値も下がり，例えば200万円の車を購入するために一生懸命200万円貯めても，インフレによって車の値段が300万円に上がれば，その車を買うことはできなくなるのである。

国語 一 問六

★なぜこの問題が合否を分けるのか。

生の歓びを与えてくれる存在とは何か理解していないと答えられない。

★こう答えると合格できない

本文の中の文章から，具体例に当てはまるかを読み取るが必要である。

★これで合格！

具体例では「初めて作ったアクセサリーを，フリーマーケットで売り切ることができた」とある。生の歓びを与えてくれる存在とは，他者から認められたり・注目され，ほめられたり，活動の励みになり，生きることの大きな支えになる。フリーマーケットで売り切ることができたという事は，他者からアクセサリーが認められて，注目されたので売り切ることができた。また，アクセサリーを通じて自分を他者から認められたことが生きていく上で励みにも繋がっていく。

2024年度

★★★★★★★★★★★★★★★★★★★★★★★★★

入　試　問　題

2024年度

同朋高等学校入試問題

【数　学】（40分）　＜満点：100点＞

1　次の(1)から(10)の文章中の $\boxed{\text{アイ}}$ などに入る符号や数字をそれぞれ答えなさい。

(1)　$(-4)^2\div 4+(-4^2)$ を計算すると $\boxed{\text{アイウ}}$ である。

(2)　$\dfrac{7}{2}\div\left(\dfrac{\sqrt{7}}{2}\right)^2\times(-5)$ を計算すると $\boxed{\text{エオカ}}$ である。

(3)　方程式 $x-15=-2(x-3)$ の解は $x=\boxed{\text{キ}}$ である。

(4)　連立方程式 $\begin{cases}3x-y=2\\ x-(1-y)=5\end{cases}$ の解は $x=\boxed{\text{ク}}$，$y=\boxed{\text{ケ}}$ である。

(5)　$\sqrt{27}-2\sqrt{12}+\dfrac{4}{\sqrt{3}}$ を計算すると $\dfrac{\sqrt{\boxed{\text{コ}}}}{\boxed{\text{サ}}}$ である。

(6)　$\sqrt{240n}$ が整数となる最も小さい自然数 n の値は $\boxed{\text{シス}}$ である。

(7)　$x^2-7x-60$ を因数分解すると $(x-\boxed{\text{セソ}})(x+\boxed{\text{タ}})$ である。

(8)　関数 $y=x^2$ について，x の変域が $-3\leqq x\leqq 5$ のとき，y の変域は $\boxed{\text{チ}}\leqq y\leqq\boxed{\text{ツテ}}$ である。

(9)　2次方程式 $(x+6)^2=121$ の解は $x=\boxed{\text{トナニ}}$，$\boxed{\text{ヌ}}$ である。

(10)　2次方程式 $x^2+5x+2=0$ の解は $x=\dfrac{\boxed{\text{ネノ}}\pm\sqrt{\boxed{\text{ハヒ}}}}{\boxed{\text{フ}}}$ である。

2　次の(1)から(2)の文章中の $\boxed{\text{アイ}}$ などに入る符号や数字をそれぞれ答えなさい。

(1)　ある3桁の自然数 $\boxed{\text{アイウ}}$ は百の位の数と一の位の数が等しく，すべての位の数の和が14になる。また，$\boxed{\text{アイウ}}$ の一の位の数はそのままにして，百の位の数と十の位の数を入れ替えてできる自然数は，もとの自然数より90小さい。

(2)　Aさんは車を運転して家から駅までを往復した。行きは毎時40㎞，帰りは毎時60㎞の速さで進んだ。Aさんの車の平均の速さは毎時 $\boxed{\text{エオ}}$ ㎞である。

3　次のページの図のように，奇数が書かれたカードを1段目は1枚，2段目は2枚，3段目は3枚と順番に並べていく。次の(1)から(3)の文章中の $\boxed{\text{アイ}}$ などに入る符号や数字をそれぞれ答えなさい。

(1)　1段目から4段目までに並んだカードに書かれた数字の和は $\boxed{\text{アイウ}}$ である。

(2)　5段目の一番右端のカードに書かれている数字は $\boxed{\text{エオ}}$ である。

(3)　21段目の左から5枚目に並ぶカードに書かれた数字は $\boxed{\text{カキク}}$ である。

図

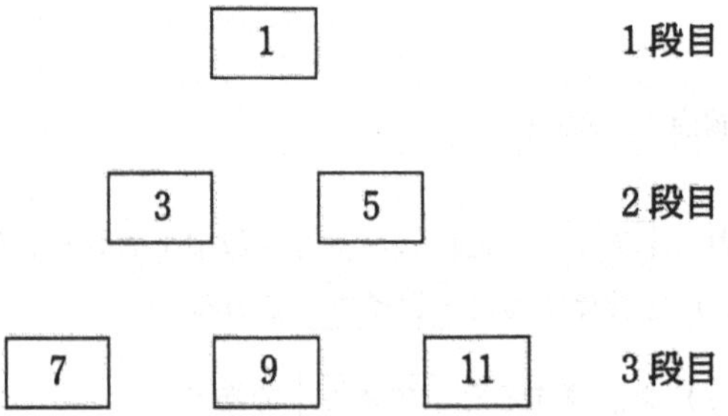

4　次の⑴から⑶の文章中の［ア］から［キ］にあてはまる最も適切なものを，それぞれ解答群から選び，答えなさい。

⑴　次のデータは，ある10人の生徒の数学のテストの得点である。ただし，a の値は0以上の整数とする。このデータの平均値が60.0点のとき，a の値は［ア］であり，このデータの中央値は［イ］点である。

数学のテストの点数（単位：点）									
60	74	66	62	82	38	45	41	67	a

［ア］の解答群

⓪　61　　①　63　　②　64　　③　65

［イ］の解答群

⓪　61.5　　①　62.5　　②　63.5　　③　64

⑵　右の図は，ある商店の商品Xと商品Yの30日間にわたる1日あたりの販売数のデータの箱ひげ図である。この図から分かることについて，次の(A)から(C)までの文章の正誤について正しい組み合わせは［ウ］である。

(A)　商品Xは，商品Yと比べて，販売数の範囲，四分位範囲ともに大きい。

(B)　商品Xでは販売数が15個以上になる日が15日以上あった。

(C)　商品Xも商品Yもそれぞれ販売数が10個未満になる日があった。

図

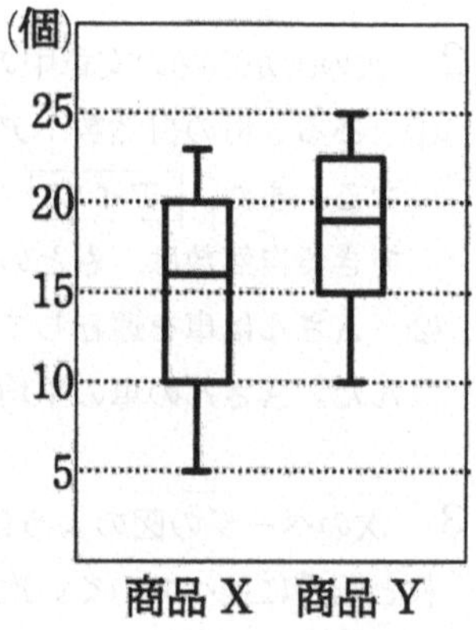

［ウ］の解答群

⓪　(A)　正　　(B)　正　　(C)　正
①　(A)　正　　(B)　正　　(C)　誤
②　(A)　正　　(B)　誤　　(C)　正
③　(A)　正　　(B)　誤　　(C)　誤
④　(A)　誤　　(B)　正　　(C)　正
⑤　(A)　誤　　(B)　正　　(C)　誤

⑥ (A) 誤　(B) 誤　(C) 正

⑦ (A) 誤　(B) 誤　(C) 誤

(3) 平行四辺形ABCDがある。頂点Aから対角線BDに垂線をひき，その垂線と対角線BDとの交点をP，頂点Cから対角線BDに垂線をひき，その垂線と対角線BDとの交点をQとする。このとき，AP＝CQであることを次のように証明したい。

【証明】 △ABPと△CDQで

平行四辺形の性質からAB＝CDである。

平行線の [エ] は等しいから [オ] である。

また，[カ] ＝90°である。

これより，直角三角形の [キ] がそれぞれ等しいので，△ABP≡△CDQ

よって，AP＝CQである。

[エ] の解答群

⓪ 錯角　① 同位角　② 対頂角　③ 長さ

[オ] の解答群

⓪ ∠APD＝∠CQB　① ∠BAP＝∠DCQ

② ∠ABP＝∠CDQ　③ ∠ABC＝∠CDA

[カ] の解答群

⓪ 180°－∠ADQ　① 180°－∠CBQ

② ∠ABC＝∠CDA　③ ∠APB＝∠CQD

[キ] の解答群

⓪ 斜辺と１つの鋭角　① ２辺とその間の角

② 斜辺と他の１辺　③ １辺とその両端の角

5 右の図のように，関数 $y=\frac{1}{2}x^2$ のグラフ上に２点A，Bがある。点Aの x 座標は－２，点Bの x 座標は６である。このとき，次の(1)から(3)の文章中の [アイ] などに入る符号や数字をそれぞれ答えなさい。

(1) 点Bの y 座標は [アイ] である。

(2) △AOBの面積は [ウエ] である。

(3) 直線ABと y 軸との交点を点Pとする。△OPBを y 軸のまわりに１回転させた時にできる立体の体積は [オカ] π である。ただし，円周率を π とする。

図

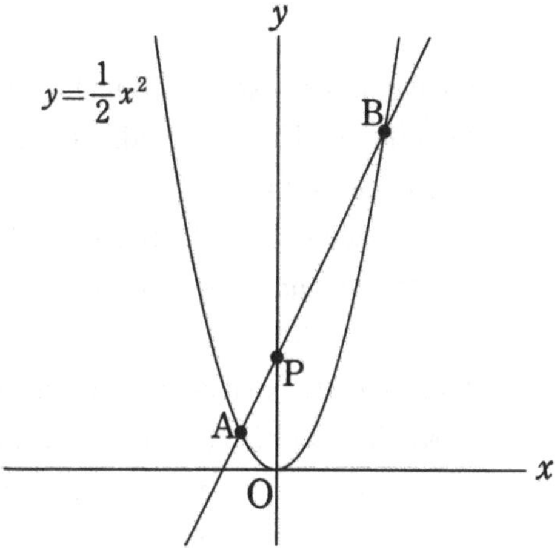

【英　語】（40分）　＜満点：100点＞

1　次の各組のうち，下線部の発音が他と異なるものを，アからエまでの中から１つ選びなさい。

(1)　ア　activity　　イ　alive　　ウ　blind　　エ　library　　解答番号 1

(2)　ア　concert　　イ　doctor　　ウ　drop　　エ　hold　　解答番号 2

2　次の各組のうち，最も強く発音する位置が他と異なるものを，アからエまでの中から１つ選びなさい。

(1)　ア　at-tach　　イ　in-jure　　ウ　mo-ment　　エ　use-ful　　解答番号 3

(2)　ア　sat-is-fy　　イ　na-tion-al　　ウ　ex-pen-sive　　エ　ter-ri-ble　　解答番号 4

3　次の各文の（　）に入る最も適切なものを，アからエまでの中から選びなさい。

(1)　John gave me a book (　　) in English.

ア　write　　イ　writing　　ウ　wrote　　エ　written　　解答番号 5

(2)　Do you know (　　) he was born?

ア　who　　イ　where　　ウ　which　　エ　whose　　解答番号 6

(3)　It is difficult (　　) us to study English.

ア　in　　イ　on　　ウ　to　　エ　for　　解答番号 7

4　次の各組の英文がほぼ同じ内容になるように，（　）に入る最も適切なものを，アからエまでの中からそれぞれ選びなさい。

(1)　Ken and I met ten years ago for the first time.　We are still good friends now.

= Ken and I have (①) each other (②) ten years.

①　ア　know　　イ　knew　　ウ　known　　エ　knowing

②　ア　for　　イ　since　　ウ　in　　エ　of

解答番号　① 8　② 9

(2)　I have three sisters.　Hanako is 20 years old.　Tomoe is 18 years old.　Michiko is 13 years old, and I am 15 years old.

= Tomoe is the (①)(②) of the four.

①　ア　second　　イ　twice　　ウ　older　　エ　oldest

②　ア　second　　イ　twice　　ウ　older　　エ　oldest

解答番号　① 10　② 11

(3)　You can see koalas in the forest.

= Koalas can (①)(②) in the forest.

①　ア　is　　イ　are　　ウ　be　　エ　been

②　ア　see　　イ　saw　　ウ　seen　　エ　seeing

解答番号　① 12　② 13

5 日本語の意味に合うように，（　）内の語句を並べかえたとき，（　）内で**3番目**と**6番目**にくるものを，**ア**から**キ**までの中からそれぞれ選びなさい。

(1) 私が帰ってきた時，母はテレビを観ていた。

My mother (**ア** watching / **イ** came / **ウ** TV / **エ** I / **オ** when / **カ** back / **キ** was).　　**3番目** [14]　**6番目** [15]

(2) マイクはゴリラを見るために，7月にコンゴを訪れるつもりだ。

Mike (**ア** in / **イ** gorillas / **ウ** visit / **エ** see / **オ** to / **カ** the Congo / **キ** will) July.　　**3番目** [16]　**6番目** [17]

(3) ジョンは大勢の前で話をすることを怖がっている。

John (**ア** speak / **イ** in / **ウ** is / **エ** to / **オ** afraid / **カ** of / **キ** front) many people.　　**3番目** [18]　**6番目** [19]

6 次の Tom と Ken の対話を読み，あとの(1)から(5)までの問いに答えなさい。

Tom: Excuse me. Can you tell me how to get to Nagoya Station? I just arrived in Japan, and I need some help.

Ken: [A] You can take the Meitetsu train from here. Is this your first time visiting Nagoya?

Tom: Yes, I'm visiting my older sister in Nagoya for three days. She is studying at a university in Nagoya. I'm very excited because I heard that I can enjoy some famous spots in Nagoya.

Ken: That's great! [B]

Tom: Well... Actually, no. Can you tell me where I should go in Nagoya?

Ken: Sure. There are three famous places you can enjoy in Nagoya.

Tom: Great! Tell me about them.

Ken: All right. One of them is Nagoya City Science Museum*. It is very big, and it has one of the largest planetariums* in the world.

Tom: I see. How much is the ticket to visit the science museum?

Ken: Actually, the prices are different. If you are a student and want to enjoy the planetarium, you will need 500 yen. If you don't visit the planetarium, you only need to pay 200 yen. However, if you are not a student, you have to pay 800 yen with the planetarium and 400 yen without the planetarium.

Tom: Wonderful! Is there any other place I can visit?

Ken: Well, another place is Port of Nagoya Public Aquarium*. It is the largest aquarium in Japan. You need to pay 2,030 yen to enjoy watching dolphin shows*, orca training*, and fish feedings*. If you visit the aquarium after 5 p.m., you only need 1,620 yen to enjoy the aquarium. The third one is Higashiyama Zoo. You can see many kinds of animals (　C　) lions, gorillas, and elephants there. You only need 500 yen to see them.

Tom: Wow! All of the places are very interesting. I'm glad to hear that the science museum has student prices because I'm still a high school student. I will first enjoy the planetarium tomorrow. After that, I will see my sister at night. Then, we will visit the aquarium together.

Ken: Sounds great! How about Higashiyama Zoo?

Tom: I think I will go there the day after tomorrow because I can't visit all the places in one day.

Ken: That's a good idea. Enjoy your stay in Japan!

*(注) Nagoya City Science Museum 名古屋市科学館　planetarium プラネタリウム
Port of Nagoya Public Aquarium 名古屋港水族館　dolphin show イルカショー
orca training シャチのトレーニング　feedings エサやり

(1) 文中の [A] にあてはまる最も適切なものを，アからエまでの中から選びなさい。

ア No problem.　イ I'm sorry.　ウ That's terrible.　エ You're welcome.

解答番号 [20]

(2) 文中の [B] にあてはまる最も適切なものを，アからエまでの中から選びなさい。

ア Do you know how to get there?
イ Do you have any plans for tomorrow?
ウ What do you want to enjoy in Nagoya?
エ Do you want me to tell you where you should go in Nagoya?

解答番号 [21]

(3) 文中の（C）にあてはまる最も適切なものを，アからエまでの中から選びなさい。

ア about　イ example　ウ like　エ such　解答番号 [22]

(4) Tom と Tom の姉が翌日払う入場料は合計でいくらになるか。アからエまでの中から選びなさい。

ア 3,440 yen　イ 3,740 yen　ウ 4,560 yen　エ 5,060 yen　解答番号 [23]

(5) 本文の内容と合っているものを，アからオまでの中から２つ選びなさい。

ア Tom has never visited Nagoya before.
イ The ticket of the aquarium is less expensive than the ticket of the zoo.
ウ Tom will buy the ticket of the science museum with the planetarium.
エ Tom will visit the zoo tomorrow because he can't go to all the places in one day.
オ Tom will visit the science museum and the aquarium alone.

解答番号 [24] [25] に１つずつマーク（順不同）

7 次の英文を読み，あとの(1)から(5)までの問いに答えなさい。

Artificial intelligence* (AI) is an interesting technology. It thinks and learns like human beings.

AI can get better if you use it many times. AI learns from the information ①it receives. AI can receive information in various ways: it can learn from pictures, sentences, or voices.

AI can do a variety of things by using data* we give. Here are three examples. First, AI can translate your words into other languages. AI will be useful when you communicate with people in foreign countries. Second, AI can give you advice when you are in trouble. It can answer anything and answer to you right away. In this way, sick people can find why they feel wrong on the internet. Third, when you ask it “Please create a picture of fruits,” it can create artworks*. AI can create artworks, such as pictures and haiku.

Surprisingly, [②]. In 2015, AlphaGo was created. It is an AI Go* player that can play Go. It gets stronger and stronger by learning from data and playing Go. It learns various tactics* much more quickly than human Go players. As a result, in 2017, AlphaGo won against the best human Go player in the world. From this fact, you can see how fast AI can learn.

AI looks like it can do everything, but that is not true. AI is not good at understanding and expressing feelings. AI can give you advice when you need help, but it may not understand your complex* feelings. It just tells you common advice produced from data. Also, AI’s artworks are different from humans’. AI’s artworks are the result of a collection* of data. Humans’ artworks often include their feelings, so people will be interested in them. AI cannot express its own feelings by painting. [③], some research show that AI is too much efficient*. When you ask it how to solve a problem, it usually tells the most efficient answer. As a result, sometimes it may ignore* things humans usually consider*, such as ethical* problems or human relationships. When we are communicating, we can consider how others feel and think about problems we share. AI is not always perfect.

In the future, AI will be more improved. There will be much more things AI can do better than human beings. There are lots of features only human beings have, so it is important to understand both features. Let’s learn them to make our lives better!

*(注) artificial intelligence 人工知能　data データ　artwork 芸術作品　Go 囲碁
tactics 戦術　complex 複雑な　collection 集合　efficient 効率的な
ignore ～を無視する　consider ～を考慮する　ethical 倫理的な

(1) 下線部①**it** が示すものとして，最も適切なものを，アからエまでの中から選びなさい。

ア AI　イ technology　ウ information　エ human　　解答番号 [26]

(2) 文中の [②] にあてはまる最も適切なものを，アからオまでの中から選びなさい。

ア AI learns as quickly as a human
イ AI can be a better learner than a human
ウ AI can be a friend you can play with
エ human beings can be much more improved than AI
オ it is said that AI is not useful　　解答番号 [27]

⑶ 文中の ③ にあてはまる最も適切なものを，アからエまでの中から選びなさい。

ア Moreover　イ Usually　ウ However　エ Especially　解答番号 28

⑷ 人工知能の弱点として，本文の内容と合っているものを，アからオまでの中から2つ選びなさい。

ア AI cannot understand what you say if you don't speak clearly.

イ AI sometimes ignores problems our society shares.

ウ AI can never make people satisfied with their everyday lives.

エ AI is not good at preserving environment.

オ AI is not good at understanding what human beings think.

解答番号 29 30 に1つずつマーク（順不同）

⑸ 本文の内容と合っているものを，アからオまでの中から1つ選びなさい。

ア AI will do everything human does now in a few years.

イ AlphaGo was made by the best human Go player in the world.

ウ Both AI and human have only good points.

エ There is no difference between human and AI.

オ Understanding what AI and humans can do is important.　解答番号 31

【理　科】（40分）　　＜満点：100点＞

1　次の⑴から⑸の問いに答えなさい。

⑴　**図1**の回路について説明したア，イ，ウの文のうち，正しいものの組み合わせとして，最も適当なものを次の選択肢から選び，答えなさい。

1

図1

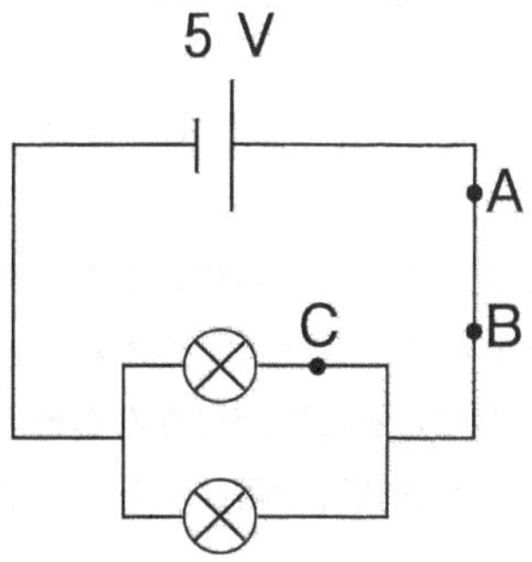

ア　電流の向きはA点からB点の方向である。

イ　A点とC点で流れる電流の大きさは異なる。

ウ　BC間の電圧の差は5Vである。

①　ア，イ　　②　ア，ウ　　③　イ，ウ　　④　ア，イ，ウ

⑵　試薬を加熱するとき，**図2**のようなガスバーナーを利用する。以下の文はガスバーナーの使い方を示したものである。文中の（あ）に入る操作として，最も適当なものを次の選択肢から選び，答えなさい。

2

ガスの元栓を開き，コックを開いたあと，マッチで火を近づけながらガス調節ねじを回した。その後，（　　　あ　　　），空気の量を調節した。

①　AをCの方向に回し

②　AをDの方向に回し

③　BをCの方向に回し

④　BをDの方向に回し

図2

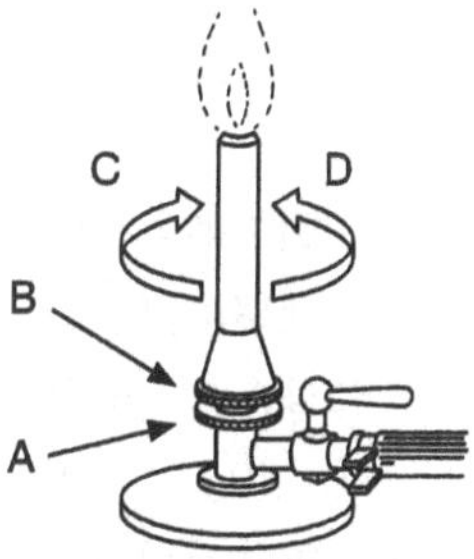

⑶　次の各文のうち，無性生殖に当てはまるものの数として，最も適当なものを次の選択肢から選び，答えなさい。

3

・アブラナの花が咲いたあとにできた種子が地面に落ち，芽が出た。

・サツマイモのイモを植えておいたら，芽が出た。

・オランダイチゴの茎の一部がのびて地面についたところから芽や根が出て独立した。

・コダカラベンケイの葉のふちにできた芽が地面に落ちて，新しい個体として成長した。

①　1つ　　②　2つ　　③　3つ　　④　4つ

⑷　空気の温度が下がって露点に達したために起こる現象として，**適当でないもの**を次の選択肢から一つ選び，答えなさい。 4

①　クーラーをつけていたら，クーラーの冷気の吹き出し口に水滴がついた。

②　閉めきった部屋で暖房器具と加湿器をつけていたら，窓ガラスがくもった。

③　冷蔵庫から缶ジュースをとり出したところ，缶の表面がぬれてきた。

④　水滴がついたコップを冷凍庫に入れておいたところ，コップについている水滴が凍っていた。

⑸　以下の文を読み，（い）に入る語句として，最も適当なものを次の選択肢から選び，答えなさい。 5

近年，線状降水帯による大雨によって毎年のように甚大な被害がもたらされている。線状降水帯とは，雨を降らせる原因となる（　い　）が次々と発生し，数時間にわたってその地域に停滞，通過を繰り返すことで大雨を降らせる原因になる雨域のことである。最近では，2023年６月，台風２号の影響によって発生した線状降水帯により，土砂災害や河川の氾濫が発生し多くの人的被害をもたらした。

①　巻積雲　　②　積雲　　③　積乱雲　　④　層雲

2　次の⑴から⑸の問いに答えなさい。

［Ｉ］　図１のように，斜面上の点Ａからトロッコをしずかに離し，トロッコの運動を観察する実験を行った。ただし，空気抵抗や摩擦は無視できるものとする。

図１

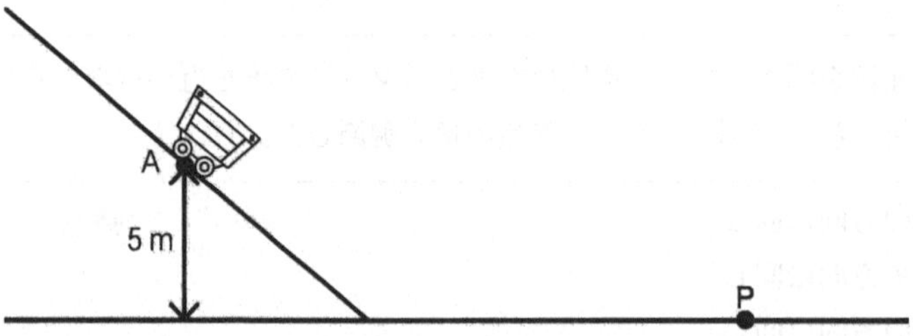

⑴　**図１**のように，重さ10㎏のトロッコを地面から５ｍの高さまで持ち上げたとき，トロッコにした仕事は何Ｊか。最も適当なものを次の選択肢から選び，答えなさい。ただし，質量100ｇの物体にはたらく重力の大きさは１Ｎとする。 6

①　10Ｊ　　②　50Ｊ　　③　100Ｊ　　④　500Ｊ

⑵　実験を行ったところ，点Ｐにつくのにｔ秒かかった。このときのトロッコの速さと時間の関係を表したグラフとして，最も適当なものを次の選択肢から選び，答えなさい。 7

①

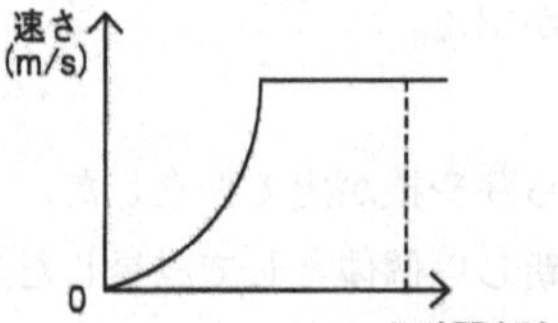

②

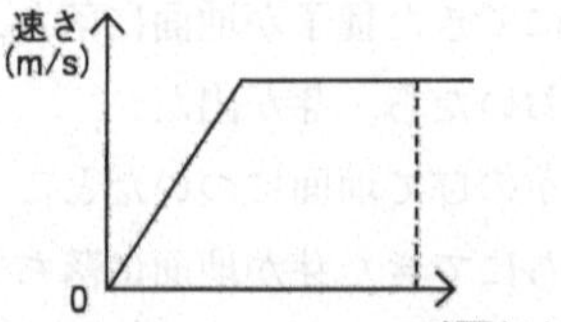

③
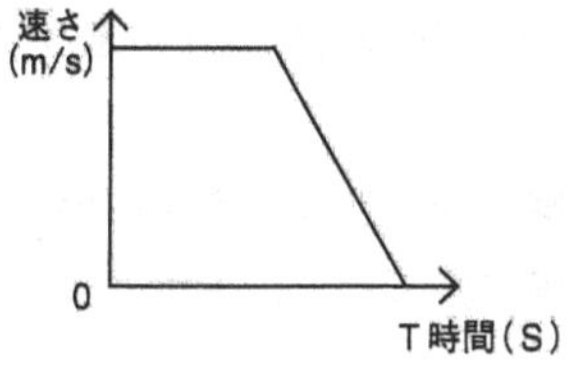

④
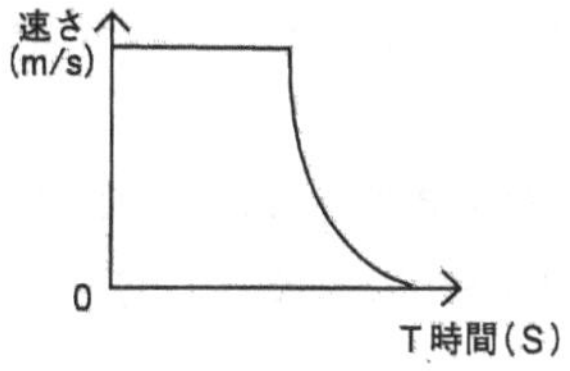

⑶ **図2**のように，斜面の角度やトロッコを離す位置を変え，同様の実験を行ったとき，点Pを通過する速さが最も大きいのは点A，B，C，D，Eのどれか。最も適当なものを次の選択肢から選び，答えなさい。ただし，点A，C，Dは点Qからの距離が同じであり，点A，B，Eは地面からの高さが同じである。 8

図2

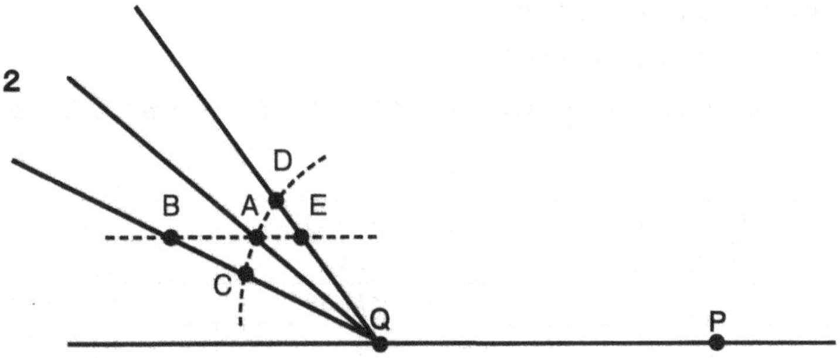

① A　② B　③ C　④ D　⑤ E
⑥ B，C　⑦ D，E　⑧ A，B，E　⑨ A，C，D

［Ⅱ］ **図3**のように，電球，物体（矢印の形に穴をあけた板），凸レンズ，スクリーン，光学台を用いてスクリーンに実像を映す実験を行った。

図3

⑷ 凸レンズを光学台の上に固定し，物体とスクリーンを動かして，スクリーンに物体と同じ大きさの実像を映した。このときにスクリーンに映った実像はどのように見えるか。最も適当なものを次の選択肢から選び，答えなさい。 9

①
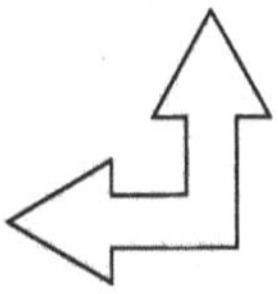
②
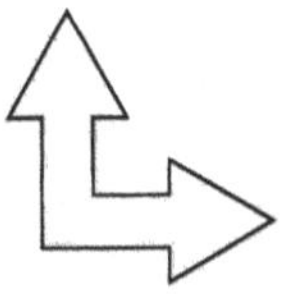
③
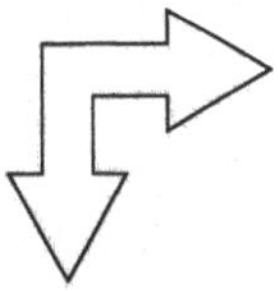
④
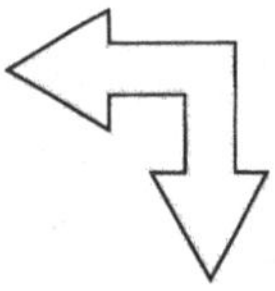

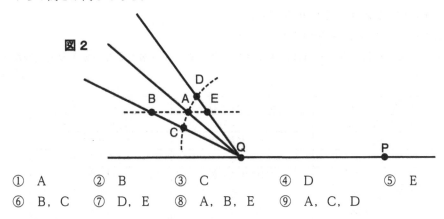

⑸ 凸レンズをふくらみの大きいものに交換し，スクリーンを実像がはっきり映る位置に移動させ観察した。凸レンズを変える前との変化として，最も適当なものを次の選択肢から選び，答えなさい。 10

① 焦点距離は短くなり，実像は大きくなる。 ② 焦点距離は短くなり，実像は小さくなる。
③ 焦点距離は長くなり，実像は大きくなる。 ④ 焦点距離は長くなり，実像は小さくなる。

3 次の⑴から⑸の問いに答えなさい。

[Ⅰ] 水素，アンモニア，二酸化炭素のいずれかの気体が入っている集気びんA，B，Cがあり，次のアからウは各集気びんの中の気体の性質について説明したものである。

ア：集気びんAの中の気体を水に溶かし，BTB溶液を加えると黄色になる。
イ：集気びんBの中の気体は，気体の中で最も軽い。
ウ：集気びんCの中の気体は，鼻をつくようなにおいがする。

⑴ 集気びんA，B，Cに存在する気体の組み合わせとして，最も適当なものを次の選択肢から選び，答えなさい。 11

	集気びんA	集気びんB	集気びんC
①	水素	アンモニア	二酸化炭素
②	水素	二酸化炭素	アンモニア
③	アンモニア	水素	二酸化炭素
④	アンモニア	二酸化炭素	水素
⑤	二酸化炭素	水素	アンモニア
⑥	二酸化炭素	アンモニア	水素

⑵ 集気びんBの中の気体を集める方法として，最も適当なものを次の選択肢から選び，答えなさい。 12

①

②
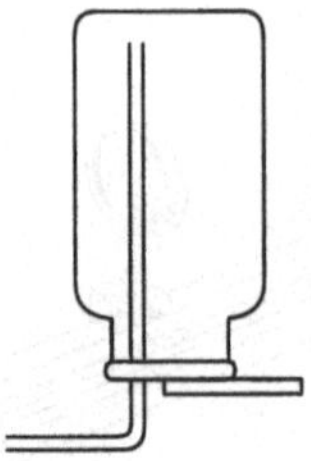

③
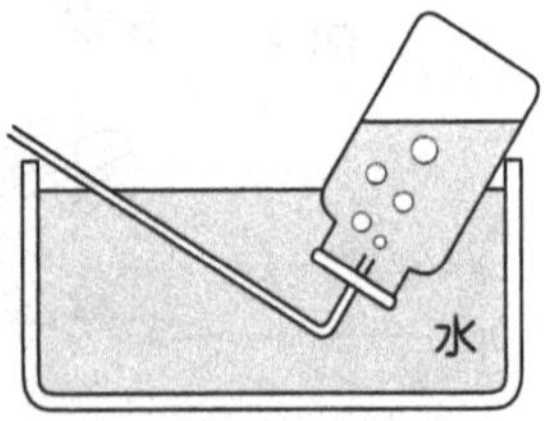

[Ⅱ] 3種類の異なる物質D，E，Fを空気中で加熱する実験を行った。**表**は，そのときの反応の様子と，加熱後の物質の色をまとめたものである。ただし，物質D，E，Fは，銅板，マグネシウムリボン，スチールウールのいずれかである。

表

物質	反応の様子	加熱後の物質の色
D	表面の色が変化した。光は出なかった。	(あ)
E	赤く熱された部分が広がっていった。	黒
F	強い光を出して反応した。	(い)

(3) 空気中で加熱したとき，物質D，E，Fと結びついた物質は何か。最も適当なものを次の選択肢から選び，答えなさい。 13

① O_2　② CO_2　③ H_2O　④ C

(4) 表の（あ），（い）に入る色の組み合わせとして，最も適当なものを次の選択肢から選び，答えなさい。 14

① （あ）白　（い）黒　② （あ）黒　（い）黒

③ （あ）白　（い）白　④ （あ）黒　（い）白

(5) 加熱前の物質Eと加熱後の物質Eに電流が流れるかどうか，豆電球を用いて調べた。その結果として，最も適当なものを次の選択肢から選び，答えなさい。 15

	加熱前の物質E	加熱後の物質E
①	ついた	ついた
②	ついた	つかなかった
③	つかなかった	ついた
④	つかなかった	つかなかった

4 次の(1)から(5)の問いに答えなさい。

［Ⅰ］ ヒトのだ液のはたらきを調べるため，次の(i)～(vi)の手順で実験を行った。

(i) 3本の試験管A，B，Cにうすいデンプン水溶液を4cm^3ずつ入れた。

(ii) 試験管AとBをお湯につけ，試験管Cを氷水につけて，しばらく待った。

(iii) 試験管AとCには少量のだ液を，Bには水を加えた。

(iv) 試験管A，B，Cの溶液をそれぞれ半分ずつに分け，A_1とA_2，B_1とB_2，C_1とC_2とした。

(v) 試験管A_1，B_1，C_1にヨウ素液を1滴ずつ加えた。

(vi) 試験管A_2，B_2，C_2にベネジクト液を数滴加えて加熱した。

(1) 表は手順(v)の結果をまとめたものである。このとき，手順(ii)の下線部のお湯の温度として，最も適当なものを次の選択肢から選び，答えなさい。 16

表

試験管A_1	試験管B_1	試験管C_1
変化しなかった	青紫色に変化した	青紫色に変化した

① 20℃　② 40℃　③ 60℃　④ 80℃

(2) 手順(vi)で，最も赤褐色の沈殿ができた試験管を次の選択肢から選び，答えなさい。 17

①A_2　②B_2　③C_2

［Ⅱ］ ヒトのからだのつくりとはたらきについて，あとの問いに答えなさい。

(3) 肝臓のはたらきとして，最も適当なものを次の選択肢から選び，答えなさい。 18

① 規則正しく収縮する運動によって，全身に血液を送り出す。

② 血液中の有害なアンモニアを無害な尿素に作り変える。

③ 尿素などの不要な物質を，尿として体外に排出する前に一時的にためる。

④ 血液中から尿素などの不要な物質をとりのぞく。

⑷　肺が膨らむときのしくみとして，最も適当なものを次の選択肢から選び，答えなさい。　19

①　筋肉のはたらきによってろっ骨は上がり，横隔膜は上がる。

②　筋肉のはたらきによってろっ骨は上がり，横隔膜は下がる。

③　筋肉のはたらきによってろっ骨は下がり，横隔膜は上がる。

④　筋肉のはたらきによってろっ骨は下がり，横隔膜は下がる。

⑸　図のようにヒトの心臓は，4つの部屋に分かれており，心臓の筋肉が収縮をくり返すことで全身に血液を送り出している。Xの部屋が収縮しているとき，同時に収縮している部屋の名称として，最も適当なものを次の選択肢から選び，答えなさい。　20

図

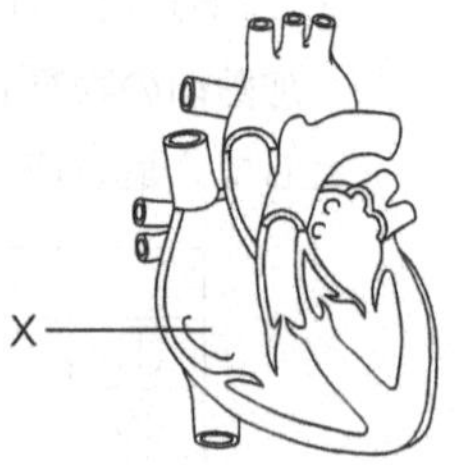

①　右心房

②　右心室

③　左心房

④　左心室

5　次の⑴から⑸の問いに答えなさい。

⑴　地震における各観測地点の震度について，最も適当なものを次の選択肢から選び，答えなさい。　21

①　震度は観測地点の地盤のかたさと震源からの距離に関係する。

②　震度は観測地点の地盤のかたさと震源からの距離には無関係である。

③　震度は観測地点の地盤のかたさだけに関係し，観測地点の震源からの距離には無関係である。

④　震度は観測地点の震源からの距離だけに関係し，観測地点の地盤のかたさには無関係である。

⑵　図は，地震計のしくみを模式的に示したものである。地震計のしくみの説明として，最も適当なものを次の選択肢から選び，答えなさい。　22

図

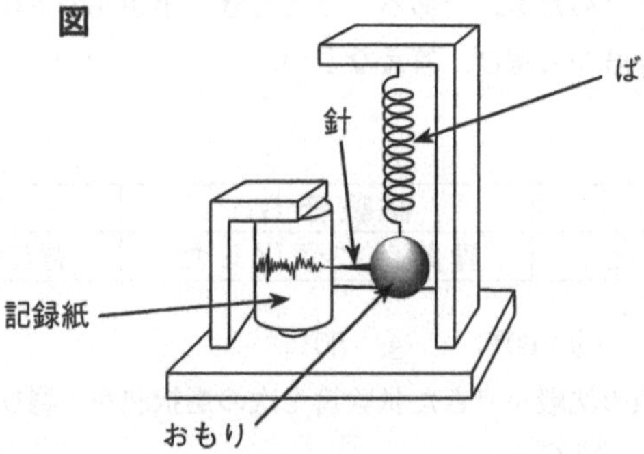

①　記録紙とおもりと針が地震のゆれとともに動くので，ゆれを記録することができる。

②　記録紙は地震のゆれとともに動くが，おもりと針はほとんど動かないので，ゆれを記録することができる。

③　記録紙は地震のゆれに対してほとんど動かないが，おもりと針はゆれとともに動くので，ゆれを記録することができる。

④　記録紙は地震のゆれに対してほとんど動かないが，おもりと針はゆれと反対方向に動くので，ゆれを記録することができる。

⑶　近い将来，南海トラフ地震が起きると言われている。南海トラフ地震の大陸プレートと海洋プレートの断面のようすを模式的に示したものとして，最も適当なものを次の選択肢から選び，答えなさい。なお，プレート内の矢印は，プレートの動きを示している。　23

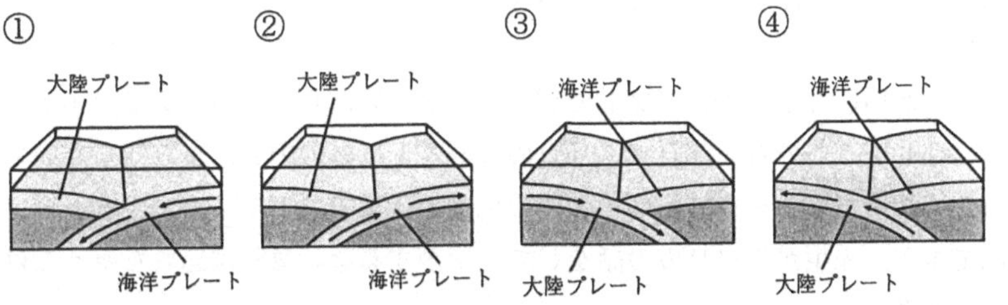

⑷　⑶のプレートの境界で起こる地震のしくみの説明として，最も適当なものを次の選択肢から選び，答えなさい。　24

① 大陸プレートが海洋プレートを押し上げ，押し上げられた海洋プレートがひずみにたえきれなくなると，岩石の破壊や海洋プレートの反発により地震が起こる。

② 大陸プレートが海洋プレートを引きずり込み，引きずり込まれた海洋プレートがひずみにたえきれなくなると，岩石の破壊や海洋プレートの反発により地震が起こる。

③ 海洋プレートが大陸プレートを押し上げ，押し上げられた大陸プレートがひずみにたえきれなくなると，岩石の破壊や大陸プレートの反発により地震が起こる。

④ 海洋プレートが大陸プレートを引きずり込み，引きずり込まれた大陸プレートがひずみにたえきれなくなると，岩石の破壊や大陸プレートの反発により地震が起こる。

⑸　表はある地震を地点A，B，Cで観測した結果である。地点Bは震源から何㎞離れているか。（X）に入る数字として，最も適当なものを次の選択肢から選び，答えなさい。　25

表

地点	震源からの距離（km）	小さいゆれが始まった時刻	大きいゆれが始まった時刻
A	75	16時15分28秒	16時15分43秒
B	（X）	16時15分42秒	16時16分18秒
C	60	16時15分26秒	16時15分38秒

①　120　　②　140　　③　160　　④　180

【社　会】（40分）　＜満点：100点＞

1　次の会話文を読み，あとの問いに答えなさい。

太郎：受験が終わったら海外旅行に行きたいな。

花子：どこに行きたいんだい？

太郎：アフリカがいいな！　(a)エジプトでピラミッドを見たり，サバンナでライオンを見たり…。

花子：確かに楽しそう。でも太郎君アフリカのエジプト以外の国あんまり知らないでしょ。

太郎：うっ！　図星です。そういえばこの間の地理の授業で「(Ⅰ)モノカルチャー経済」っていうのが出てきて，先生がアフリカの話をしてた気がするな。意味は忘れちゃったけど。

花子：ちょっとちょっと…

太郎：あと(Ⅱ)ヨーロッパにも行きたいな。オシャレなイメージがあるからね。

花子：ヨーロッパの国いくつ知ってる？

太郎：くっ！　いじわるだな花子さん。えっと…(b)ドイツ，イギリス，フランス，(c)ブラジル…くらいかな。

花子：少ない！　しかもブラジルは南アメリカ大陸だよ。全然違うじゃない。なんか太郎君の受験が心配になってきたわ。

太郎：地理は苦手なんだよ。そういえばブラジルは地球の裏側にあるっていうよね。ということは日本とは全然時間が違うのかな？

花子：今が１月23日午前９時だから，ブラジルの日時は［(Ⅲ)］という計算になるね。

太郎：それ入試に出そう…。

問１　**下線**(Ⅰ)について，このことばを説明した文章として正しいものを，次の**ア**から**エ**までの中から選びなさい。［ 1 ］

ア　土地や原材料，機械などの生産手段の私的所有が認められず，国家が計画的に経済を運営する状態。

イ　西洋の文化が最も優れているという価値観から，輸入品の需要ばかりが高まっている状態。

ウ　特定の商品作物や鉱山資源などの輸出に大きく依存していて，工業化が進まない状態。

エ　企業が利益を目的に生産活動を行い，労働力も商品として扱われる状態。

問２　**下線**(Ⅱ)について，地域の自然環境について説明した以下の文章を読み，**空欄**①から**空欄**③までに当てはまることばの組み合わせとして正しいものを，次のページの**ア**から**カ**までの中から選びなさい。［ 2 ］

> ユーラシア大陸の西部に位置している。南部には［ ① ］山脈やピレネー山脈など，アジア州から続くけわしい山地が東西につらなっている。
>
> また，大西洋や北海の沿岸地域は偏西風の影響で，同じ緯度の他の地域に比べて，冬の寒さが［ ② ］。
>
> 北部では白夜になる地域もあり，この地域では［ ③ ］の時期に１日中太陽が沈まないか，沈んでも地平線近くにあるために，うす明るい状態が続く。

	①	②	③
ア	アルプス	厳しくない	夏
イ	アンデス	厳しい	夏
ウ	アルプス	厳しい	夏
エ	アンデス	厳しくない	冬
オ	アルプス	厳しくない	冬
カ	アンデス	厳しい	冬

問３　**下線**(a)から**下線**(c)までの国について，①，②，③はそれぞれの国の首都の雨温図である。雨温図と都市名の組み合わせとして正しいものを，次の**ア**から**カ**までの中から選びなさい。 3

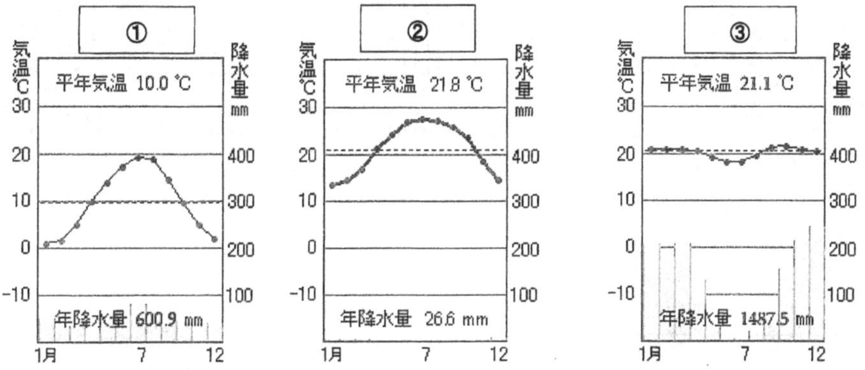

	①	②	③
ア	ブラジリア	カイロ	ベルリン
イ	ブラジリア	ベルリン	カイロ
ウ	ベルリン	ブラジリア	カイロ
エ	ベルリン	カイロ	ブラジリア
オ	カイロ	ブラジリア	ベルリン
カ	カイロ	ベルリン	ブラジリア

問４　**空欄**(Ⅲ)について，ここに当てはまる日時として正しいものを，次の**ア**から**エ**までの中から選びなさい。ただし，日本の標準時子午線を東経135度，ブラジルの標準時子午線を西経45度とする。 4

ア　１月23日午後９時

イ　１月22日午後９時

ウ　１月23日午後３時

エ　１月23日午前３時

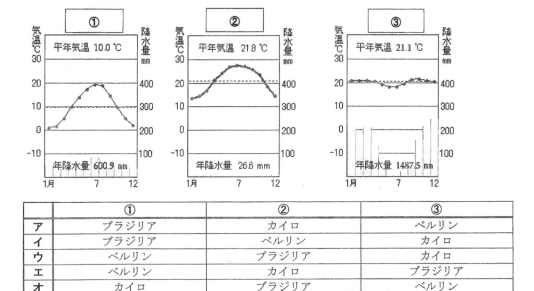

2　次の**資料Ⅰ**から**資料Ⅲ**を見て，あとの問いに答えなさい。

資料Ⅰ
「各国の 65 歳以上人口の割合の推移」

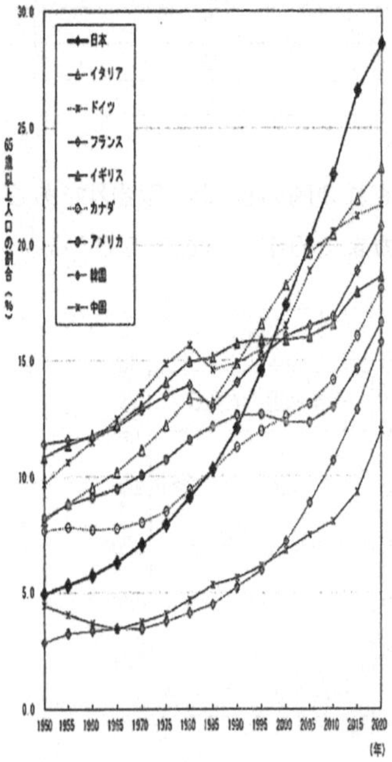

資料Ⅱ「日本における 5 年間の人口と人口増減率の推移」

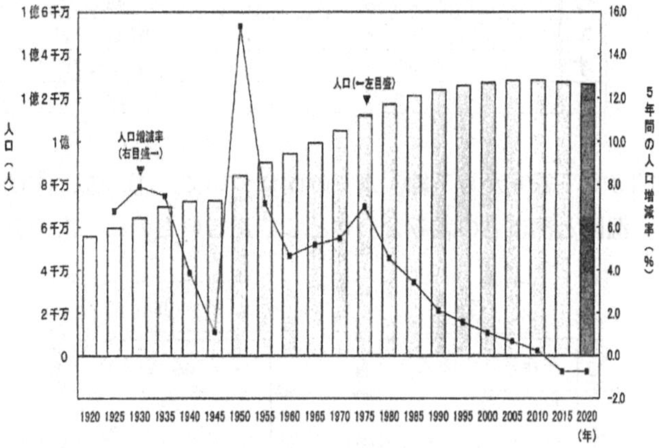

資料Ⅲ「2010 年～2015 年と 2015 年～2020 年における都道府県別の人口増減率」

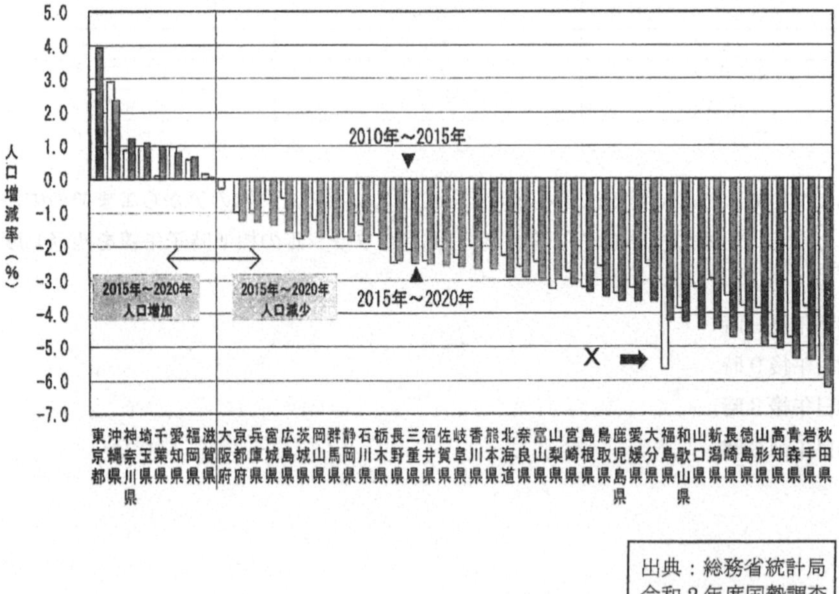

出典：総務省統計局
令和 2 年度国勢調査
調査の結果

問 1　次のページの**文章①**から**文章③**について，**資料Ⅰ**から**資料Ⅲ**より読み取れる内容の正誤の組み合わせとして正しいものを，あとの**ア**から**カ**までの中から選びなさい。　[5]

①	**資料Ⅰ**から，日本の65歳以上人口の割合は一貫して増え続けているが，他の国は近年減少傾向にあり，日本だけがとびぬけて高齢化が進んでいることがわかる。
②	**資料Ⅱ**から，データ上，2010年まで日本の人口は一貫して増え続けていたといえる。
③	**資料Ⅲ**を見ると，2010年～2015年，2015年～2020年のいずれの時期も人口が増加している都県がある。しかしそれらのどの都県も，2010年～2015年の方が人口増減率の数字が大きい。

	①	②	③
ア	正	誤	正
イ	正	正	誤
ウ	正	誤	誤
エ	誤	正	正
オ	誤	誤	正
カ	誤	正	誤

問2　**資料Ⅲ**の**X**について，福島県の大幅な人口減少には，2011年３月11日に発生した東日本大震災が大きく影響している。この震災を境に日本の電力事情は大きく変化した。震災前後の日本の発電量の内訳を示した下の**グラフ**について，**空欄**①から**空欄**③に当てはまる発電方法の組み合わせとして正しいものを，次の**ア**から**カ**までの中から選びなさい。 6

グラフ

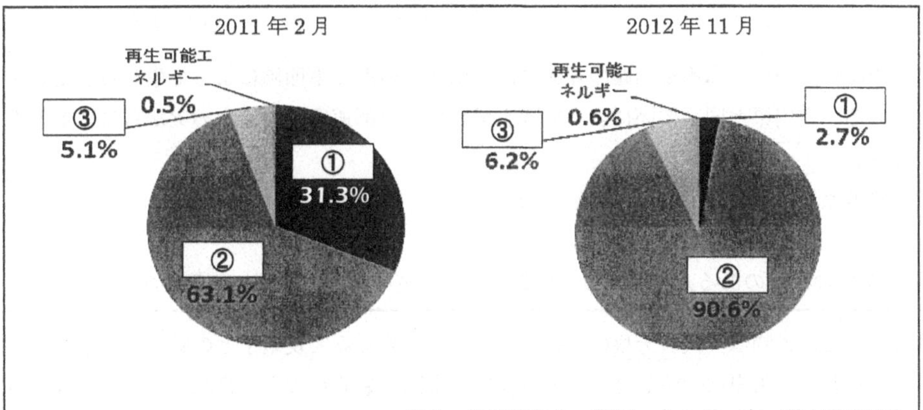

出典：経済産業省　資源エネルギー庁　電力調査統計

	①	②	③
ア	火力	水力	原子力
イ	原子力	火力	水力
ウ	水力	火力	原子力
エ	火力	原子力	水力
オ	原子力	水力	火力
カ	水力	原子力	火力

3　ある生徒が香川県について調べた次の文章を読み，あとの問いに答えなさい。

香川県は，四国の東北部に位置し，面積が全国で最も小さい県です。美しい自然と温暖少雨な気候に恵まれ，奈良時代につくられた［ ① ］でも「玉藻《たまも》よし讃岐《さぬき》の国は　国がらか見れども飽かぬ」と歌われているほどです。一方で，雨が少ないことで度々水不足にも悩まされています。

農業では耕地面積が少ないことから，高品質・個性化など，高付加価値の作物を作ることで他地域との差別化を図っています。オリーブの生産量は全国１位で，ビニールハウスを利用したキュウリやミニトマトなどの［ ② ］も広く行われています。

工業では革製手袋製造業が全国１位のシェアを占めており，他にも造船業や冷凍食品製造業などが盛んです。周辺の都道府県とともに［ ③ ］に属しており，水上交通を活かして全国へ製品を輸送しています。

問１　空欄①から空欄③に当てはまることばの組み合わせとして正しいものを，次の**ア**から**カ**までの中から選びなさい。［ 7 ］

	①	②	③
ア	万葉集	促成栽培	阪神工業地帯
イ	新古今和歌集	促成栽培	阪神工業地帯
ウ	万葉集	促成栽培	瀬戸内工業地域
エ	新古今和歌集	抑制栽培	瀬戸内工業地域
オ	万葉集	抑制栽培	瀬戸内工業地域
カ	新古今和歌集	抑制栽培	阪神工業地帯

問２　下線について，水不足問題の要因には，周囲の地形と季節風によって生じる少雨な気候が挙げられる。香川県と同じ要因によって降水量が少ない都道府県を，次の**ア**から**エ**までの中から選びなさい。［ 8 ］

ア　鳥取県　　**イ**　島根県　　**ウ**　高知県　　**エ**　岡山県

4　愛知県にゆかりのある人物Ⅰから人物Ⅲの説明を読み，あとの問いに答えなさい。

人物Ⅰ　この人物は(a)天智天皇の没後，あとつぎをめぐる大友皇子との戦い（壬申の乱）に勝利して天皇に即位した。この勝利には東国の豪族が大きく貢献しており，現在の愛知県西部を治める尾張国司は２万の兵を率いて参戦した。

人物Ⅱ　この人物は現在の名古屋市熱田区で生まれた。父と共に平治の乱を戦ったが平清盛に敗れ，伊豆（静岡県）へ流罪となった。やがて鎌倉（神奈川県）を本拠地として平氏を攻め滅ぼし，本格的な武士の政権である鎌倉幕府を開いた。これ以後，この幕府が滅亡するまでの時代を(b)鎌倉時代という。

人物Ⅲ　この人物は現在の名古屋市中村区で生まれた。織田信長に仕え，(c)1582年に信長が家臣の明智光秀に背かれて自害すると，光秀をたおして信長の後継者の地位を確立した。1590年に全国統一を完成させ，1592年から(d)明（中国）の征服を目指して朝鮮に派兵した。

問１　**人物Ⅰ**から**人物Ⅲ**の組み合わせとして正しいものを，次の**ア**から**カ**までの中から選びなさい。 9

	人物Ⅰ	**人物Ⅱ**	**人物Ⅲ**
ア	鳥羽天皇	源頼朝	徳川家康
イ	天武天皇	源頼朝	豊臣秀吉
ウ	鳥羽天皇	源義経	豊臣秀吉
エ	天武天皇	源頼朝	徳川家康
オ	鳥羽天皇	源義経	徳川家康
カ	天武天皇	源義経	豊臣秀吉

問２　**下線**(a)の人物に関連した次の**系図**を参考にしながら，**文章**①から**文章**⑤の正誤の組み合わせとして正しいものを，次の**ア**から**カ**までの中から選びなさい。 10

系図

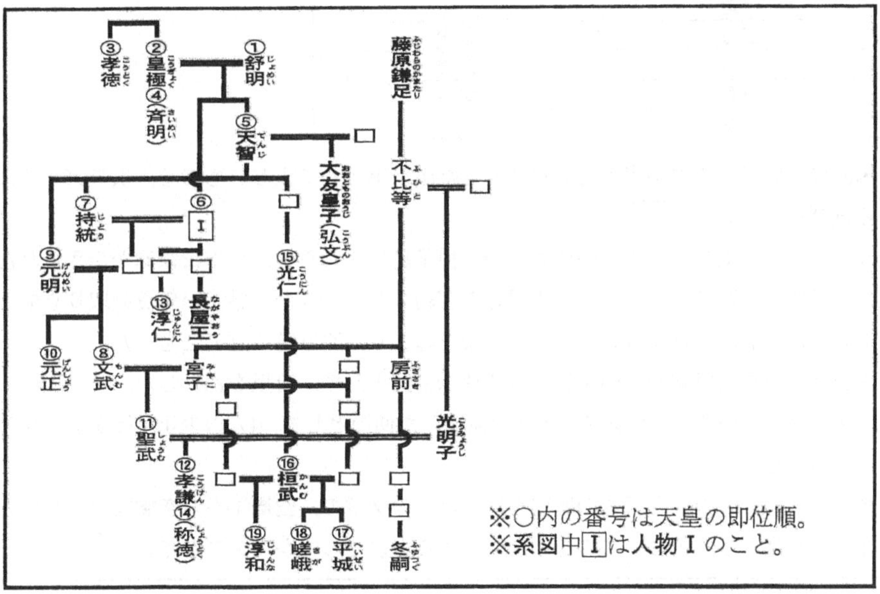

①　**下線**(a)の人物が行った政治改革を，大化の改新と呼ぶ。

②　聖武天皇は藤原氏の人物と婚姻しているが，自身も藤原氏の血を引いている。

③　**系図中**Ⅰは，天智天皇の子である。

④　桓武天皇は東大寺を建立し，金銅の大仏をつくらせた。

⑤　平城天皇は皇太子の頃推古天皇の摂政となり，蘇我氏と協力して政治を行った。

	①	②	③	④	⑤
ア	正	正	誤	誤	誤
イ	誤	正	誤	誤	誤
ウ	正	正	誤	正	誤
エ	誤	誤	正	正	正
オ	正	誤	正	誤	正
カ	誤	誤	正	正	誤

問３　**下線**(b)の時代に新しく広まった仏教について説明した次のページの文章の**空欄**①と**空欄**②に

当てはまることばについて，組み合わせとして正しいものを，次の**ア**から**カ**までの中から選びなさい。 11

> 浄土宗を開いた法然は，一心に南無阿弥陀仏と念仏を唱えれば，誰でも極楽浄土に生まれ変われると説きました。その弟子の ① は，阿弥陀如来の救いを信じる心を強調し，自分の罪を自覚した悪人こそが救われると説いて浄土真宗を広めました。これらの教えは農村など庶民の間で広く信仰されました。
>
> 一方 ② や道元は，座禅を組み自らの力でさとりを開こうとする禅宗を広め，これらは武士からの強い支持を得ました。

	①	②
ア	日蓮	一遍
イ	親鸞	一遍
ウ	空海	最澄
エ	日蓮	最澄
オ	親鸞	栄西
カ	空海	栄西

問４　下線(c)について，この出来事と同年に起きた出来事として正しいものを，次の**ア**から**エ**までの中から選びなさい。 12

ア　ポルトガル人を乗せた中国人の倭寇の船が種子島に流れ着き，日本に鉄砲が伝えられた。

イ　九州の島原と天草のキリスト教徒の百姓など約３万7000人が，厳しい年貢の取り立てとキリスト教に対する取り締まりに反対して一揆を起こし，原城跡に立てこもった。

ウ　中山王となった尚巴志が三山を統一して琉球王国をたて，首里を都とした。

エ　イエズス会が，九州のキリシタン大名が派遣した使節として，4人の少年使節をローマ教皇のもとへ送った。

問５　下線(d)について，中国と日本の歴史を述べた次の文章の，**空欄**①から**空欄**③に当てはまることばの組み合わせとして正しいものを，次の**ア**から**カ**までの中から選びなさい。 13

> 14世紀に ① 民族の王朝である元がおとろえると，漢民族の王朝である明か建てられました。室町幕府３代将軍 ② は，日本国王として明に朝貢する形で貿易を行いました。
>
> 明の後に中国を支配した清は，1840年にはじまった ③ とのアヘン戦争に敗れました。この戦争は日本人が西洋列強諸国を意識するきっかけの一つになりました。

	①	②	③
ア	モンゴル	足利義満	アメリカ
イ	モンゴル	足利義政	イギリス
ウ	モンゴル	足利義満	イギリス
エ	イスラム	足利義政	イギリス
オ	イスラム	足利義満	アメリカ
カ	イスラム	足利義政	アメリカ

5 次の**資料**は，近代以降の日本が関わった戦争とその講和条件をまとめたものである。この**資料**を見て，あとの問いに答えなさい。

資料

	戦争	講和条件
Ⅰ	日清戦争 (1894～)	下関条約 ・［①］の独立を認める。 ・［②］などの領土を日本へ割譲する。 ・賠償金2億両を日本へ支払う。 ⇒のちに［③］・ドイツ・フランスによる三国干渉で［②］は清へ返還された。
Ⅱ	日露戦争 (1904～)	ポーツマス条約 ・韓国における日本の優越権を認める。 ・旅順・大連の租借権，長春以南の鉄道利権を日本へ譲る。 ・北緯50度以南の樺太の割譲。
Ⅲ	第一次世界大戦 (1914～)	ベルサイユ条約 ・ドイツに巨額の賠償金が科される。 ・ドイツやオーストリアなどの帝国の解体にともなって生まれた国々の独立が承認された。
Ⅳ	第二次世界大戦 (1939～)	ポツダム宣言の受諾 ・日本の無条件降伏

問1　Ⅰについて，**空欄**①から**空欄**③に当てはまることばの組み合わせとして正しいものを，次の**ア**から**カ**までの中から選びなさい。［14］

	①	②	③
ア	台湾	樺太	ロシア
イ	台湾	遼東半島	アメリカ
ウ	台湾	樺太	アメリカ
エ	朝鮮	遼東半島	ロシア
オ	朝鮮	樺太	ロシア
カ	朝鮮	遼東半島	アメリカ

問2　Ⅱについて，この戦争に関する**文章**①から**文章**⑤の中で，正しいものの組み合わせとして正しいものを，次の**ア**から**カ**までの中から選びなさい。［15］

① 日本はフランスと同盟を結んで，ロシアに対抗した。

② 与謝野晶子は出兵した弟を誇りに思って，「君皇国の守護者たるべし」という詩を発表した。

③ ポーツマス条約は，アメリカの仲介によって結ばれた。

④ 戦争終結直後，東京では暴動が発生し，日比谷焼き打ち事件が発生した。

⑤ この戦争ののち日本は韓国の政治権力を奪っていったが，併合はせず独立国として扱い続けた。

ア ①，②　**イ** ③，④　**ウ** ①，⑤　**エ** ②，③　**オ** ④，⑤

カ ①，③　**キ** ②，④

問3　Ⅲについて，この大戦に関する次の**文章**①から**文章**⑤の中で，誤っているものの組み合わせとして正しいものを，あとの**ア**から**キ**までの中から選びなさい。［16］

① 大戦前から，バルカン半島は列強の利害と民族や宗教の対立がからまって紛争が絶えず，「ヨーロッパの火薬庫」と呼ばれていた。

② オーストリア皇太子夫妻がサラエボでセルビア人青年に暗殺されたことが，この大戦のきっ

かけとなった。

③ 戦車，飛行機，毒ガスなどの新兵器が使われて膨大な戦死者を出し，さらに各国が経済，科学技術，その他の資源を総動員して戦ったため，大戦後ヨーロッパの経済力が大きく弱まった。

④ 講和条約を結ぶ会議の場で，世界平和と国際協調をうたう国際連盟の創設がロシア大統領により提案された。日本は国際連盟の常任理事国を目指したが，実現しなかった。

⑤ インドでは，大戦後に自治を認めるとした約束をイギリスが守らなかったため，ガンディーの指導によりイギリス公使館焼き打ちなどの激しい抵抗運動が行われた。

ア ①，②　**イ** ③，④　**ウ** ①，⑤　**エ** ②，③　**オ** ④，⑤

カ ①，③　**キ** ②，④

問４　Ⅲについて，この大戦前後の日本に関する次の**文章**①から**文章**④の正誤の組み合わせとして正しいものを，次の**ア**から**カ**までの中から選びなさい。 17

① 北海道の先住民であるアイヌ民族を差別から解放することを目指し，全国水平社が結成された。

② 平塚らいてうは新婦人協会を結成し，女性解放を唱えて活動した。

③ 25歳以上の男子に選挙権を与える普通選挙法と同年に，共産主義に関する議論の活性化を奨励する治安維持法が成立した。

④ 日本は中国に山東省のドイツ権益の継承などを含む二十一か条の要求を示し，その大部分を認めさせた。

	①	②	③	④
ア	誤	正	誤	正
イ	誤	正	正	誤
ウ	誤	誤	誤	正
エ	正	正	正	誤
オ	正	誤	誤	正
カ	正	誤	正	誤

問５　Ⅳについて，この大戦に関わる**文章**①から**文章**⑥の出来事を起きた順番に並び替えたとき，２番目と５番目に来るものの組み合わせとして正しいものを，次の**ア**から**カ**までの中から選びなさい。 18

① アメリカが長崎に原子爆弾を投下した。

② ドイツがそれまで不可侵条約を結んでいたソ連を攻撃した。

③ 日本がミッドウェー海戦でアメリカに敗北した。

④ ドイツがポーランドを攻撃し，これがきっかけでイギリスとフランスがドイツに宣戦布告した。

⑤ 日本がハワイの真珠湾を奇襲攻撃した。

⑥ アメリカが広島に原子爆弾を投下した。

	２番目	５番目
ア	⑤	①
イ	⑤	⑥
ウ	②	①
エ	②	⑥
オ	④	①
カ	④	⑥

6　健太さんのクラスでは，公民的分野のまとめとして，これまで学んできたことで興味をもったことに関して調べ学習を行った。次の**表**は，健太さんのグループが興味をもった分野とテーマをまとめたものである。これを読み，あとの問いに答えなさい。

表

分野	テーマ
個人の尊重と **(a)** 日本国憲法	・国民に保障されている自由とは何だろう。 ・私たちの **(b)** 人権が制限されるのはどういう場合だろう。
現代の民主政治と社会	・**(c)** 選挙の問題点とは何だろう。 ・**(d)** 裁判の種類と違いは何だろう。
私たちの暮らしと経済	・**(e)** 価格はどのように決まっているのだろう。 ・**(f)** 景気の変動は私たちの生活にどのような影響を与えるのだろう。 ・日本の **(g)** 社会保障制度の課題は何だろう。

問１　**下線**(a)について，日本国憲法の説明として正しいものを，次の**ア**から**エ**までの中から選びなさい。 19

ア　高度経済成長期には，公害問題が深刻化したため，良好な環境を求める環境権が新たに条文として盛り込まれた。

イ　第二次世界大戦敗戦後，政府はＧＨＱが示した草案に基づいて憲法改正案をつくり，議会で審議され一部修正のうえ可決された。

ウ　憲法改正には，衆議院と参議院でそれぞれ出席議員の３分の２以上の賛成と，国民投票の有効投票の過半数の賛成が必要である。

エ　国民の果たすべき義務として，子どもに普通教育を受けさせる義務，納税の義務，投票の義務の３つを挙げている。

問２　**下線**(b)について，以下の**文章**①から**文章**③と，憲法で保障されている権利の組み合わせとして正しいものを，次の**ア**から**カ**までの中から選びなさい。 20

① 障がいのある人は，公共施設や民間施設で補助犬を同伴させることができる。
② 自分の思っていることをSNSに投稿することができる。
③ 引っ越して，住所を変えることができる。

	①の権利	②の権利	③の権利
ア	社会権	精神の自由	経済活動の自由
イ	社会権	請求権	生命・身体の自由
ウ	社会権	精神の自由	生命・身体の自由
エ	平等権	請求権	経済活動の自由
オ	平等権	精神の自由	経済活動の自由
カ	平等権	請求権	生命・身体の自由

問３　**下線**(c)について，次のページの文章は選挙の問題点を健太さんがまとめたものである。文章中の**空欄**①から**空欄**③に当てはまるものの組み合わせとして正しいものを，あとの**ア**から**カ**までの中から選びなさい。 21

国会議員の選挙で，議員一人を当選させるのに必要な人数が選挙区によって異なります。そのことで，有権者一人ひとりの投票が選挙結果に対してもつ価値に不平等があることが問題になっています。

例えば，A県の有権者数が100万人だったとして，割り当てられた議員の定員が1だったとします。一方，B県の有権者数が300万人で，同じく定員が1だったとしたら，どうなるでしょうか。この場合 ① ，一票の重みが3倍ある，という見方ができます。言い換えると，A県の有権者よりもB県の有権者のほうが，選挙結果に対してもつ影響力が ② ということです。この問題を， ③ といいます。

	①	②	③
ア	A県と比較してB県は	大きい	投票率の低下
イ	A県と比較してB県は	小さい	投票率の低下
ウ	A県と比較してB県は	大きい	一票の格差
エ	B県と比較してA県は	小さい	投票率の低下
オ	B県と比較してA県は	大きい	一票の格差
カ	B県と比較してA県は	小さい	一票の格差

問４　**下線(d)**について，次の文章は裁判の種類と違いを健太さんがまとめたものであるが，文章中の**下線①**から**下線④**には，誤っている文章がある。正誤の組み合わせとして正しいものを，次のページの**ア**から**ク**までの中から選びなさい。 22

裁判には，民事裁判と刑事裁判があります。民事裁判は，お金の貸し借りや相続など，個人どうしのトラブルが生じた際に開かれるものです。民事裁判は，①検察官が被疑者を起訴することによって始まります。

刑事裁判は，犯罪にあたる行為があったかどうかを判断し，有罪か無罪かを決定する裁判です。刑事裁判では，警察官や検察官が捜査にあたりますが，②被疑者や被告人が自白さえすれば，逮捕や強制的な捜索をすることができます。刑事裁判では，被疑者や被告人が弁護人を依頼しますが，経済的な理由などにより弁護人を依頼できないときは，③国が費用を負担して弁護人をつけます。

また，司法制度改革の一環として，2009年から裁判員制度が始まりました。これは，くじで選ばれた国民が裁判員として重大な犯罪についての刑事裁判に参加する制度です。選ばれた国民は，④第一審から第三審まで全ての裁判に参加し，裁判官とともに審理を行います。

	①	②	③	④
ア	正	正	正	誤
イ	正	正	誤	正
ウ	正	誤	正	正
エ	正	誤	誤	誤
オ	誤	誤	正	誤
カ	誤	誤	誤	正
キ	誤	正	正	正
ク	誤	正	誤	誤

問5　下線(e)について，次の**資料**はある地域の市場の動向をまとめたものである。これを読み，鶏卵1パックの価格が300円のときの需要量と供給量の関係についての説明として正しいものを，次の**ア**から**エ**までの中から選びなさい。 23

資料

ある地域で，鶏卵1パックの価格と買いたい量，売りたい量の関係についてアンケート調査を実施したところ，以下のような結果が出ました。

・買いたい量について

鶏卵1パックの価格（円）	100	200	300	400
買いたい量（パック）	50	30	20	10

・売りたい量について

鶏卵1パックの価格（円）	100	200	300	400
売りたい量（パック）	10	30	40	50

ア　需要量が20，供給量が40なので，鶏卵は売り切れる。
イ　需要量が20，供給量が40なので，鶏卵は20パック売れ残る。
ウ　供給量が20，需要量が40なので，鶏卵は売り切れる。
エ　供給量が20，需要量が40なので，鶏卵は20パック売れ残る。

問6　下線(f)について，景気の変動に関して述べた文章として正しいものを，次の**ア**から**エ**までの中から選びなさい。 24

ア　景気の急激な変動がおこると，内閣が金融政策をおこない，景気を安定させようとする。
イ　バブル経済では地価や株価が急激に下落したが，1991年に崩壊し地価や株価は上昇した。
ウ　インフレーションが起きると，物価が持続的に上昇し，貨幣（お金）の価値が下がっていく。
エ　好景気のときには，日本銀行は銀行の持つ国債を買い上げることで銀行の資金を増やす。

問7　下線(g)について，生活に困っている人々に対して生活費や教育費を支給する制度を何というか。正しいものを，次の**ア**から**エ**までの中から選びなさい。 25

ア　公的扶助　　**イ**　社会保険　　**ウ**　社会福祉　　**エ**　公衆衛生

あった。

夜の寒さの中で勉学に励んだが、血の涙が襟をぬらす結果になった。
この除目で修正が行われた翌朝には、蒼天（＝天皇の恩恵）を仰ぎ視
ること望む

とあった。内侍は申請書を天皇にお見せしようと思ったが、天皇がその時お休みになっていたのでお見せできなかった。そのころ、藤原道長は関白だったので、人事の修正を行うために内裏に行き、為時のことを天皇に伝えたが、天皇は申請書を見ていなかったので、よい返事がなかった。

　そこで道長は女房にたずねたところ、女房がいうには「為時の申請書を天皇にお見せしようとしたときに、天皇はお休みになっていたのでご覧になっていませんでした」

問一　傍線部①「藤原為時」の娘とされている紫式部の作品を、次の**ア**から**エ**までの中から一つ選びなさい。　21

ア　竹取物語　**イ**　源氏物語　**ウ**　徒然草　**エ**　枕草子

問二　傍線部②「このこと」を説明した文章として最も適当なものを、次の**ア**から**エ**までの中から選びなさい。　22

ア　一条院が為時を除目で式部丞に任命しようとしたが、できなかったこと

イ　一条院の御代、除目の結果、式部丞の功績で、為時が闕国になったということ

ウ　式部丞が援助して為時を受領にしようとしたが、闕国になってしまったこと

エ　為時が受領になることを希望したが、欠員がなく、なれなかったということ

問三　傍線部③「苦学寒夜。紅涙霑襟。」④「除目後朝。蒼天在眼。」のように形や意味が似ている二つの句を並べる表現として適なものを、次の**ア**から**エ**までの中から一つ選びなさい。　23

ア　律詩　**イ**　対句　**ウ**　倒置　**エ**　絶句

問四　傍線部⑤「天皇」と同じ意味で使われている本文中の言葉として最も適当なものを、次の**ア**から**エ**までの中から選びなさい。　24

ア　内侍　**イ**　関白　**ウ**　御前　**エ**　内裏

問五　傍線部⑥「その御返答なかりけり」の理由として最も適当なものを、次の**ア**から**エ**までの中から選びなさい。　25

ア　天皇は寝ていたので、まだ申請書を見ていなかったから。

イ　道長が内裏を訪ねたときに、天皇は外出していたから。

ウ　内侍が天皇に申請書を見せることを忘れていたから。

エ　道長が天皇に渡すはずだった申請書を隠したから。

イ　少年は傷つけられることにおびえて震えているので、「わたし」は少年に触れることにためらいをもっている。

ウ　少年は他人に心を開けずにいるので、「わたし」は優しく触れることで寄り添う態度を示そうとしている。

エ　少年は「わたし」を恐れて身を固くしているので、「わたし」は、優しく撫でることで味方だと伝えている。

問八　傍線部⑥「かちかち」のような表現技法を、次の**ア**から**エ**までの中から一つ選びなさい。　19

ア　擬人法　**イ**　反復法　**ウ**　体言止め　**エ**　オノマトペ

問九　本文について説明した文章として最も適当なものを、次の**ア**から**エ**までの中から選びなさい。　20

ア　「52ヘルツのクジラ」は困難を抱えて孤立した人のたとえで、そのような人を受け止める人々もいることを示している。

イ　「52ヘルツのクジラ」は仲間に声が届かない孤独なクジラのことで、孤独な人たちの悲しみをより一層ひきたてている。

ウ　「52ヘルツのクジラ」は他のクジラから攻撃され仲間外れになったクジラであり、わたしや少年と境遇が重なっている。

エ　「52ヘルツのクジラ」は厳しい条件で他者と協働する人のたとえで、声を上げることで仲間を得る大切さを示している。

三　次の文章を読んで、あとの問いに答えなさい。

今は昔、①藤原為時《ためとき》といふ人ありき。一条院の御時《おほんとき》に、※式部丞《しきぶのじょう》の労によりて※受領《ずりやう》にならむと申しけるに、※除目《ぢもく》の時《とき》、※闕国《けつこく》なきによりてなされざれけり。

その後②このことを嘆きて、年を隔てて直物《なほしもの》行はれける日、為時、博士にはあらねども極めて文花ある者にて、申文《まうしぶみ》を※内侍《ないし》に付けて奉《たてまつ》り上げてけり。その申文にこの句あり。

③苦学寒夜。紅涙霑襟。④除目後朝。蒼天在眼。
（苦学《くがく》の寒夜《かんや》。紅涙襟《こうるいえり》を霑《うるほ》す。除目《ぢもく》の後朝《こうてう》。蒼天眼《さうてんまなこ》に在《あ》り。）

と。内侍これを奉り上げむとするに、⑤天皇のその時に御寝《ぎょしん》なりで、御覧ぜずなりにけり。然《しか》る間、※御堂《みだう》、※関白《くわんぱく》にておはしければ、直物行はせ給《たま》はむとて内裏《うち》に参らせ給ひたりけるに、この為時がことを奏《そう》させ給ひけるに、天皇、申文を御覧ぜざるによりて、⑥その御返答なかりけり。然れば関白殿、※女房に問はしめ給ひけるに、女房申すやう、「為時が申文を御覧ぜしめむとせし時に、御前御寝なりて御覧ぜずなりにき」

（『今昔物語集』巻第二十四第三十話、一部抜粋）

※　式部丞・受領・内侍・関白・女房…　役職名。
※　除目…　役職に任命する人事のこと。
※　闕国…　役職に欠員が出ている状態のこと。
※　御堂…　藤原道長の尊称。

（大意）

今は昔、藤原為時という人物がいた。一条天皇が在位していた時に、式部丞を務め、その功績によって受領となることを望んだが、除目では欠員がないという理由で、受領にしなかった。

その後、このことを嘆いて、翌年、人事の修正が行われた日、為時は、博士ではなかったがとても漢詩文の才能に優れた人物だったので、申請書を内侍に頼んで、天皇に差し上げた。その申請書にはこの漢詩の句がにも届かない52ヘルツの声を聴くよ。いつだって聴こうとするから、だからあんたの、あんたなりの言葉で話しな。全部、受け止めてあげる」

（町田そのこ『52ヘルツのクジラたち』より）

※　MP3プレーヤー…　音声ファイルを再生する機器。

問一　二重傍線部ａ「ハテ」、ｂ「響い」に相当する漢字を含むものを、次の**ア**から**エ**までの中からそれぞれ一つ選びなさい。　11　12

ａ「ハテ」

ア　物語のケツマツ　　**イ**　カジツを収穫する

ウ　英雄のサイゴ　　**エ**　任務をカンスイする

ｂ「響い」

ア　キョウサンを得る　　**イ**　思わずゼッキョウした

ウ　キョウキ乱舞した　　**エ**　エイキョウが大きい

問二　波線部「静かな」の品詞を、次の**ア**から**エ**までの中から一つ選びなさい。　13

ア　動詞　**イ**　形容詞　**ウ**　形容動詞　**エ**　連体詞

問三　傍線部①「首を傾げる」の慣用句の意味として適当なものを、次の**ア**から**エ**までの中から一つ選びなさい。　14

ア　疑問　**イ**　驚き　**ウ**　苦痛　**エ**　嫌悪

問四　傍線部②「これ」と**一致しないもの**を、次の**ア**から**エ**までの中から一つ選びなさい。　15

ア　仲間に届かないクジラの歌声　　**イ**　52ヘルツのクジラの声

ウ　クジラにとって高すぎる声　　**エ**　以前にも聴いたクジラの声

問五　傍線部③「世界で一番孤独だと言われている」の理由として最も適当なものを、次の**ア**から**エ**までの中から選びなさい。　16

ア　本当はたくさん仲間がいるのに周波数が違うせいで気づかれず、仲間と出会うことができないから。

イ　たくさんのクジラたちの中で一頭だけ高音で声を出しており、特徴的な存在と見なされているから。

ウ　52ヘルツという高音で声を出す特殊なクジラなので、周囲に同じ種類のクジラが存在しないから。

エ　いくら周りに声を届けても無視されてしまうために、誰にも存在を認めてもらえないクジラだから。

問六　傍線部④「あの時のわたしは、52ヘルツの声をあげていた」の説明として最も適当なものを、次の**ア**から**エ**までの中から選びなさい。　17

ア　「わたし」は実際には声出していなかったので、その声は当時の家族に届かなかったということ

イ　仲間に届かない声をあげるクジラに自分自身を重ね合わせ、孤独な仲間に期待したということ

ウ　声を上げたくても音を立てると怒られるので、静かに月光に向かって祈っていたということ

エ　家族に理解してもらい、受け容れてもらいたい一心で、一人で声を上げ続けていたということ

問七　傍線部⑤「全身を震わせている少年の背中を、そっと撫でる」の説明として最も適当なものを、次の**ア**から**エ**までの中から選びなさい。　18

ア　少年は歯が鳴るほど寒さに震えているので、「わたし」はそっと撫でることで心だけでも温めようとしている。

イヤホンの片方を彼に渡し、もう片方を自分の耳に挿《さ》した。プレイボタンを押すと、すぐに声が流れてくる。彼がわたしを見て、何か言いたげに口を動かす。

「うん、そう。クジラの声。でも、前に聴いた子の声とは、違うんだ」

遠くから呼んでいるような、離れていくような声。世界のaハてまで響いていきそうな声。

「このクジラの声はね、誰にも届かないんだよ」

少年が目を微《かす》かに見開き、首を傾げる。

「普通のクジラと声の高さが——周波数って言うんだけどね、その周波数が全く違うんだって。クジラもいろいろな種類がいるけど、どれもだいたい10から39ヘルツっていう高さで歌うんだって。でもこのクジラの歌声は52ヘルツ。あまりに高音だから、他のクジラたちには、この声は聞こえないんだ。今聞いているこの音もね、人間の耳に合わせて周波数をあげているらしいから、実際はもっと低い声らしいんだけど……」

52ヘルツのクジラ。③世界で一番孤独だと言われているクジラ。その声は広大な海で確かにb響いているのに、受け止める仲間はどこにもいない。誰にも届かない歌声をあげ続けているクジラは存在こそ発見されているけれど、実際の姿は今も確認されていないという。

「他の仲間と周波数が違うから、仲間と出会うこともできないんだって。例えば群がものすごく近くにいたとして、すぐに触れあえる位置にいても、気付かないまますれ違うってことなんだろうね」

本当はたくさんの仲間がいるのに、何も届かない。何も届けられない。それはどれだけ、孤独だろう。

「今もどこかの海で、届かない声を待ちながら自分の声を届けようと歌っているんだろうなあ」

あの冬休み以来、母たちは罰だといってしょっちゅうわたしを来客用のトイレに閉じ込めるようになった。その時間はどんどん長くなり、最終的には食事だけでなくそこでの生活も強要された。ふたをした便器の前で体育座りをして眠り、ドアを開けてもらえる瞬間をひたすらに待つ。壁の向こうでは豊かな、しかし触れられない団欒《だんらん》がある。寂しさで狂いそうになって泣き叫べば乱暴にドアが開き、殴られた。そして、閉じ込められる時間が延長された。

いつしか諦め、小窓から入り込む月明かりをぼんやりと見上げては、同じ光の下にいる同じような誰かにそっと話しかけることを覚えた。こんなに寂しいのはきっとわたしだけじゃない。この声は誰かに届いていると信じるだけで、心が少しだけ救われた。④あの時のわたしは、52ヘルツの声をあげていた。

「うう」

声がして、はっとする。見れば、少年がイヤホンを挿した耳を押さえて泣いていた。食いしばった歯の隙間から絞り出すように、呻《うめ》き声が洩《も》れている。⑤全身を震わせている少年の背中を、そっと撫《な》でる。

「声を上げて泣いていいんだよ。大丈夫、ここにはわたししかいない」

わたしは何度も何度も、肉のついていない薄い背中を撫でる。歯が⑥かちかちと鳴り、体は震えている。それでもまだ、彼は声をあげられずに堪えている。

「わたしさ、あんたの呼び名をずっと考えてたんだ。だってムシなんて呼べないもん。でも今思いついた。あんたがわたしに本当の自分の名前を教えてくれるまで『52』って呼んでもいい？　わたしは、あんたの誰

問五 傍線部② 「脅威の源泉」 によって恐怖を感じたり、傷ついたりする具体例として**一致しないもの**を、次の**ア**から**エ**までの中から一つ選びなさい。 7

ア 自分より優れた成績の同級生と、試験の結果をお互いに見せ合った結果、自分が下で傷つく。

イ 声をかけてくるわけでもないのに、すぐ後ろにずっと立っていて、なんとなく恐怖心を覚える。

ウ 担任の先生から「Aさんと比べて君は努力していないから駄目なんだ」と言われて傷つく。

エ 友人から冗談で「もし君に告白して振られても、ずっと好きでいる」と言われ恐怖心を覚える。

問六 傍線部③ 「生の歓びを与えてくれる存在」の具体例として最も適当なものを、次の**ア**から**エ**までの中から選びなさい 8

ア 長い時間作成していた油絵の作品を、ようやく完成させることができた。

イ 初めて作ったアクセサリーを、フリーマーケットで売り切ることができた。

ウ 水泳の大会に向けての練習中に、自己ベストのタイムを出すことができた。

エ 数週間前から勉強した試験で、今までにない高得点を取ることができた。

問七 空欄 B に当てはまる言葉として最も適当なものを、次の**ア**から**エ**までの中から選びなさい。 9

ア 否定的　**イ** 具体的　**ウ** 肯定的　**エ** 抽象的

問八 本文の内容と一致するものを、次の**ア**から**エ**までの中から一つ選びなさい。 10

ア 「他者は自分とは異なる」というマイナスイメージが人間関係を考える上での大前提である。

イ 他者から認められなくとも、自分の中で達成感や満足感があれば、生きることの支えとなる。

ウ 他者とは、「自分の気持ちを全てわかってくれる」存在であり、それこそが他者理解と言える。

エ 一言で「他者」と言っても、それは怖い存在であると共に、生きがいを与える存在でもある。

二 次の文章を読んで、あとの問いに答えなさい。

静かな夜だ。耳を澄ますと、遠く離れた海岸に打ち寄せる波の音さえ聞こえるのではないかという気がする。

ふ、ふ、と音がして隣を見ると、アイスを食べながら少年が泣いていた。アイスを口に押し込みながら、静かに涙を流している。こんな時でさえ、自分の声を殺すのか。彼はわたしの視線に気付くと慌てて涙を拭って顔を逸《そ》らせた。

わたしは何も言わずアイスを食べ、月を見上げ、波の音に耳を傾ける。食べ終わってから、寝室のテーブルに置いていた※ＭＰ３プレーヤーを持ってきた。アイスを食べ終わって呆然《ぼうぜん》としていた彼がわたしの手の中のものに気付き、①首を傾《かし》げる。

「わたしね、寂しくて死にそうな時に、聴く声があるんだ」

この間、②これを聴いてもらおうとして、彼に逃げられたのだ。

もうひとつは、先ほどの承認の話の中にも出てきましたが、他者は③生の歓《よろこ》びを与えてくれる存在でもあるということです。竹田青嗣さんは「エロスの源泉」という言い方をしています。エロスというのは少し難しい概念ですので、私はそれを「生のあじわい」というふうに言い換えています。

生きてきて、「ああ、よかったな」とか、「素敵だな」「うれしいな」などという、[B]な感情の総体を、私は「生のあじわい」というキーワードで表しています。生きていることがうれしくて、わくわくと高揚した気分になるような感じです。他者は、そういう喜びをもたらしてくれるもの、「生のあじわいの源泉」にもなるのです。

[C]、他者によって認められたり、他者から注目されたり、ほめられたりすることは、ものすごく活動の励みになりますし、嬉《うれ》しいことなのです。

たとえば、百メートルをどんなに速く走っても、他者から承認されなければ満足感は得られないでしょう。誰も知らないところで「俺は九秒七で走れるんだ」と言っても、やはりむなしい。それが「公認記録」という形で残ったり、あるいはbカンシュウの前で出した記録ならば、「あの人はあのときこんなに速く走ったんだ」と言われ、歴史にも残ります。それほど大げさなものでなくても、まわりの人から認められるということは、生きることの大きな支えになります。

（菅野仁『友だち幻想』より　作間の都合上、一部改訂）

問一　二重傍線部a「シンライ」、b「カンシュウ」に相当する漢字を含むものを、次の**ア**から**エ**までの中からそれぞれ一つ選びなさい。[1] [2]

a「シンライ」

ア　教育ホウシンを決める。　**イ**　国家のイシンに関わる。

ウ　事件のカクシンに触れる。　**エ**　書類をシンセイする。

b「カンシュウ」

ア　時間のカンネンがない。

イ　映画にカンカされる。

ウ　早寝早起きのシュウカン。

エ　血液がジュンカンする。

問二　空欄[A]、[C]に当てはまる言葉として最も適当なものを、次の**ア**から**エ**までの中からそれぞれ選びなさい。[3] [4]

ア　逆に　**イ**　また　**ウ**　すなわち　**エ**　だから

問三　波線部「得られない」における「られ」の意味として適当なものを、次の**ア**から**エ**までの中から一つ選びなさい。[5]

ア　受身　**イ**　尊敬　**ウ**　可能　**エ**　自発

問四　傍線部①「異質性」の説明として最も適当なものを、次の**ア**から**エ**までの中から選びなさい。[6]

ア　近しい関係性の人であっても、自分の気持ちを投影する対象とすることは避けた方がよいということ

イ　近しい関係性の人であるからこそ、相手について、知っていることも知らないこともあるということ

ウ　近しい関係性の人であるからこそ、自分と全く同じ性質を持っていることが、前提であるということ

エ　近しい関係性の人であっても、自分と相容れないところや、自分とは異なる価値観があるということ

【国　語】（四〇分）〈満点：一〇〇点〉

一　次の文章を読んで、あとの問いに答えなさい。

さて、この「他者」ですが、大きく二種類に分けることができます。

ひとつは「見知らぬ他者」。これはほとんど「他人」という言葉に置き換えられます。見知らぬ他者のことをわれわれは他人といっているのです。

もうひとつは、「身近な他者」という考え方です。これもますます日常では使いませんが、重要なキーワードです。「すごく身近なのだけど、他者なのである」という、この言葉のニュアンスをちょっと大事に考えてほしいと思います。

いくら親しい人間であっても、自分が知らないことがあるし、自分とは違う性質を持っているということに着目してみましょう。これを「①異質性」といいます。どんなに気の合う、aシンライできる、心を許せる人間でも、やはり自分とは違う価値観や感じ方を持っている、「異質性を持った他者なのである」ということは、すべての人間関係を考えるときに、基本的な大前提となると私は考えます。

「異質性――自分とは違うんだ、ということを前提に考える」というと、なんだかマイナスの方向に考えるようなイメージをもたれるかもしれませんが、そうではありません。

[A]、親友なら、親子なら、「自分の気持ちをすべてわかってくれるはずだ」「私たち、心は一つだよね」と考えてしまうほうが、下手をすると自分しか見えていない、他者の存在を無視した傲慢な考えである可能性もあるのです。極端な例が、ストーカーですね。彼（あるいは彼女）たちは、相手の他者性（＝他者であるという本質的な性質）を理解せず、自分の気持ちを投影する道具としてしか見ていないわけです。

相手を他者として意識するところから、本当の関係や親しさというものは生まれるものなのです。

他者とは自分以外のすべての人間であるということを説明してきました。

では他者とはどんな存在なのでしょう。

じつは、他者には二重の本質的な性格があります。他者ということを考えるには、そのことを押さえておかなくてはなりません。

❶「脅威《きょうい》の源泉」としての他者

ひとつは、「他者というのは、脅威の源泉である」ということです。

これは哲学者の竹田青嗣《たけだせいじ》さんの言い方なのですが、とにかく何か私にとって「脅《おびや》かしを感じる存在」「怖い存在」としての他者というものがあります。

たとえば次のような状況。夜道を一人で歩いているところに、後ろからコツコツと足音が近づいてくると（帰り道が同じだけなのでしょうが）、何をされるかわからない恐怖感を覚えることがあります。

あるいはたとえ身近な他者でも、思わぬ一言で傷つけられることがあります。相手にそういう意図はなくても、友だちの何気ない一言がグサッとくることもあるし、親から「お姉ちゃんに比べてあなたはダメね」などと言われると、そんなに深い気持ちで言ったわけではなかったとしても、非常に傷つけられたりします。そういうことがあると、たとえ身近な人であっても、②脅威の源泉になることがあります。

❷「生のあじわいの源泉」としての他者

2024年度

解 答 と 解 説

《2024年度の配点は解答欄に掲載してあります。》

＜数学解答＞

1 (1) ア − イ 1 ウ 2 (2) エ − オ 1 カ 0 (3) キ 7
(4) ク 2 ケ 4 (5) コ 3 サ 3 (6) シ 1 ス 5
(7) セ 1 ソ 2 タ 5 (8) チ 0 ツ 2 テ 5
(9) ト − ナ 1 ニ 7 ヌ 5
(10) ネ − ノ 5 ハ 1 ヒ 7 フ 2

2 (1) ア 5 イ 4 ウ 5 (2) エ 4 オ 8

3 (1) ア 1 イ 0 ウ 0 (2) エ 2 オ 9 (3) カ 4 キ 2 ク 9

4 (1) ア 3 イ 2 (2) ウ 1 (3) エ 0 オ 2 カ 3 キ 0

5 (1) ア 1 イ 8 (2) ウ 2 エ 4 (3) オ 7 カ 2

○推定配点○
1 各4点×10 2 各5点×2 3 各5点×3 4 (3) 各2点×4 他 各4点×3
5 各5点×3 計100点

＜数学解説＞

1 (数・式の計算，平方根，1次方程式，連立方程式，数の性質，因数分解，2次関数の変域，2次方程式)

(1) $(-4)^2\div4+(-4^2)=16\div4+(-16)=4-16=-12$

(2) $\frac{7}{2}\div\left(\frac{\sqrt{7}}{2}\right)^2\times(-5)=-\frac{7}{2}\div\frac{7}{4}\times5=-\frac{7}{2}\times\frac{4}{7}\times5=-10$

(3) $x-15=-2(x-3)$より，$x-15=-2x+6$ $3x=21$ $x=7$

(4) $3x-y=2$…①とする。$x-(1-y)=5$より，$x-1+y=5$ $x+y=6$…② ①+②より，$4x=8$ $x=2$ ②に$x=2$を代入して，$2+y=6$ $y=4$

(5) $\sqrt{27}$，$\sqrt{12}$をそれぞれ簡単にして，$\sqrt{27}=3\sqrt{3}$，$\sqrt{12}=2\sqrt{3}$，$\frac{4}{\sqrt{3}}$を有理化して，$\frac{4}{\sqrt{3}}=\frac{4\sqrt{3}}{3}$であるから，$\sqrt{27}-2\sqrt{12}+\frac{4}{\sqrt{3}}=3\sqrt{3}-2\times2\sqrt{3}+\frac{4\sqrt{3}}{3}=3\sqrt{3}-4\sqrt{3}+\frac{4\sqrt{3}}{3}=\frac{9\sqrt{3}}{3}-\frac{12\sqrt{3}}{3}+\frac{4\sqrt{3}}{3}=\frac{\sqrt{3}}{3}$となる。

基本 (6) $\sqrt{240n}$が整数となるには，根号の中が平方数となればよい。240を素因数分解すると，$240=2^4\times3\times5=(2^2)^2\times3\times5$であるから，$\sqrt{240n}$が整数となる最小の$n$は$n=3\times5=15$である。

(7) 乗法公式$x^2+(a+b)x+ab=(x+a)(x+b)$を使って，$x^2-7x-60=(x-12)(x+5)$である。

基本 (8) xの変域$-3\leqq x\leqq5$に原点を含むので，関数$y=x^2$の最小値は$x=0$のとき，$y=0$である。また，原点Oからより離れている$x=5$において，関数$y=x^2$は最大値をとる。$y=x^2$に$x=5$を代入すると，$y=5^2=25$となるから，yの変域は$0\leqq y\leqq25$である。

(9) $(x+6)^2=121$より，$x+6=\pm11$ $x=-6\pm11=-17$，5となる。

(10)　解の公式より，$x=\frac{-5\pm\sqrt{5^2-4\times1\times2}}{2\times1}=\frac{-5\pm\sqrt{25-8}}{2}=\frac{-5\pm\sqrt{17}}{2}$

重要 **2**　**(1次方程式の利用)**

(1)　もとの自然数の百の位の数をx，十の位の数をyとする。百の位と一の位の数は等しいので，一の位の数はxである。すべての位の数の和が14であるから，$x+y+x=14$より，$2x+y=14$…①　また，もとの自然数は$100x+10y+x$，百の位の数と十の位の数を入れ替えてできる自然数は$100y+10x+x$と表せるので，$100y+10x+x=100x+10y+x-90$となる。よって，$-90x+90y=-90$　$x-y=1$…②　①+②より，$3x=15$　$x=5$　①に$x=5$を代入して，$10+y=14$　$y=4$　したがって，もとの自然数は545である。

(2)　家から駅までの道のりを$x$kmとする。行きにかかった時間は$\frac{x}{40}$(時間)，帰りにかかった時間は$\frac{x}{60}$(時間)となるから，往復で$x+x=2x$(km)の道のりを$\frac{x}{40}+\frac{x}{60}=\frac{3x}{120}+\frac{2x}{120}=\frac{5x}{120}=\frac{x}{24}$(時間)で進んだ。よって，Aさんの車の平均の速さは$2x\div\frac{x}{24}=2x\times\frac{24}{x}=48$(km/時)である。

3　**(規則性)**

基本 (1)　4段目に並んだカードは13，15，17，19であるから，1段目から4段目までに並んだカードに書かれた数字の和は$1+3+5+7+9+11+13+15+17+19=100$である。

基本 (2)　1段目，2段目，3段目，…にはそれぞれ1枚，2枚，3枚，…のカードが並んでいることから，n段目にはn枚のカードが並んでいる。また，1段目のカードは$1=1^2$，3段目の真ん中のカードは$9=3^2$，…であることから，nを奇数としたとき，n段目の真ん中のカードに書かれた数字はn^2である。よって，5段目の真ん中のカードに書かれた数字は$5^2=25$であり，5段目には5枚のカードが並んでいるので，5段目に並んだカードに書かれた数字は21，23，25，27，29である。したがって，一番右端のカードに書かれている数字は29である。

重要 (3)　21段目の真ん中のカードに書かれた数字は$21^2=441$である。21段目には21枚のカードが並んでいるので，441が書かれたカードの左右に10枚ずつ並んでいる。よって，21段目の左から真ん中までに並んだカードに書かれている数字は421，423，425，427，429，431，433，435，437，439，441であるから，21段目の左から5枚目に並ぶカードに書かれた数字は429である。

4　**(資料の活用，平面図形の証明)**

基本 (1)　ア　平均値が60.0点であることから，$60+74+66+62+82+38+45+41+67+a=60\times10$より，$535+a=600$　$a=65$となる。　イ　このデータを値の小さい方から並べると，38，41，45，60，62，65，66，67，74，82であり，10人の生徒の中央値は値の小さい方から5人目と6人目の平均となるので，$(62+65)\div2=127\div2=63.5$(点)である。

重要 (2)　(A)　商品Xの販売数の最小値は5個で，最大値は20個を超えているので，販売数の範囲は15個より大きい。また，商品Yの販売数の最小値は10個で，最大値は25個であるから，販売数の範囲は15個である。よって，販売数の範囲は商品Xが商品Yより大きい。さらに，商品Xの第1四分位数は10個，第3四分位数は20個であるから，四分位範囲は10個，商品Yの第1四分位数は15個，第3四分位数は25個未満であるから，四分位範囲は10個未満である。したがって，四分位範囲は商品Xの方が商品Yより大きい。　(B)　30日間の中央値は販売数の少ない方から15日目と16日目の平均となる。図より商品Xの中央値は15個より大きいので，販売数の少ないほうから16日目から30日目は必ず15個より多い。よって，商品Xの販売数が15個以上となる日は15日以上あった。(C)　商品Yは最小値が10個であるから，販売数が10個未満となる日はなかった。

(3)　△ABPと△CDQで，平行四辺形の対辺は等しいので，AB=CDである。平行四辺形の対辺は平行であるから，AB//CDであり，線分BDに対して平行線の<u>エ錯角</u>は等しいから，<u>オ∠ABP＝∠CDQ</u>である。また，仮定より，<u>カ∠APB＝∠CQD＝90°</u>である。これより，直角三角形の<u>キ斜辺と1つの鋭角</u>がそれぞれ等しいので，△ABP≡△CDQ　よって，合同な図形の対応する辺の長さは等しいので，AP＝CQである。

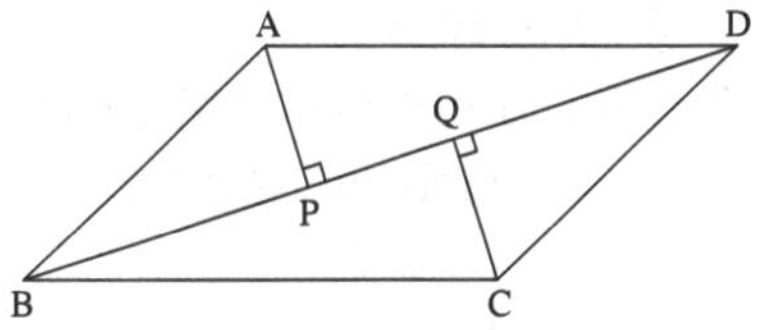

5　**(2次関数，図形と関数・グラフの融合問題，回転体の体積)**

(1)　$y=\frac{1}{2}x^2$に$x=6$を代入すると，$y=\frac{1}{2}\times6^2=\frac{1}{2}\times36=18$　よって，点Bのy座標は18である。

基本 (2)　$y=\frac{1}{2}x^2$に$x=-2$を代入すると，$y=\frac{1}{2}\times(-2)^2=\frac{1}{2}\times4=2$　よって，A$(-2,\ 2)$である。直線ABの傾きは$\frac{18-2}{6-(-2)}=\frac{16}{8}=2$であるから，直線ABの式を$y=2x+b$とおいて，A$(-2,\ 2)$を代入すると，$2=-4+b$　$-b=-6$　$b=6$　したがって，直線ABの式は$y=2x+6$であり，直線ABとy軸との交点をPとするとP$(0,\ 6)$である。△AOB＝△AOP＋△BOPであるから，△AOB＝$\frac{1}{2}\times6\times2+\frac{1}{2}\times6\times6=6+18=24$である。

重要 (3)　点Bからy軸に下した垂線の足をQとする。△OPBをy軸のまわりに1回転させた時にできる立体は底面の半径BQ，高さOQの円錐から底面の半径BQ，高さPQの円錐を引いた形になる。よって，求める立体の体積は$\frac{1}{3}\times6\times6\times\pi\times18-\frac{1}{3}\times6\times6\times\pi\times12=216\pi-144\pi=72\pi$である。

★ワンポイントアドバイス★

ほとんどが標準レベルの問題である。典型的な解法は必ず身につけておきたい。

＜英語解答＞

1　(1)　ア　(2)　エ　**2**　(1)　ア　(2)　ウ
3　(1)　エ　(2)　イ　(3)　エ
4　(1)　①　ウ　②　ア　(2)　①　ア　②　エ　(3)　①　ウ　②　ウ
5　(1)　3番目　ウ　6番目　イ　(2)　3番目　カ　6番目　イ
(3)　3番目　エ　6番目　キ
6　(1)　ア　(2)　イ　(3)　ウ　(4)　イ　(5)　ア，ウ
7　(1)　ア　(2)　イ　(3)　ア　(4)　イ，オ　(5)　オ

○推定配点○

各4点×25(4，5各完答)　計100点

＜英語解説＞

基本 **1** **（話し方・聞き方：単語の発音）**

(1)　ア activity「活動」のみ[i]で，他は[ai]。　alive「生きている」 blind「目の見えない」 library「図書館」

(2)　エ hold「持つ，催す」のみ[ou]で，他は[ɑ]。　concert「コンサート」doctor「医者」 drop「落ちる，落とす」

基本 **2** **（話し方・聞き方：アクセント）**

(1)　ア at-tách「取り付ける」のみ第2音節が最も強く発音され，他は第1音節が最も強く発音される。　ín-jure「傷つける」 mó-ment「瞬間」 úse-ful「役に立つ」

(2)　ウ ex-pén-sive「高額な」のみ第2音節が最も強く発音され，他は第1音節が最も強く発音される。　sát-is-fy「満足させる」 ná-tion-al「全国的な，国家の，国民の，国立の」 tér-ri-ble「ひどい，恐ろしい」

重要 **3** **（文法・作文：語句補充・選択，分詞，間接疑問文，受動態，不定詞）**

(1)　「ジョンは私に英語で書かれた本をくれた」 a book written in English ←〈名詞＋過去分詞＋他の語句〉「～された名詞」過去分詞の形容詞的用法

(2)　「どこで彼が生まれたかを知っているか」文脈より空所には「どこで」 where が当てはまる。～ know where he was born? ← 疑問文(Where was he born?)が他の文に組み込まれる[間接疑問文]と，〈疑問詞＋主語＋動詞〉の語順になる。bear「産む」→〈be動詞＋ born〉「生まれる」

(3)　「私達にとって英語を勉強するのは難しい」 It is difficult for us to study ～ ←〈It is ＋形容詞＋ for ＋S＋不定詞[to ＋原形]〉(S≠形容詞)「Sにとって～[不定詞]するのは…[形容詞]だ」(参照)〈It is ＋形容詞＋ of ＋S＋不定詞〉(S＝形容詞)

重要 **4** **（言い換え・書き換え：現在完了，前置詞，熟語，比較，助動詞，受動態）**

(1)　「ケンと私は10年前に初めて会った。私達はいまだに良い友人である」⇔「ケンと私は10年間互いに知っている」 have known ← 現在完了(状態動詞の継続)〈have[has]＋過去分詞〉 for ten years ←〈for ＋期間〉「～のあいだ」 for the first time「初めて」 still「(副詞)まだ，なおいっそう／(形容詞)静止した，静かな」 each other「互い」

(2)　「私には3人の姉妹がいる。ハナコは20歳だ。トモエは18歳である。ミチコは13歳で，私は15歳だ」⇔「トモエは4人の中で2番目に年上である」 the second oldest of ←〈the ＋序数＋最上級[規則変化；原級＋ -est]＋ of ＋複数名詞[in ＋単数名詞]〉「～の中でX番目に最も…」

(3)　「森でコアラを見ることができる」＝「コアラは森で見られる」 can be seen　← 助動詞付きの受動態〈助動詞＋ be ＋過去分詞〉

重要 **5** **（語句整序：進行形，接続詞，不定詞，前置詞）**

(1)　(My mother) was watching TV when I came back(.)　過去進行形〈was[were]＋ -ing〉「～しているところだった」 when 副詞「いつ」／接続詞「～する時に」 came ← come「来る」の過去形　come back「帰る」

(2)　(Mike) will visit the Congo to see gorillas in (July.)　〈will ＋原形〉未来を表す助動詞 will「～するつもりである，きっと～だろう」 不定詞[to ＋原形]の副詞的用法(目的)「～するために」〈in ＋月〉「～月に」

(3)　(John) is afraid to speak in front of (many people.)　〈be動詞＋ afraid ＋不定詞[to ＋原形]〉「こわくて～できない」 (参照) be afraid of ＋動名詞[-ing]「～することを恐れる」 in front of「～の前で」

6 **（会話文問題：文挿入，語句補充・選択，内容吟味，要旨把握，不定詞，熟語・慣用句，助動詞，間接疑問文，前置詞，比較）**

（大意） トム(以下T)：名古屋駅への行き方を教えてください。／ケン(以下K)：A アいいですよ。ここから名鉄電車に乗ってください。名古屋は初めてですか。／T：ええ，名古屋の大学で勉強している姉を訪問するところです。名古屋では有名な場所を楽しめると聞いて，ワクワクしています。／K：良いですね。B イ明日，何か予定していますか。／T：いいえ。名古屋でどこへ行ったらよいか教えていただけますか。／K：世界で最大規模のプラネタリウムがある名古屋市科学館はいかがですか。／T：入館料はいくらですか。／K：学生で，プラネタリウムを見たければ，500円です。プラネタリウムに入らなければ，200円です。学生でなければ，プラネタリウム込みで800円，プラネタリウムなしで400円です。／T：他に訪れることができる場所はありますか。／K：日本で最大の水族館，名古屋港水族館があります。イルカショー，シャチのトレーニング，魚のエサやりを楽しむのであれば，2030円です。午後5時以降なら1620円のみです。東山動物園もあります。ライオン，ゴリラ，象C ウのような多くの種類を見ることができ，500円です。／T：全て興味深いですね。私は高校生なので，科学館に学生料金があるのは良いですね。明日，まずプラネタリウムを楽しみ，夜，姉に会うことにします。それから，一緒に水族館へ向かいます。／K：東山動物園はどうしますか。／T：1日で全ての場所を訪れることはできないので，明後日，行こうと思います。／K：日本での滞在を楽しんでください。

基本 (1) 名古屋駅への行き方を尋ねられた際の応答文を選ぶ問題。空所A後，行き方を具体的に答えているので，正解は，No problem.「お安いご用です。いいですよ」。how to get to ～ ←「how＋不定詞[to ＋原形]」「～する方法, いかに～するか」／get to「～へ到着する」 I'm sorry.「すみません，残念ですが，お気の毒ですが，何とおしゃいましたか」 That's terrible.「それはひどいです」 You're welcome.「どういたしまして」(お礼の言葉に答える決まり文句)

やや難 (2) 空所Bの質問を受けて，否定で答えた後で，「名古屋でどこへ行ったら良いか」を尋ねていることから考える。正解は，イ「明日，何か予定はありますか」。～ tell me where I should go ～? ← 疑問文(Where should I go in Nagoya?)が他の文に組み込まれる[間接疑問文]と，〈疑問詞＋主語＋動詞〉の語順になる。 should「～すべきである，した方がよい，はずだ」 ア「そこへの行き方を知っていますか」 Can you tell me where I should go in Nagoya? につながらない。 ウ「名古屋で何を楽しみたいですか」直後が Actually, no. なので，疑問詞付きの疑問文は当てはまらない。 エ「名古屋でどこへ行くべきかを，私があなたに告げることをお望みですか」直後に否定形の応答文があり，その後の Can you tell me where I should go ～? につながらない。～ tell you where you should go in Nagoya? イの間接疑問文の解説参照。

基本 (3) many kinds of animals (C) lions, gorillas, and elephants ～ 多くの種類の動物例が空所C後に列記されているので，「～に似た，のような」の意味を表す前置詞の like が空所に当てはまる。about「～について，ぐらい，の周りに」 example「例」自体が名詞で，前後も名詞なので，空所に当てはまらない。 such「そのような(人・物)」単独では当てはまらない。→ A, such as B／such A as B「BのようなA」

やや難 (4) トムの最後と最後から2番目の発言よりわかることは，以下の通りである。①東山動物園へは，明日行かないこと。②翌日訪れるのは科学館と水族館であること。③科学館へはトムが1人で行き，プラネタリウムを楽しみたいこと。④トムは高校生であること。⑤水族館は2人で夜間訪れること。したがって，科学館での学生1人分のプラネタリウム込みの料金と夜間の水族館の2人分の料金の合計(500＋1620×2=3740)を算出すること。

重要 (5) ア「トムは名古屋を以前訪れたことがなかった」(○) ケンの Is this your first time visiting

Nagoya? の質問に，トムは肯定で答えているので，一致。　イ「水族館の入場券は，動物園の入場券と比べてより安い」（×）　動物園の入場券は500円で，水族館の入場券は午後5時以降の安いものでも1620円なので，不一致。less「より少ない，より少なく」　ウ「トムはプラネタリウムが併設された科学館の入場券を買うだろう」（○）　ケンの第4番目の発言とトムの第7番目の発言に一致。the science museum with the planetarium ← with「～といっしょに，で(道具・手段)，を持っている，がある，のついた」　one of the largest planetariums ←〈one of the ＋最上級＋複数名詞〉「最も～なものがいくつかある中の1つ」　I'm glad to hear that ～ ←〈感情を表す語＋不定詞[to ＋原形]〉不定詞の副詞的用法(原因・理由)「～して，するとは」　エ「1日ではすべての場所へ行くことができないので，明日トムは動物園を訪れるつもりだ」（×）　ケンの最後から2番目の質問(How about Higashiyama Zoo?)に対して，トムは I think I will go there the day after tomorrow ～ と答えているので，不一致。in one day「1日で」　How about ～?「～はどうですか，いかがですか」（提案・勧誘）　the day after tomorrow「明後日」　オ「トムは科学館と水族館を1人で訪れるだろう」（×）　トムは第7番目の発言で，I will first enjoy the planetarium tomorrow. After that, I will see my sister at night. Then, we will visit the aquarium together. と述べており，科学館は1人で行くが，水族館へは姉と2人へ行くので，不一致。

7　**（長文読解問題・論説文：指示語，語句補充・選択，内容吟味，要旨把握，関係代名詞，比較，受動態，間接疑問文，進行形，動名詞，接続詞）**

（大意）人工知能は人間の様に考え，学ぶことができる。

人工知能は使えば使うほど性能が向上し，①それが受け取った情報から学習する。

人工知能は，言語を翻訳し，困った人に助言を与え，芸術を作り出すことができる。

驚くことに，②人工知能は人間と比べて，より優れた学習者となりうる。2015年に，囲碁を指す人工知能 AlphaGo が作り出され，情報から学び，実践を繰り返すことで，人よりも速く戦術を学び，2017年には，世界で最も優れた囲碁の競技者に対して，勝利をおさめるまでになった。

人工知能は万能に見えて，常に完璧なわけではなく，感情を理解し，表現することが不得手だ。人工知能は，人の複雑な感情を理解していないまま，情報から導き出されたありふれた助言を人に与えるかもしれないのである。人工知能の芸術は，情報の蓄積結果だが，人の芸術作品には感情が含まれる。人工知能は，絵画によって自身の感情を表現することができない。③さらに，ある研究結果によると，人工知能は効率的すぎるという。問題の解決法を求めると，人工知能は最も効率的答えを導き出すが，人が考えるような倫理的な問題や人間関係を考慮しないことがある。

将来，人工知能はますます進化し，人より上手くできることが増すだろう。だが，人間しかできないことも多く，両者の特徴を理解することが大切である。

基本　(1)　下線部①を含む文は「人工知能は，①それが受け取った情報から学習する」の意。したがって，it「それ」が指すのは AI「人工知能」。AI learns from the information it receives. ←〈先行詞(＋目的格の関係代名詞)＋主語＋動詞〉「主語が動詞する先行詞」目的格の関係代名詞の省略　technology「技術」　information「情報」　human「人間」

やや難　(2)　空所②以降で，人工知能が人間をはるかにしのぐ速度で囲碁の戦術を学び，強くなり，最強の人間の囲碁競技者を負かすまでになったことが記されていることから，考える。正解は，イ「(驚いたことに,)人工知能は人と比べて，より良い学習者になりうる」。better「よりよい，よりよく」good／well の比較級　ア「人工知能は人と同じくらい速く学習する」〈as ＋原級＋as ＋B〉「Bと同じくらい～」　ウ「人工知能は一緒に遊ぶことができる友人になりうる」　a friend you can play with ←〈先行詞(＋目的格の関係代名詞)＋主語＋動詞〉「主語が動詞する先行詞」目的格の関係代名詞の省略　エ「人類は人工知能と比べてはるかに進歩しうる」 much more improved ← 比較表現を強調する much + improved「よくなった，改良された，進歩した」の比較級　オ「人工知能は役に立たないと言われている」 it is said that「～だと言われている」

重要 (3)　空所③のある第5段落では，人工知能は万能ではないということが記されている。空所の前では，「人工知能は絵画では感情を表現できない」と述べていて，空所後では，「ある研究は人工知能が効率的すぎるということを示している」という意味の英文が続いており，共に，人工知能の弱点であることに注目すること。したがって，空所に当てはまるのは，Moreover「さらに，そのうえ」。too「あまりにも～すぎる，もまた，非常に」 usually「通常」 however「しかしながら」 especially「特に，とりわけ」

やや難 (4)　ア「はっきりと話さないと，人工知能は言っていることを理解できない」(×)　記述なし。AI cannot understand what you say ～ ← 疑問文(What do you say?)が他の文に組み込まれる[間接疑問文]と，〈疑問詞＋主語＋動詞〉の語順になる。　イ「人工知能は私達の社会が共有する問題を時には無視する」(○)　第5段落の最後から第2・3文に一致。problems our society shares[we share]／things humans usually consider ← 〈先行詞(＋目的格の関係代名詞)＋主語＋動詞〉「主語が動詞する先行詞」目的格の関係代名詞の省略　are communicating ← 進行形〈be動詞＋-ing〉　we can consider how others feel and ～ ← 疑問文(How do others feel ～?)が他の文に組み込まれる[間接疑問文]と，〈疑問詞＋主語＋動詞〉の語順になる。　ウ「人工知能により，人々が日常生活に満足することは決してない」(×)　記述なし。make people satisfied with their everyday lives ← make O C「OをCの状態にする」／satisfied with「～に満足して」　エ「人工知能は環境を保全することに長けていない」(×)　記述なし。AI is not good at preserving environment. ← 〈be動詞＋ good at ＋動名詞[-ing]〉「～することが上手である」　オ「人工知能は何を人間が考えているかを理解することが不得手である」(○)　第5段落第2文・最後から第2文に一致。AI is not good at understanding what human beings think. ← 〈be動詞＋ good at ＋動名詞[-ing]〉「～することが上手である」／疑問文(What do human beings think?)が他の文に組み込まれる[間接疑問文]と，〈疑問詞＋主語＋動詞〉の語順になる。may「～かもしれない，してもよい」 things humans usually consider ← 〈先行詞(＋目的格の関係代名詞)＋主語＋動詞〉「主語が動詞する先行詞」目的格の関係代名詞の省略

重要 (5)　ア「あと数年で現在人が行っていることを人工知能がすべてするだろう」(×)　第6段落第3文に There are lots of features only human beings have, ～ とあるので，不一致。everything human does／features only human beings have ← 〈先行詞(＋目的格の関係代名詞)＋主語＋動詞〉「主語が動詞する先行詞」目的格の関係代名詞の省略　イ「AlphaGo は世界で一番の人の囲碁の競技者によって作られた」(×)　記述なし。was made ← 〈be動詞＋過去分詞〉受動態　best「最も良い，最も良く」 good／well の最上級　ウ「人工知能と人間の双方共に良い点しかない」(×)　第5段落では，人工知能の弱点が記されている。both A and B「AもBも両方とも」　エ「人間とAIの間に違いはない」(×)　第5段落や第6段落では，両者の違いに言及されている。different from「～とは違う」 lots of features only human beings have ← 〈先行詞(＋目的格の関係代名詞)＋主語＋動詞〉「主語が動詞する先行詞」目的格の関係代名詞の省略
オ「人工知能と人は何ができるかを理解することは，重要である」(○)　第6段落第2・3文に一致。Understanding what AI and humans can do ～ ← 動名詞[-ing]「～すること」／疑問文(What can AI and humans do?)が他の文に組み込まれる[間接疑問文]と，〈疑問詞＋主語＋動詞〉の語順になる。much more things AI can do ← 〈先行詞(＋目的格の関係代名詞)＋主語＋

動詞〉「主語が動詞する先行詞」目的格の関係代名詞の省略／比較表現を強める much ＋ more「より多くの，もっと」 many／much の比較級 lots of features only human being have ← 目的格の関係代名詞の省略 it is important to understand ～ ← 〈It is ＋形容詞＋不定詞[to ＋原形]〉「～[不定詞]することは…[形容詞]だ」

★ワンポイントアドバイス★

1・2の発音とアクセント問題を取り上げる。いずれも紛らわしいものはあまりないと言えるが，attach 等，難しい単語が含まれていることがあるので要注意。単語を覚える時に，発音とアクセントを確認する習慣をつけよう。

＜理科解答＞

1	(1) ①	(2) ④	(3) ③	(4) ④	(5) ③
2	(1) ④	(2) ②	(3) ④	(4) ③	(5) ②
3	(1) ⑤	(2) ③	(3) ①	(4) ④	(5) ②
4	(1) ②	(2) ①	(3) ②	(4) ②	(5) ③
5	(1) ①	(2) ②	(3) ①	(4) ④	(5) ④

○推定配点○

各4点×25　　計100点

＜理科解説＞

基本 **1 （総合問題―小問集合）**

(1)　電流は＋極から－極に流れる。並列回路になっているCを流れる電流は，Aより小さくなる。BC間では電圧の差はない。

(2)　Aのガス調節ねじを回した後，Bの空気調節ねじをDの方向に回して空気を調節する。

(3)　受精せずに子供を増やす方法を無性生殖という。サツマイモの茎から芽が出たり，イチゴの茎から芽が出たり，コダカラベンケイの葉の縁の芽が地面に落ちて新しい芽が出るのはその例である。

(4)　④は液体が固体に変化する凝固の例である。水蒸気が冷やされて水滴に変わる変化は凝縮である。

(5)　線状降水帯ができると，同じような場所で次々に積乱雲ができて激しい雨が長時間降り続く。

2 （運動とエネルギー・光と音の性質―斜面の運動・凸レンズ）

基本 Ⅰ (1)　10kgのトロッコにはたらく重力は100Nであり，これを5m持ち上げたのでトロッコにした仕事は100×5＝500(J)である。

(2)　トロッコは等加速度運動をおこなうので，時間とともに速度は直線的に増加する。水平面に達すると等速直線運動をおこなうので，速度は一定になる。

(3)　トロッコの位置エネルギーが全てQ点に達したときに運動エネルギーに変換される。高い場所にある物体ほど位置エネルギーも大きい。運動エネルギーが大きいほど速度も大きくなるので，D点にあるときがもっとも速度が大きくなる。

重要 Ⅱ　(4)　凸レンズを通してスクリーンに映る実像をレンズと反対側から見ると，上下左右が逆に見える。ここでは観察者が物体の側にいるので，スクリーンに映る像は上下が逆向きで左右は同じ側に見え，③のように見える。

(5)　凸レンズのふくらみが大きいほどレンズの焦点距離が短くなる。その結果，実像がはっきり映る位置がレンズに近づき，その大きさは小さくなる。

3 （気体の発生とその性質・物質とその変化―気体の判別・金属の反応）

基本　Ⅰ　(1)　Aは水溶液が酸性の気体であり二酸化炭素である。Bは最も軽いので水素である。Cは刺激臭があるのでアンモニアである。

(2)　水素は水に溶けず空気より軽いので，上方置換法で捕集する。

Ⅱ　(3)　物質を空気中で加熱すると，酸素と結びつく。

(4)　Dは銅，Eはスチールウール，Fはマグネシウムである。銅を空気中で燃焼すると黒色の酸化銅になる。マグネシウムは強い光を出して燃え，白色の酸化マグネシウムに変わる。

重要　(5)　スチールウールは鉄なので，加熱前は電流が流れる。加熱すると酸化鉄になり，電流が流れなくなる。

4 （ヒトの体のしくみ―酵素・心臓のつくり）

重要　Ⅰ　(1)　試験管Aではデンプンがだ液によって分解されるので，ヨウ素液の色の変化はない。酵素が最もよく働く温度は約40℃付近である。

重要　(2)　ベネジクト液が褐色になるのは，ブドウ糖ができているからである。デンプンが分解するとブドウ糖ができるので，A_2で褐色になる。

基本　Ⅱ　(3)　肝臓のはたらきには，有害なアンモニアを無害な尿素につくりかえることや，余分の栄養を蓄えることや，脂肪の分解に必要な胆汁をつくることなどがある。

基本　(4)　肺には筋肉がないので，それ自体で収縮したり膨張したりできない。ろっ骨が持ち上げられ，横隔膜が下がると肺は広がる。

(5)　Xは右心房でここが収縮すると右心室に血液が流れ込む。このとき左心房も広がり，肺からの血液が流れ込む。

5 （大地の動き・地震―地震）

基本　(1)　地震の揺れの大きさを示す震度には，観測点の地盤のかたさと震源からの距離が関係する。

(2)　おもりにばねが取り付けてあるので，地震の揺れがばねで吸収されるようになっている。記録用紙は地面の揺れと同じようにゆれるので地震波が記録される。

重要　(3)　海洋プレートは大陸プレートより重いので，大陸プレートの下に海洋プレートが沈み込む。

重要　(4)　プレートの境界面付近で大地震が起きるのは，大陸プレートが海洋プレートに引きずられ，そのひずみが限界に達すると岩石が破壊されて大地震が起きるためである。

重要　(5)　A地点とC地点の距離の差15kmをP波が伝わるのに2秒かかることから，P波の速さは15÷2＝7.5(km/s)であり，S波は5秒かかるので15÷5＝3(km/s)である。また，A地点からB地点にP波が伝わるのに14秒かかるので，この間の距離は7.5×14＝105(km)である。よってB地点の震源からの距離は105＋75＝180(km)である。

★ワンポイントアドバイス★

基本問題が大半である。理科全般の教科書レベルの基礎的な知識をしっかりと理解し，計算問題の演習なども練習しておこう。

＜社会解答＞

1　問1　ウ　　問2　ア　　問3　エ　　問4　イ
2　問1　カ　　問2　イ　　**3**　問1　ウ　　問2　エ
4　問1　イ　　問2　ア　　問3　オ　　問4　エ　　問5　ウ
5　問1　エ　　問2　イ　　問3　オ　　問4　ア　　問5　エ
6　問1　イ　　問2　オ　　問3　カ　　問4　オ　　問5　イ　　問6　ウ　　問7　ア

○推定配点○
各4点×25　　計100点

＜社会解説＞

1　**（地理―世界の諸地域の特色：ヨーロッパ，気候，産業）**

問1　モノカルチャー経済は，経済の多様性が低く特定製品に依存する状態を指す。メリットもあるが，市場価格の変動や自然災害などのリスクも伴い，工業化が進まない状況も生み出す。

問2　アルプス山脈は、アルプス・ヒマラヤ造山帯に属している中央ヨーロッパに位置する山脈である。ヨーロッパ西岸地域は，偏西風と北大西洋海流(暖流)の影響で高緯度のわりには温暖で温かい。白夜は，北極圏や南極圏の付近で見られ，南半球では南極大陸などがある。北半球では北欧の国，ロシア北部，カナダ北部，グリーンランド，アラスカなどがある。

問3　①は偏西風と暖流の影響で冬と夏の気温・降水量の小さい西岸海洋性気候で，ベルリンが該当する。②は雨がほとんどなく砂や岩の砂漠が広がる砂漠気候で，カイロが該当する。③は熱帯の中でも乾季と冬季がみられるサバナ気候で，ブラジリアが該当する。

やや難　問4　ブラジルの標準時子午線は西経45度であるから，日本との経度差は135＋45＝180(度)である。15度で1時間の時差があるので，日本とブラジルの時差は180÷15＝12(時間)となる。つまり，ブラジルでは日本より12時間前である。日本で1月23日午前9時で，それより12時間前のブラジルでは，1月22日午後9時となる。

2　**（日本の地理―日本の人口，その他）**

問1　資料Ⅰを考察すると，日本だけでなく他の国も65歳以上の人口の割合は増加しているので，①は誤りである。資料Ⅱを考察すると，2010年までは日本の人口は増加し続けているので，②は正しい。資料Ⅲを考察すると，いずれの時期も人口が増加している都道府県の中で，東京都，神奈川県，埼玉県，千葉県は2015年～2020年の方が人口増加率が大きいので，③は誤りとなる。

重要　問2　東日本大震災の影響で福島第一原発が事故を起こして以来，原発の安全性の問題が問われている。したがって，2011年2月から2012年11月に割合が大幅に減少している①が原子力である。

3　**（日本の地理―日本の産業，気候，歴史―日本の文化史）**

問1　万葉集は，奈良時代末期に成立した日本に現存する最古の和歌集である。促成栽培は，加温や保温によって作物の生育を早めて，早い時期に作物を収穫するための栽培方法で，よく行われるのは，冬の時期にハウスを加温して，キュウリやトマトなどの夏野菜をつくることである。香川県は瀬戸内工業地域に属している。

問2　中国・四国地方は南四国(太平洋岸の気候)，瀬戸内(瀬戸内の気候)，山陰(太平洋岸の気候・日本海側の気候)に分かれる。香川県と岡山県は瀬戸内に属し瀬戸内の気候となる。

4　**（日本と世界の歴史―政治・外交史，社会・経済史，文化史，日本史と世界史の関連）**

基本　問1　壬申の乱に勝利した大海人皇子は即位して天武天皇となった。鎌倉幕府の創設者は源氏の棟梁源頼朝である。豊臣秀吉は明智光秀を倒して信長の後継者となった。

問2　天智天皇は即位する前は，中大兄皇子といい，中臣鎌足とともに大化の改新を行った。聖武天皇は系図を考察すると，母方の親戚が藤原氏であることがわかる。

基本　問3　親鸞は，法然の弟子であり，浄土真宗をひらいた。栄西(臨済宗)と道元(曹洞宗)は禅宗を広めた。

問4　本能寺の変は1582年6月であり，同年1月には大友，大村，有馬のキリシタン大名が少年使節をローマ教皇のもとに派遣していた。これを，天正遣欧使節という。

問5　モンゴル民族を統一したチンギス・ハンの孫であるフビライが，モンゴル帝国の国名を元と改めて日本に攻めてきた元寇後，元が滅んで明が建てられた。足利義満は，その明と貿易を始めた(日明貿易・勘合貿易)。明の後，中国を支配した清は，イギリスにアヘン戦争をしかけられ敗れた。

5　(日本と世界の歴史―政治・外交史，社会・経済史，経済生活，その他)

問1　1895年，下関条約によって，清は朝鮮の独立を承認，遼東半島・台湾・澎湖島を割譲，賠償金の支払いなどを認めた。遼東半島は三国干渉により清に返還された。

問2　ポーツマス条約はアメリカの仲介によって結ばれたが，賠償金が得られないなど，日本の権益が少なかったとして，国民が政府を攻撃し，日比谷焼き打ち事件などの暴動も起きた。①はフランスがイギリスの誤り，②は与謝野晶子が発表した詩は「君死に給うなかれ」なので誤り，⑤は日本は韓国併合を断行したので誤りとなる。

問3　国際連盟の創設を提唱したのはアメリが大統領ウィルソンなので，④は誤り，ガンディーが行ったのは非暴力・不服従運動なので，⑤も誤りとなる。

問4　全国水平社は，被差別部落解放運動のために結成されたので，①は誤り，治安維持法が共産主義などを取りしまるための法律なので，③も誤りとなる。

問5　④1939.9ドイツのポーランド攻撃(第二次世界大戦始まる)→②1941.6独ソ戦開始→⑤1941.12ハワイ真珠湾攻撃→③1942.6ミッドウェー海戦→⑥1945.8.6広島に原爆投下→①1945.8.9長崎に原爆投下。

6　(公民―憲法，政治のしくみ，経済生活，その他)

問1　環境権などの新しい人権は，憲法には規定されてないので，アは誤り，憲法改正の国会発議は，衆参両議院の総議員の3分の2であるので，ウも誤りとなる。エの文章中の「投票の義務」が誤りで，正しくは「勤労の義務」である。

問2　障がいのある人への配慮は平等権にもとづくものである。自己の意見をSNSなどを通して発表することは自由権の「精神の自由」に属する表現の自由に当たる。引っ越しや住所変更は自由権の「経済活動の自由」に属する居住・移転・職業選択の自由に当たる。

重要　問3　一票の格差とは，地域によって有権者の数が異なることで，一人一人が投じる一票の価値に差が生じることである。それは「議員1人あたりの有権者数」を考えれば，求めることができる。「有権者数÷議員定数」で，少なければ少ないほど，選挙結果に対して持つ影響力が大きいといえる。

問4　国選弁護士とは，刑事手続において被疑者・被告人が経済的困窮などの理由で私選弁護人を選任できない場合に国費で裁判所が選任した弁護士である。起訴によって始まるのは刑事裁判であるので，①は誤り，自白だけでは強制捜査等はできないので，②は誤り，裁判員制度は一審のみで行うので，④も誤りとなる。

やや難　問5　1パックの価格が同じ300円で，買いたい量(需要量)は20パック，売りたい量(供給量)が40パックであるなら，40－20＝20で供給量が20パック上回るので，20パックが売れ残るということになる。

問6　インフレーションは，物価が上がり続けて，お金の価値が下がり続けること。お金の価値が下がることをインフレリスクともいう。対して，デフレーションとは，物価が下がり続けて，お金の価値が上がり続けること。このように，いずれもメリット・デメリットを持ち合わせている。

問7　日本の社会保障制度は，社会保険，公的扶助，社会福祉，公衆衛生という4つの柱で構成されており，公的扶助はその1つであり，主に貧困者・低所得者を対象に健康と生活を最終的に保障するものである。例えば，コロナ禍で実施された一時金支給なども公的扶助の1つである。

★ワンポイントアドバイス★

1問1　瀬戸内工業地域は，太平洋ベルトに属して，各工業地帯・地域の出荷額では，中京，阪神，京浜に次ぐ第4位である。　4問4　この少年使節が帰国した1590年より前の1587年には秀吉によるバテレン追放令が出ていた。

＜国語解答＞

一　問一　a イ　b ア　問二　A ア　C エ　問三　ウ　問四　エ　問五　ア
問六　イ　問七　ウ　問八　エ

二　問一　a イ　b エ　問二　ウ　問三　ア　問四　エ　問五　ア　問六　イ
問七　ウ　問八　エ　問九　ア

三　問一　イ　問二　エ　問三　イ　問四　ウ　問五　ア

○推定配点○
各4点×25　計100点

＜国語解説＞

一　（漢字の読み書き，語句の意味，品詞・用法，接続語の問題，大意・要旨，情景・心情，内容吟味，論説文・説明文）

問一　a　信頼　ア　方針　イ　威信　ウ　核心　エ　申請
b　観衆　ア　観念　イ　感化　ウ　習慣　エ　循環

問二　A　前の事柄を述べた事柄に対して，相反する意味・状態・内容を並べて対比しているので対比の接続のア　逆に　が適当である。　C　前で述べた内容を根拠として強調し，思ったことや考えたことや内容を述べているので，順接の接続のエ　だから　が適当である。

重要　問三　「得る」の未然形「得」に受身・尊敬・自発・可能の助動詞「られる」の未然形と打消の助動詞「ない」がついている。後に「ず」「ない」など打消や反語表現がくれば可能となるので，ウ　可能が適当である。

問四　親しい人でも自分の知らないことがあり，自分とは違う価値観や感じ方を持っていることを大前提に考え，異質性がある事を知っておく。

問五　脅威の源とは，私にとって「脅かしを感じる存在」「怖い存在」である。本文の具体例をみると夜道を一人で歩いているとうしろから他人の足音が聞こえるや身近な人の一言で相手にそのような意図がなくても傷つくことがあるとあるので，具体例として一致しないものを選ぶと，自分が下で傷つくとあるので　アが適当である。

問六　生きていく上で，他者に注目されたり，褒められたりすることは，活動の励みになり，嬉しいことである。イが適当である。

問七　どんな感情なのか本文の前後を読んでみると「良かった，素敵，うれしい」などの言葉が出てくる。生きるということは，喜びをもたらしてくれるとあるので，ウ　肯定的が適当である。

重要 問八　ここでは，他者について二つの見方が挙げられている。「脅威の源泉」として脅かし，怖い存在として他者と「生のあじわい」として，生きていくことがうれしく，わくわくするような存在としての他者がある。

二　**（漢字の読み書き，同義語・対義語，ことわざ・慣用句，大意・要旨，情景・心情，文脈把握，表現技法内容吟味，小説・物語・伝記）**

問一　a　果て　　ア　結末　　イ　果実　　ウ　最期　　エ　完遂
　　　b　響い　　ア　協賛　　イ　絶叫　　ウ　狂喜　　エ　影響

問二　「静かな」は「静かだ」という，形容動詞の「～だ」という連体形である。

問三　首を傾げるの意味は，疑わしく思ったり，不思議に思ったりして首を傾けるような動作から，疑念や不審を持つ様子を表している。

問四　クジラの鳴き声には周波数があり，種類によって違うが大体10から39ヘルツの高さだが，このクジラは52ヘルツの歌声で，あまりに高音で他のクジラには聞こえない。

問五　52ヘルツの歌声をもつイルカの存在は確認されているが，姿は今も確認されていない。他の仲間と周波数が違うので，群れがすぐそばに居ても気づかない。本当はたくさんの仲間がいるが，何も届かず，届けられないので，孤独である。

問六　主人公の女性は，子どもの頃，罰としてトイレに閉じこめられて，最終的には食事だけでなくそこで生活を強いられていた過去がある。壁の向こうでは，豊かな，しかし触れる事のできない団欒があり，小窓から見える月明りをみながら同じ光の下で同じ思いをしている誰かに話しかけていた。この声が誰かに届いていると考えるだけで，少し心が救われたという経験があった。傍線④のあの時のわたしは，52ヘルツの声をあげていたとは，この時のことを言っている。

問七　声をあげて泣くことが出来ない少年の背中をなんどもなんどもさすりながら，少年に「誰にも届かない52ヘルツの声を聴くよ。いつだって聴こうとするから」と伝えており，少年が心をお開いてくれるように背中をさすりながら語りかけている。

問八　ア　擬人法とは，人間でないものを人間に見立てて表現する方法。　イ　反復法とは，同じ語句や似ている語句を繰り返し用いる方向。　ウ　体言止めとは，文が名詞で終わるものをいう。エ　オノマトペとは，自然界にある音や現実に聞こえる音を人の言語で表現する方法。

重要 問九　52ヘルツのクジラの音は，周波数が違う為，仲間のクジラも気づくことができない。世界で一番孤独だといわれている。それでも自分の声を届けようとしている。このクジラの存在は発見されているが，実際の姿はまだ確認されていないことが本文で述べられている。また，主人公の女性も子どもの頃，罰としてトイレに閉じこめられ，最終的にはトイレの中での生活を強いられていた。月明かりを見上げながら，話しかけながら同じ光の下で誰かに話しかけることで寂しいのはわたしだけではなく，この声は誰かに届いていると信じるだけで心が救われた。少年の背中をさすりながら，私はあなたの声を聴こうとしていることを伝えており，一人ではないことを表している。

三　**（古文，古語訳，漢文・漢詩，表現技法，敬語・その他）**

〈古語訳〉　今は昔，藤原為時という人がいた。一条天皇が在位していた時に，式部丞を務め，その功績によって受領となることを望んだが，役職に任命する人事では欠員がないという理由で，受領にしなかった。

その後，このことを嘆いて，翌年，人事の修正が行われた日，為時は，博士ではなかったがとても漢詩文の才能に優れた人物だったので，申請書を内侍に頼んで，天皇に差し上げた。その申請書にはこの漢詩の句があった。

夜の寒さの中で勉学に励んだが，血の涙が襟をぬらす結果になった。この役職に任命する人事で修正が行われた翌朝には，青く晴れ渡った空の恩恵を仰ぎ視ることを望む

とあった。内侍は申請書を一条天皇にお見せしようと思ったが，天皇がその時にお休みになっていたのでお見せできなかった。そのころ，藤原道長は関白だったので，人事の修正を行うために内裏に行き，為時のことを天皇に伝えたが，天皇は申請書を見ていなかったので，よい返事がなかった。

そこで道長は女房にたずねたところ，女房がいうには「為時の申請書を天皇にお見せしようとしたときに，天皇はお休みになっていたのでご覧になっていませんでした」

問一　ア　竹取物語　作者　未詳　イ　源氏物語　作者　紫式部　ウ　徒然草　作者　兼好法師　エ　枕草子　作者　清少納言　藤原為時の娘とされている紫式部の作品は，イの源氏物語が正解である。

問二　傍線②の前に「その後」とあるので，前の文章であったことが，傍線②このことを指しているので，見てみると，藤原為時は，式部丞を務めた功績により，受領となることを望んだが，受領の役職に欠員がないという理由で受領になる事ができなかった。

重要　問三　ア　律詩とは，八句からなり，第三句と第四句，第五句と第六句が原則として対句になる。イ　対句とは，対応する語句を同じ組み立てで並べて，印象を強める表現。　ウ　倒置とは，文章表現をする際に，語順を反対にすること。　エ　絶句とは，起・承・転・結の四句から成り立っている。一句五言の五言絶句と七字の七言絶句がある。「寒夜」と「後朝」，「紅涙」と「蒼天」という対句表現になっている。

問四　ア　内侍とは，天皇の身辺を奉仕した女性。　イ　関白とは，天皇を補佐して，政務をつかさどる役職。　ウ　御前とは，神仏・天皇・貴人のいる前の尊敬語である。　エ　内裏とは，天皇の住まいのことである。　人を表す名詞について，その人に対する尊敬の意を添えるときに使われる。

重要　問五　「その」と指示語がある為，前の文章を読んでみると，なぜ天皇から返答がなかったのかがわかる。

★ワンポイントアドバイス★

漢字や熟語・文学史などはやめに知識をつけておこう。指示語の指示内容を正確に読み取れるようにしよう。

2023年度

入　試　問　題

2023年度

同朋高等学校入試問題

【数　学】（40分）　＜満点：100点＞

1　次の(1)から(10)の問いに答えなさい。

(1)　$-1^2+16\div(-2)^2$ を計算しなさい。

(2)　$(xy)^3\div\frac{1}{3}x^2y^3\times 6y^5$ を計算しなさい。

(3)　$\frac{6}{\sqrt{2}}-\sqrt{32}+\frac{3}{2\sqrt{3}}\times\sqrt{48}$ を計算しなさい。

(4)　$\frac{x-1}{3}-\frac{2x-1}{5}$ を計算しなさい。

(5)　$2x(x-1)-(x+2)(x-2)-3$ を因数分解しなさい。

(6)　2次方程式 $(x-2)^2=x+10$ を解きなさい。

(7)　連立方程式 $\begin{cases}\frac{3}{2}x-\frac{1}{3}y=13\\0.8x+y=14\end{cases}$ を解きなさい。

(8)　正十五角形の1つの内角の大きさを求めなさい。

(9)　9人の平均値が3点であった小テストがある。あとから1人受け，その点数は2点であった。この小テストを受けた10人の平均値を小数点第1位まで求めなさい。

(10)　1，2，3，4，5，6，7，8，9と書かれたカードが9枚入っている箱から2枚のカードを取り出す。取り出した2枚のカードに書かれている数字の和が6以下になる確率を求めなさい。

2　下の図のように，ある液体Qをどら焼きにかけると，1日後に2倍，2日後にさらに2倍，というように数が増えていく。次の(1)から(2)の問いに答えなさい。

図

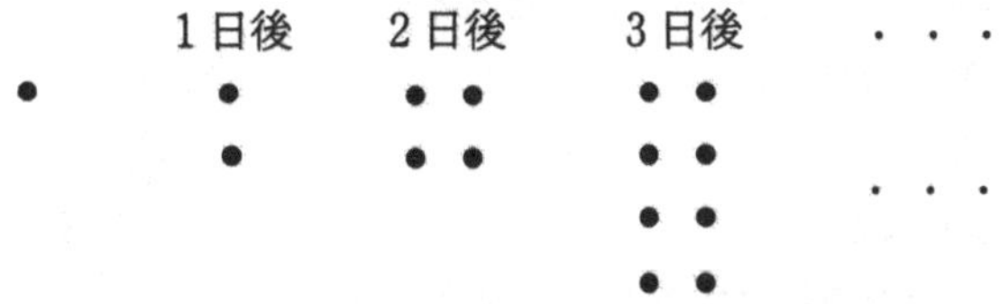

(1)　1個のどら焼きに液体Qをかけた。10日後に，どら焼きが何個になっているかを求めなさい。

(2)　どら焼きに熱湯をかけると，それ以降そのどら焼きは数が増えないことが分かった。1個のどら焼きに液体Qをかけた後，3日後に5個のどら焼きに熱湯をかけ，7日後に10個のどら焼きに熱湯をかけた。10日後にどら焼きが何個になっているかを求めなさい。ただし，熱湯をかけたどら焼きも含めなさい。

3　次の英子さんと美子さんの会話を読み，［　　］に当てはまる数を答えなさい。

英「フレッシュマン合宿に行けなかったから，夏休みに宿泊行事をやろうよ」

美「このホテルなんか良いんじゃない？」

英「良いね！でも，ここ５人部屋と９人部屋しかないね」

美「今のところ，28人の参加だから，５人部屋が［(1)］部屋と９人部屋が［(2)］部屋あれば，ぴったり定員が埋まるね」

英「もし人数が変わると，定員に満たない部屋ができちゃうのかな？」

美「えーっと，いや大丈夫。［(3)］人以上いれば，どれだけ増えてもちゃんと埋まるわ」

英「なるほど。じゃあ，どんどん声をかけよう」

4　右の**図**はある20人クラスの３種類のテストの点数を表した箱ひげ図である。次の(1)から(3)の問いに答えなさい。

図

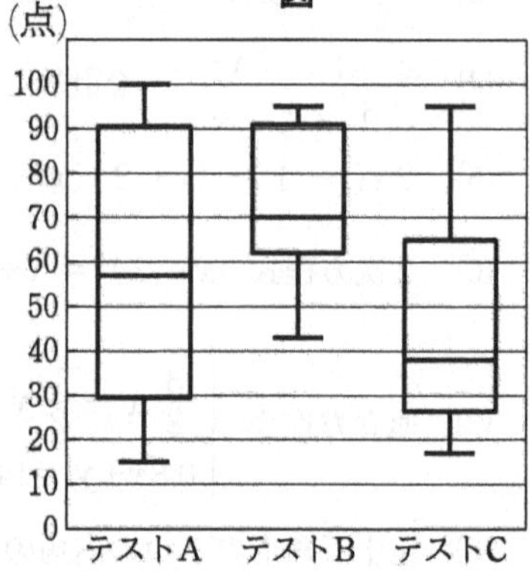

(1)　この箱ひげ図から読み取れることとして正しいものを次の**ア**から**エ**までの中から**すべて**選び，記号で答えなさい。

ア　テストAで50点以上の人は10人以上いる。

イ　テストBの平均点は70点である。

ウ　テストCの最高点は90点以上である。

エ　20点以下が最も多いのはテストAである。

(2)　テストCのヒストグラムとして最も適しているものを次の**ア**から**ウ**までの中から選び，記号で答えなさい。

ア

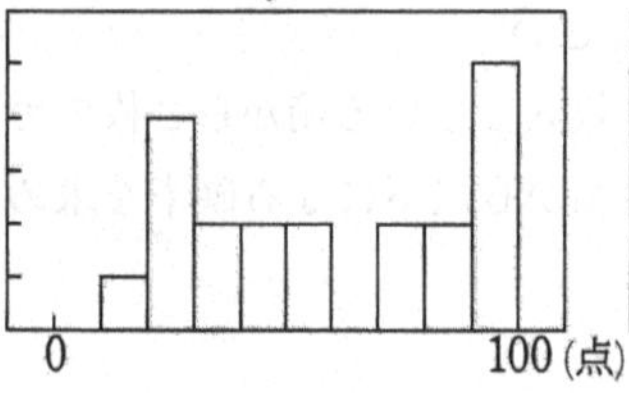

イ

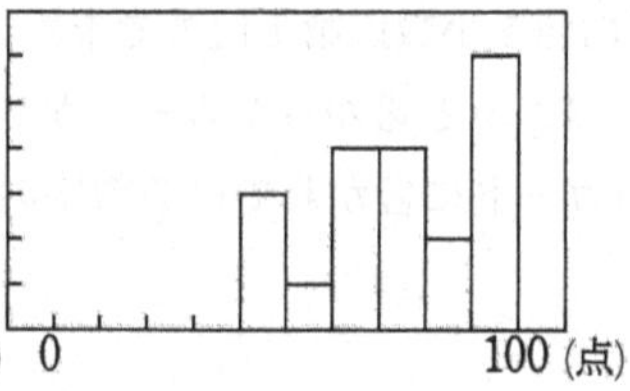

ウ

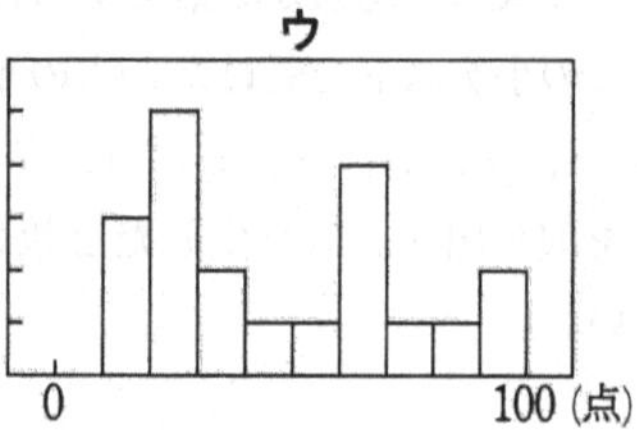

5　右の**図**のように，関数 $y=\frac{1}{2}x^2$ のグラフ上にｘ座標がそれぞれ－３，１である２点A，Bがある。線分AB上にAC：CB＝１：３となる点Cをとるとき，次の(1)から(3)の問いに答えなさい。

(1)　点Cの座標を求めなさい。

(2)　△COBの面積を求めなさい。

(3)　直線ABと y 軸の交点を点Dとするとき，線分DOを軸として△CODを１回転させてできる立体の体積を求めなさい。ただし，円周率は π とする。

図

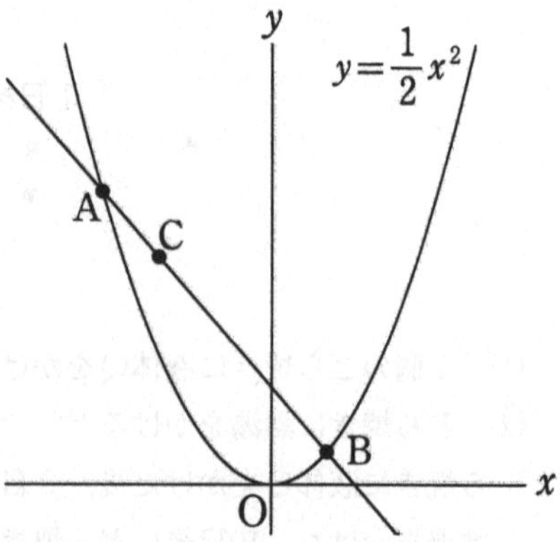

【英　語】（40分）　＜満点：100点＞

1　次の各組のうち，下線部の発音が他と異なるものを，アからエまでの中から選び，記号で答えなさい。

(1)　ア　young　　イ　cousin　　ウ　enough　　エ　round

(2)　ア　useful　　イ　design　　ウ　wisdom　　エ　visit

2　次の各組のうち，最も強く発音する位置が他と異なるものを，アからエまでの中から選び，記号で答えなさい。

(1)　ア　pre-pare　　イ　prac-tice　　ウ　in-vite　　エ　ex-plain

(2)　ア　o-pin-ion　　イ　im-por-tant　　ウ　un-der-stand　　エ　de-vel-op

3　次の各文の（　）の中から最も適切なものを，アからエまでの中から選び，記号で答えなさい。

(1)　Tom plays the guitar（ア　well　　イ　best　　ウ　better　　エ　much）than I.

(2)　Ken helps Tom（ア　study　　イ　studies　　ウ　studying　　エ　studied）*kanji*.

(3)　Ken told me（ア　what　　イ　which　　ウ　who　　エ　that）we will have the test next week.

4　次の各組の英文がほぼ同じ内容になるように，（　）に適切な語を入れなさい。

(1)　Tom started playing tennis three hours ago.　He is still playing tennis now.

　= Tom (　　)(　　)(　　) tennis for three hours.

(2)　This present was given to her for her birthday.

　= We (　　)(　　) this present for her birthday.

(3)　If you do not get up now, you will miss the bus.

　= Get up now, (　　) you will miss the bus.

5　日本語の意味に合うように（　）内の語句を並べかえたとき，（　）内で**3番目**と**6番目**にくるものを，アからキまでの中から選び，記号で答えなさい。文頭にくる語も小文字になっています。

(1)　太郎は中国で話されている言語を話すことが出来ます。

（ア　that / イ　speak / ウ　is / エ　a language / オ　spoken / カ　can / キ　Taro）in China.

(2)　私はどのようにしたらそこに着くことが出来るかわかりません。

I（ア　know / イ　can / ウ　I / エ　how / オ　there / カ　get / キ　don't）.

(3)　昼食を食べる前に，私はあなたに手を洗ってもらいたいです。

I（ア　you / イ　your hands / ウ　like / エ　before / オ　wash / カ　would / キ　to）you have lunch.

6 次のMaryとJohn夫妻の対話と次のページの表を読み，あとの(1)から(5)までの問いに答えなさい。

Mary: Hey, John. We have no plan for this Sunday. (A) we go to a new zoo with our children, Lisa and Ken?

John: A new zoo? Sure! Tell me about the new zoo. I have never heard of it.

Mary: It was introduced on yesterday's evening news. It opened in Minato City last week. It's an amusement park which has a zoo, an aquarium, and a safari park*.

John: Wow, that sounds great! Let's invite your father and mother. By the way, you said the amusement park has just opened. I think many people will visit there on Sunday, and the parking lot will fill* quickly. We should leave home early in the morning.

Mary: That's true. I need to tell the children to get up early on that day. Should we pick up my father and mother?

John: I think so, but my car has been broken since yesterday.

Mary: Really? Only four people can get in my car, so I'm going to ask my parents to come by train. They have a free* pass* for people over 65 years old. Well, I'm looking at the website of the zoo. Let's see... Now we can choose 1-Day Pass or 1-Year Pass. Which pass should we buy?

John: It will be our first visit. How about buying 1-Day Pass?

Mary: Umm... It's better for my parents to buy 1-Day Passes because they won't often visit the park, but our family will visit there again. We can also try the feeding* activity for free* if we buy the 1-Year Pass.

John: [B] Let's do it! We can feed animals for free with that pass, but we will need to buy the tickets for Safari Tour. We all want to try the Safari Tour. Are we also going to see some animal shows? Our children would like to see them.

Mary: Yes, but we don't need any tickets for seeing animal shows.

John: Wonderful! Then, we only need to buy the tickets for (C) in the park.

Mary: That's right. I'm looking forward to this Sunday.

John: Me, too.

*(注) safari park サファリパーク　fill いっぱいになる　free 無料の　pass 乗車券・入場券
feed エサをやる　for free 無料で

(1) 文中の（A）に入る最も適切な語を，次のアからエまでの中から選び，記号で答えなさい。

ア Will　イ Must　ウ Shall　エ Let's

(2) 文中の [B] に入る最も適切なものを，次のアからエまでの中から選び，記号で答えなさい。

ア I understand your idea.　イ That's too bad.

ウ I was happy to see it.　エ I can't decide it.

スペシャル価格!!

● **チケット料金**　(3歳以下無料)

1日パスポート		年間パスポート
大人 (18歳~)	5,000円	~~16,900円~~ ⇒ 14,000円
シニア (65歳~)	4,000円	~~15,500円~~ ⇒ 12,000円
中学生以上 (13歳~)	3,000円	~~11,800円~~ ⇒ 9,000円
子ども (4歳~)	2,000円	~~8,100円~~ ⇒ 6,000円

● **エサやり体験**　500円 / 人

● **サファリツアー**　1,000円 / 人

● **駐車場料金**　車: 1,000円 / 台

(3) 文中の（C）に入る最も適切なものを，次のアからエまでの中から選び，記号で答えなさい。

ア animal shows　イ 1-Day Pass　ウ animal feedings　エ the Safari Tour

(4) 夫妻の2人の子供の年齢が7歳と14歳の場合，6人全員でこの日かかる料金は合計でいくらになるかを，次のアからエまでの中から選び，記号で答えなさい。

ア 56,000 yen　イ 58,000 yen　ウ 61,500 yen　エ 74,000 yen

(5) 次の文のうち，本文の内容と**異なるもの**を，次のアからオまでの中から**2つ**選び，記号で答えなさい。

ア John's car cannot be used on Sunday.

イ John didn't know about the new zoo in Minato City.

ウ John's family and Mary's Parents will buy the 1-Year Pass.

エ John's family can see some animal shows without paying money.

オ John's family and Mary's parents will go to the zoo by train together.

7 次の英文を読み，あとの(1)から(5)までの問いに答えなさい。

We are all animals. Animal brains are amazing things. With their brains, they can remember things. For example, pigeons* can remember the ways that they used after several years. Dolphins* can recognize the voices of their friends even after 20 years. Such abilities* are called memory*. Humans also use memory to remember people's faces, names, birthdays, and all other information. It is necessary for us to have memory, and we cannot keep new information in our brain without ①it.

Can you remember all the food you had last week? Your answer is probably "No." Our brain cannot just keep new information forever. We usually forget some information. Some studies show that people forget 40% of new information in 20 minutes and 60% just after one day. How can we stop forgetting then? We cannot stop forgetting, but we can try to remember for a long time. The key* is *repetition**. When we are learning English words, you cannot remember them by studying them just one time. We must repeat* the same words again and again to remember them.

If we want to have good memory, we should get good sleep*. Some students may think that studying through the night is a very effective way to remember things, but [②]. We should sleep longer than six hours to remember something effectively. Researchers found that students who slept longer than seven hours had better memory than students who slept shorter than seven hours. The quality* of sleep is also important because it is related to good memory. Some studies have found that memory can be developed by improving sleep quality. The quality of sleep will be improved if we have good life rhythm. Not only quantity* but also quality of sleep can make our memory better.

Study plan is connected* with good memory, too. When you have to remember 100 English words in five days, how should you study? One way to do so is to study 20 words each day. Another way may be to study 10 words on the first day, 20 words on the second, 30 on the third, 40 on the fourth, and review* all the words on the last day. The better way is to study all the words on the first day and to review them for the rest of the days. Why? The answer to this question is very simple: [③].

Now, you know how to remember things better. If you don't, you should probably start to read from the beginning. You can remember the content better.

*(注) pigeon ハト　dolphin イルカ　ability 能力　memory 記憶（力）
key （解決の）手がかり　repetition 反復　repeat 繰り返す　sleep 睡眠　quality 質
quantity 量　connected 関連がある　review 復習する

(1) 下線部①が示すものとして最も適切なものを，次のアからエまでの中から選び，記号で答えなさい。

ア memory　イ brain　ウ information　エ animal

(2) 文中の [②] に当てはまる最も適切なものを，次のアからエまでの中から選び，記号で答えなさい。

ア that is right　イ that is not true

ウ that is important　エ that is enough

(3) 文中の [③] に当てはまる最も適切なものを，次のアからエまでの中から選び，記号で答えなさい。

ア development　イ sleep quality　ウ life rhythm　エ repetition

(4) 次の文のうち，本文の内容と**異なるもの**を，次のアからオまでの中から２つ選び，記号で答えなさい。

ア Some animals have memory that can preserve information for a long time.

イ You cannot probably remember all the food you ate last week because you are not an animal.

ウ Our brain can keep 60% of new information after 20 minutes and 40% on the next day.

エ Researchers found that studying all night is a great way to remember something.

オ Both quantity and quality of sleep are important to have good memory.

(5) 本文の内容をもとに，次の状況下で最も学習効果の高い学習スケジュールを，次の**ア**から**エ**までの中から選び，記号で答えなさい。

状況：あなたは７日後に未習の漢字70個のテストを受けることになりました。

ア 毎日10個ずつ７日間に分けて勉強する。

イ １日目に７個，２日目に14個，３日目に21個，４日目に28個勉強し，残りの３日間で全ての漢字を毎日復習する。

ウ １日目に28個，２日目に21個，３日目に14個，４日目に７個勉強し，残りの３日間で全ての漢字を復習する。

エ １日目に70個全てを勉強し，残りの６日間で全ての漢字を毎日復習する。

【理　科】（40分）　＜満点：100点＞

1　次の(1)から(5)の問いに答えなさい。

(1)　アンモニアの性質について調べるために，次の実験を行い，実験結果をまとめた。

〔実験〕

アンモニア水を加熱し集めたフラスコを用い，右図のような装置をつくった。ビーカーの水にフェノールフタレイン液を数滴加え，水を入れたスポイトを押した。

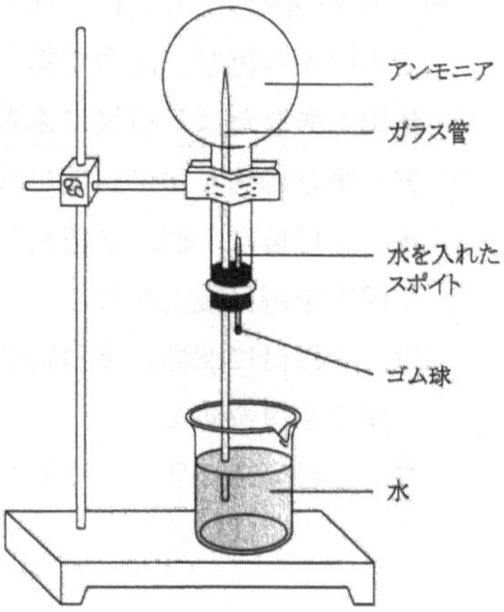

〔実験結果〕

ビーカーの水がガラス管を上り，噴水となり噴出したがその時の色は（　Ⅰ　）色であった。フラスコ内の水溶液の性質は，（　Ⅱ　）性である。

（Ⅰ）と（Ⅱ）にあてはまるものの組み合わせとして最も適切なものを，次の**ア**から**カ**までの中から選び，記号で答えなさい。

	Ⅰ	Ⅱ
ア	青	酸
イ	青	アルカリ
ウ	黄	酸
エ	黄	アルカリ
オ	赤	酸
カ	赤	アルカリ

(2)　次の**ア**から**オ**までの文章は，図の①～④の器官のはたらきを述べたものである。**誤っている文章**はどれか，次の**ア**から**オ**までの中から選び，記号で答えなさい。

図2

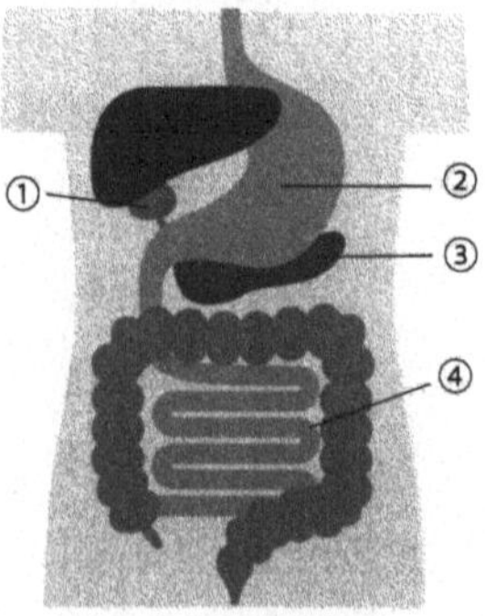

ア　①は，脂肪の消化を助ける液体を一時的に蓄えておく。

イ　②は，デンプンにはたらく消化酵素，タンパク質にはたらく消化酵素を含む液を出す。

ウ　③は，デンプンにはたらく消化酵素，タンパク質にはたらく消化酵素，脂肪にはたらく消化酵素を含む液を出す。

エ　④は，内側のかべにある柔毛から，消化されてできた物質を吸収する。

オ　④は，デンプンにはたらく消化酵素，タンパク質にはたらく消化酵素を含む液を出す。

(3)　火山活動についての以下の説明のうち最も適切なものを，次のページの**ア**から**オ**までの中から選び，記号で答えなさい。

ア　ねばりけが弱いマグマは爆発的な激しい噴火を行い，遠方まで噴出物が飛散する。

イ　マグマが地下深くでゆっくりと冷え固まったものを火山岩といい，等粒状組織が見られる。

ウ　火山灰は上空の風により遠方まで運ばれ，火山から1,000km 以上離れた地点に石灰岩として残ることもある。

エ　数万年に一度といったような非常に大規模な火山活動が起こると，火山周辺の地面が落ち込みカルデラができることがある。

オ　地球全体でみると，火山が多く存在する地域は地震が少ない傾向がある。

(4)　弦楽器の音の高さは弦の材質や長さ，張りの強さによって変化する。音の高さを高くするにはどのようにしたらよいか。最も適切なものを，次の**ア**から**ク**までの中から選び，記号で答えなさい。

ア　弦の材質を太いものに変える。弦を長くする。弦の張りを強くする。

イ　弦の材質を太いものに変える。弦を長くする。弦の張りを弱くする。

ウ　弦の材質を太いものに変える。弦を短くする。弦の張りを強くする。

エ　弦の材質を太いものに変える。弦を短くする。弦の張りを弱くする。

オ　弦の材質を細いものに変える。弦を長くする。弦の張りを強くする。

カ　弦の材質を細いものに変える。弦を長くする。弦の張りを弱くする。

キ　弦の材質を細いものに変える。弦を短くする。弦の張りを強くする。

ク　弦の材質を細いものに変える。弦を短くする。弦の張りを弱くする。

(5)　2022年の夏も世界中で記録的な高温となり，多くの災害や事故が発生していた。日本国内では各地で高温が原因となり，列車の一時運行見合わせが行われ，点検・確認後に運行再開となった。

　運行見合わせとなった原因として考えられる最も適切なものを，次の**ア**から**オ**までの中から選び，記号で答えなさい。

ア　電力不足のため　　イ　資源不足のため　　ウ　熱中症のため

エ　水不足のため　　オ　熱膨張のため

2　後の(1)から(5)の問いに答えなさい。

〔実験〕

　電気分解装置に水酸化ナトリウム水溶液を入れ，右図のように電源装置をつないで電流を流したところ，陽極と陰極からそれぞれ気体が発生した。

図

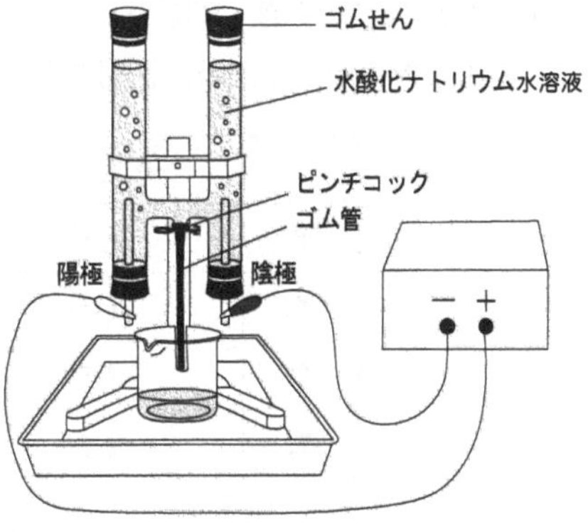

(1)　実験で，陰極から発生した気体の性質として適切なものを，次の**ア**から**オ**までの中から**すべて**選び，記号で答えなさい。

ア　無色の気体である。

イ　つんとした特有の刺激臭がある。

ウ　空気と混合して火をつけると音を立てて燃える。

エ　ものを燃やすはたらきがあり，空気より重い。

オ　水でぬらした青色リトマス紙を赤色に変化させる。

(2) 実験で，陽極から発生した気体の性質として適切なものを，次の**ア**から**オ**までの中から**すべて**選び，記号で答えなさい。

ア 空気の約80%を占める。

イ 刺激臭があり，空気より軽い。

ウ 水に溶けにくい。

エ ものを燃やすはたらきがあり，空気より重い。

オ 水でぬらした青色リトマス紙を赤色に変化させる。

(3) 次の**ア**から**オ**までの文章は，水酸化ナトリウム水溶液の電気分解において注意しなければならないことについて述べたものである。**誤っている**ものはどれか，次の**ア**から**オ**までの中から選び，記号で答えなさい。

ア 水酸化ナトリウム水溶液が手についたときは，あわてずに乾いたタオルでふく。

イ 電気分解装置に電流を流すときは，電源装置の電圧調節つまみを少しずつ回し，一度に大きな電流を流さないようにする。

ウ 電気分解装置に水酸化ナトリウム水溶液を入れるときは，管内に空気が残らないようにする。

エ 電気分解を終了するときは，電圧を０Ｖにして，電源装置の電源スイッチを切る。

オ 使用する水酸化ナトリウム水溶液は，うすい溶液を使用する。

(4) 水の電気分解のように１種類の物質が２種類以上の別の物質に分かれる化学変化が起こるのはどれか，最も適切なものを，次の**ア**から**オ**までの中から選び，記号で答えなさい。

ア 鉄と硫黄を混ぜて加熱する。　**イ** 酸化銀を加熱する。

ウ 銅粉を空気中で加熱する。　**エ** 水を加熱する。

オ マグネシウムリボンを加熱する。

(5) 次のうち，分子をつくらない物質を，次の**ア**から**カ**までの中から**すべて**選び，記号で答えなさい。

ア 二酸化炭素　**イ** 酸化鉄　**ウ** アンモニア

エ 塩化ナトリウム　**オ** 窒素　**カ** マグネシウム

3 次の(1)から(5)の問いに答えなさい。

(1) タンポポの子葉，葉脈のようす，根のつき方の組み合わせとして最も適切なものを，次の**ア**から**エ**までの中から選び，記号で答えなさい。

	子葉の数	葉脈のようす	根のつき方
ア	１枚	平行	主根と側根
イ	１枚	網目状	ひげ根
ウ	２枚	平行	ひげ根
エ	２枚	網目状	主根と側根

(2) マツと同じ裸子植物を，次の**ア**から**カ**までの中から**すべて**選び，記号で答えなさい。

ア イヌワラビ　**イ** スギ　**ウ** ユリ　**エ** イチョウ　**オ** スギゴケ　**カ** イネ

(3) **図1**は，日陰で採集したイヌワラビを描いたものである。
イヌワラビの葉・茎・根について正しく説明しているのはどれか，最も適切なものを，次の**ア**から**エ**までの中から選び，記号で答えなさい。

ア　a・bは根，cは茎，dは葉
イ　aは根，bは茎，c・dは葉
ウ　aは根，b・cは茎，dは葉
エ　葉・茎・根の区別がない。

図1

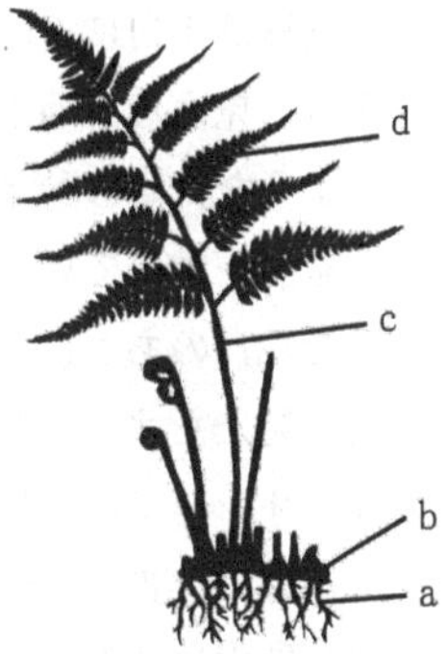

(4) **図2**はエンドウの花の断面図を模式的に表したものである。エンドウの種子は，図の**ア**から**オ**のどの部分が変化したものか。最も適切なものを，図の**ア**から**オ**までの中から選び，記号で答えなさい。

図2

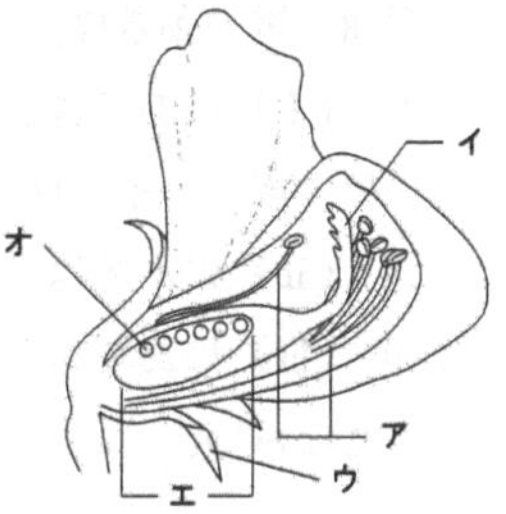

(5) **図3**は，5種類の生物をある観点でAからDの線で左右2つのグループに分けたものである。

図3

ユリ	マツ	イヌワラビ	ゼニゴケ	シイタケ

A　　B　　C　　D

Bより右側の生物に共通する特徴を（　Ⅰ　），Cより右側の生物に共通する特徴を（　Ⅱ　）とすると（Ⅰ）と（Ⅱ）にあてはまるものの組み合わせとして最も適切なものを，次の**ア**から**カ**までの中から選び，記号で答えなさい。

① 胞子で増える
② 種子で増える
③ 分裂して増える
④ 根・茎・葉の区別がない
⑤ 緑色をしている

	Ⅰ	Ⅱ
ア	①	④
イ	①	⑤
ウ	②	④
エ	②	⑤
オ	③	④
カ	③	⑤

4 以下の文章を読み，次の(1)から(5)の問いに答えなさい。

地球は１日に１回自転しており，北極点の真上から見ると日本は（　Ⅰ　）の方向に進んでいるように見える。地上から見た場合は見かけ上，太陽がほぼ１日で１周動いているように見える。このような太陽の動きを（　Ⅱ　）運動という。

星座が動いて見える理由も同様に説明することができる。愛知県で12月のある日に星空を観察した。ある時刻に真東の地平線付近に見えたオリオン座をスケッチすると図のようになった。このオリオン座は次第に動き，午後11時に南中した。このときオリオン座は（　Ⅲ　）のように見えた。その後，午前（　Ⅳ　）時に西の地平に沈んだ。

図

また，北の空を見ると動いていない星Ｎがあった。この星Ｎの周囲の星の動きは，（　Ｖ　）ように観察できた。

(1) （Ⅰ）にあてはまる語句を，次の**ア**から**エ**までの中から選び，記号で答えなさい。

ア 東　**イ** 西　**ウ** 南　**エ** 北

(2) （Ⅱ）にあてはまる語句を，**漢字２字**で書きなさい。

(3) （Ⅲ）にあてはまる図として，最も適切なものを，次の**ア**から**オ**までの中から選び，記号で答えなさい。

ア　**イ**　**ウ**　**エ**　**オ**

(4) （Ⅳ）にあてはまる数字を書きなさい。

(5) （Ｖ）にあてはまる文を，次の**ア**から**オ**までの中から選び，記号で答えなさい。

ア 静止している　**イ** 星Ｎに近づく　**ウ** 星Ｎから遠ざかる
エ 星Ｎを中心に時計回りする　**オ** 星Ｎを中心に反時計回りする

5 次の(1)から(5)の問いに答えなさい。

A 太郎君は，忘れ物をした弟を追いかけて家から走った。弟に追いつくまでは４m/sで走り，弟に忘れ物を渡した後は１m/sで帰宅した。弟に追いついた地点は家から120mの距離であった。

(1) ４m/sは何km/hか答えなさい。

(2) 太郎君の往復の間の平均の速さ（m/s）を答えなさい。

B 糸やてこを利用して物体**P**を持ち上げることを考える。ただし，100gの物体にはたらく重力の大きさを１Ｎとし，糸の質量やのび，摩擦，てこの質量は考えないものとする。

(3) 次のページの**図１**のように物体**P**に糸を付けて手でゆっくり30㎝引き上げた。このとき10Ｎの力が必要だった。この時に手が行った仕事は何Ｊか。

図1

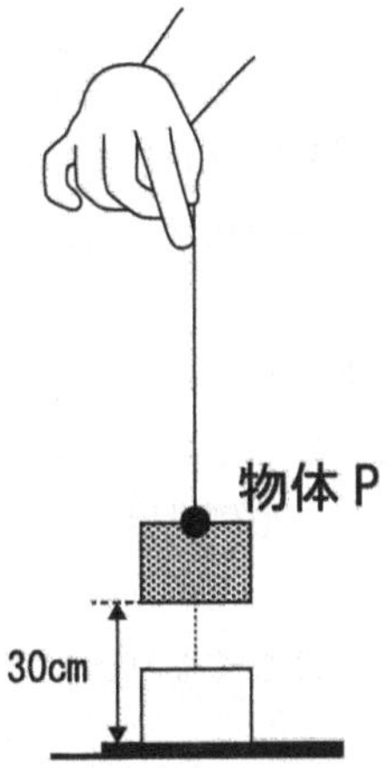

図2

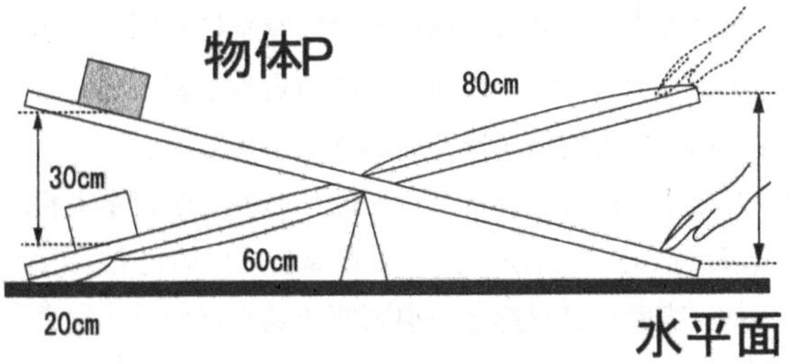

(4) 図2のようにてこを利用して物体Pを持ち上げる。(3)と同じように30cm持ち上げるのにこの反対側を何cm押し下げる必要があるか。またその時の力の大きさはどれだけか。あてはまるものを，次のアからケまでの中から選び，記号で答えなさい。

選択肢	押し下げる距離	力の大きさ
ア	30cm	5N
イ	30cm	7.5N
ウ	30cm	10N
エ	40cm	5N
オ	40cm	7.5N
カ	40cm	10N
キ	60cm	5N
ク	60cm	7.5N
ケ	60cm	10N

(5) (3)のひもで持ち上げる動作を10秒かけて行った。このときの仕事率を$W_{ひも}$とする。また(4)のてこで持ち上げる動作を5秒かけて行った。このときの仕事率を$W_{てこ}$とする。

$\frac{W_{てこ}}{W_{ひも}}$として正しいものを，次のアからオまでの中から選び，記号で答えなさい。

ア 0.5　　イ 0.75　　ウ 1　　エ 1.5　　オ 2

【社　会】（40分）　　＜満点：100点＞

1　図はヨーロッパ（欧州）の地図である。次の文章を読み，あとの問いに答えなさい。

1945年，第二次世界大戦は，枢軸国の陣営を打ち倒した連合国の勝利で終わりました。しかし連合軍では，アメリカ合衆国の影響下にある資本主義の国々と，ソビエト連邦（ソ連）の影響下にある社会主義の国々での対立が早くもおきていました。

ヨーロッパでは，西ヨーロッパ（西欧）の多くが資本主義経済であったため，アメリカ合衆国と軍事同盟（NATO）を結び，資本主義陣営・西側世界（西側社会）などとよばれました。一方，東ヨーロッパ（東欧）はソ連と軍事同盟を結んだので，社会主義陣営・東側世界（東側社会）とよばれました。

1991年ソ連は崩壊し，東欧とソ連との軍事同盟は消滅し，東側社会はなくなりました。そのため東西冷戦が終結しました。

問１　図中のＡは，ヨーロッパとアフリカにはさまれた海です。その沿岸では，夏は高温で乾燥し，冬は温暖で雨が多いため，以前からオリーブやオレンジや小麦を栽培し，やぎや羊を飼育してきました。

当てはまる海の名前を漢字で答えなさい。

図

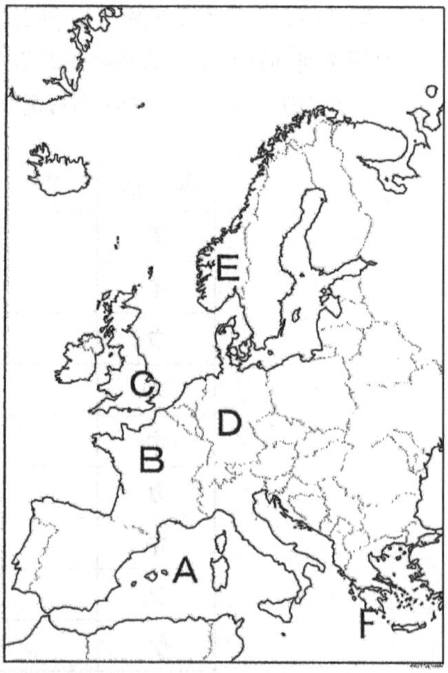

問２　図中のＢ，Ｄなどの国々が加盟している経済的結びつきであるヨーロッパ連合を別名何というか，アルファベットで答えなさい。また，ヨーロッパ連合の多くの国で使われる単一通貨を何というか，カタカナで答えなさい。

問３　図中のＢ，Ｃ，Ｄの国々について，関連することばの組み合わせとして正しいものを，次の**ア**から**カ**までの中から選び，記号で答えなさい。

	B	C	D
ア	パリ	ラテン系言語	混合農業
イ	ロンドン	ラテン系言語	混合農業
ウ	パリ	ゲルマン系言語	重化学農業
エ	ベルリン	スラブ系言語	酪農
オ	ロンドン	ゲルマン系言語	酪農
カ	ベルリン	スラブ系言語	重化学農業

問４　図中のＣ国の首都は経度０度で，日本の明石は経度135度です。Ｃ国が１月１日午前１時の時，日本は何日の何時か，答えなさい。（午前・午後のいずれかに○をつけること）

問５　図中のＥ国は氷河にけずられてできた細長い湾や湖が多く見られます。それを何というか。またＥ国でおもに信仰されている宗教を次の語群から選び，答えなさい。

【語群】　仏教，ユダヤ教，キリスト教，イスラム教，儒教問６　**図**中の**Ｆ**国の首都の気候を示したグラフは次のどれか。**ア**から**カ**までの中から選び，記号で答えなさい。

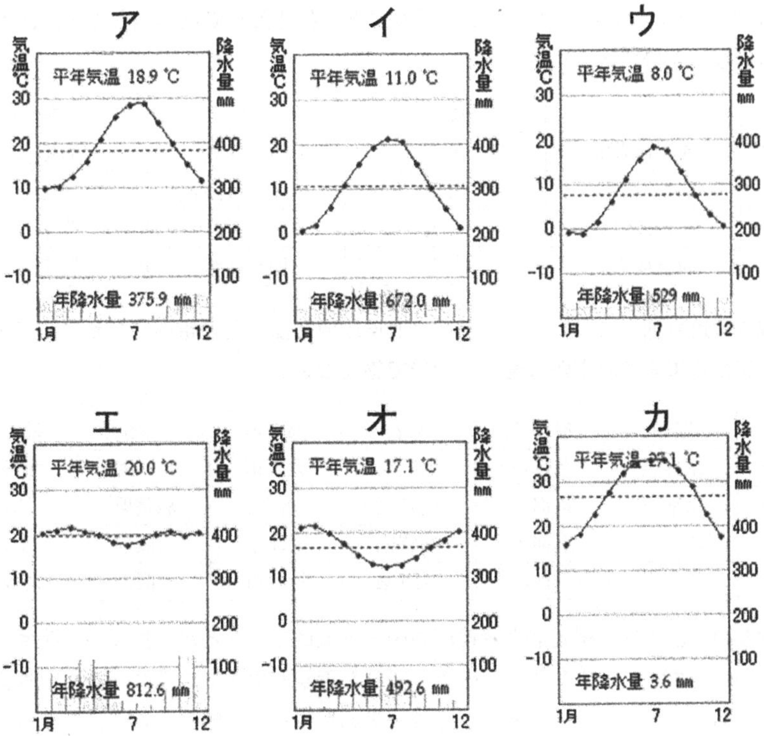

2　次の文章を読んで，あとの問いに答えなさい。

古代日本は，倭（もしくは倭国）とよばれました。その倭では３世紀後半から４世紀になると，奈良盆地を中心にして王を中心に，(a)近畿地方の有力な豪族で構成する強力な勢力がつくられました。この王たちがつくった政権をヤマト王権（大和政権）といいます。王や豪族の墓として（　①　）などの古墳がつくられました。そして，５世紀の後半には，九州中部から関東地方にかけての豪族たちもヤマト王権に従うようになり，（　①　）などの古墳が盛んにつくられるようになりました。そのため，およそ６世紀末までを古墳時代といいます。

５世紀には，ヤマト王権の支配者を，(b)中国では倭王，国内では（　②　）と呼ぶようになり，有力な豪族たちは祖先を共通にする氏という集団で構成され，代々決まった仕事で王権につかえ，親から子へそれぞれの役割を引きつぎながら，貢ぎ物を納めました。豪族は巨大な館に住んでいましたが，一般の人々は弥生時代と同じ（　③　）に住み，墓は穴を掘っただけの簡素なものでした。

このころの東アジア世界は，国内が分裂し，国々の対立が続いていました。中国では，漢民族の南朝と遊牧民族の北朝に分かれて争いが起こりました（南北朝時代）。(c)朝鮮半島では，北部の高句麗が力を伸ばして楽浪郡を滅ぼし，南部では百済，新羅，伽耶地域（加羅・任那）に分かれていました。伽耶地域の小さな国々は，ヤマト王権とつながり，百済や新羅に対抗していました。また，ヤマト王権も百済や伽耶地域の国々と結んで，高句麗や新羅と戦ったことが，好太王（広開土王）碑に記されています。

そのため，(d)朝鮮半島との交流の中で，半島から日本列島に，一族で移り住む人々が増えました。

これらの人々は（　④　）と呼ばれます。この人々は農業用の大きなため池を作る技術や，高温で焼くかたい黒っぽい土器をつくる技術，さらには鉄製の農具や上質の絹織物を作る技術を伝えました。

問１　（①）から（④）に当てはまることばの組み合わせとして正しいものを，次の**ア**から**エ**までの中から選び，記号で答えなさい。

	①	②	③	④
ア	前方後方墳	天皇	横穴住居	帰化人
イ	前方後円墳	天皇	たて穴住居	帰化人
ウ	前方後円墳	大王	たて穴住居	渡来人
エ	前方後方墳	大王	横穴住居	渡来人

問２　**下線**(a)の近畿地方について，府県名と府県庁所在都市名の組み合わせとして正しいものを，次の記号**ア**から**エ**までの中から選び，記号で答えなさい。

	県名	都市名	県名	都市名	県名	都市名
ア	奈良県	奈良市	大阪府	大阪市	兵庫県	西宮市
イ	京都府	京都市	兵庫県	神戸市	滋賀県	津市
ウ	京都府	京都市	滋賀県	大津市	大阪府	堺市
エ	奈良県	奈良市	兵庫県	神戸市	大阪府	大阪市

問３　**下線**(b)の中国では，紀元前より黄河の中・下流域で粟《あわ》などが，長江の下流域で稲が栽培される農耕文明が生まれていました。その後，優れた青銅器や漢字の基になった甲骨文字を生む殷という王朝がおこりました。その後つづく統一王朝が成立した順序として正しいものを，次の**ア**から**エ**までの中から選び，記号で答えなさい。

ア　殷→春秋・戦国時代→周→秦→漢　　**イ**　殷→周→春秋・戦国時代→秦→漢

ウ　殷→周→春秋・戦国時代→漢→秦　　**エ**　殷→春秋・戦国時代→周→漢→秦

問４　**下線**(c)の半島南部にあった百済，新羅，伽耶地域について，図の**A**から**C**にあてはまるものの組み合わせとして正しいものを，次の**ア**から**エ**までの中から選び，記号で答えなさい。

図

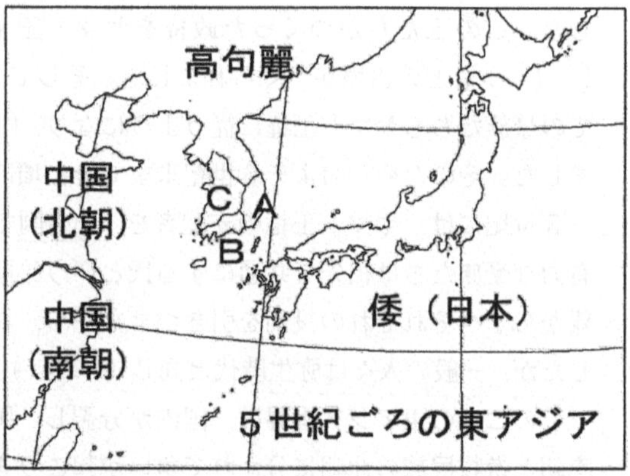

	A	B	C
ア	百済	新羅	伽耶地域
イ	新羅	伽耶地域	百済
ウ	百済	伽耶地域	新羅
エ	新羅	百済	伽耶地域

問５　倭において３世紀後半から４世紀にヤマト王権（大和政権）が勢力を伸ばす以前，中国の魏の歴史書には，卑弥呼がいくつもの小国を従えたことや，卑弥呼が魏の都に使者を送ったことが書かれている。卑弥呼がいた国を詳しく説明した文章として正しいものを，次の**ア**から**エ**までの中から選び，記号で答えなさい。

ア　卑弥呼がいた国は，中国に朝貢したので，皇帝の光武帝は金印を送った。その後，この国は大いに乱れ，長い間代表者が定まらなかった。

イ　卑弥呼は，「私の祖先は自らよろいやかぶとを身に着け，山や川をかけめぐり，東は55か国，西は66か国を平定しました…」という手紙を中国に送った。

ウ　卑弥呼がいた国は男の王がいたが，国内が乱れたので一人の女子を王とした。それが卑弥呼で成人しているが夫はおらず，一人の弟が国政を補佐していた。

エ　卑弥呼がいた国は，楽浪郡の海のかなたに倭人がいて，30以上の国を作っており，その一つであった。定期的に中国に朝貢していた。

問６　**下線(d)**について，次の①から⑤を古い順に並べたときに，２番目と４番目にくるものの組み合わせとして正しいものを，次の**ア**から**エ**までの中から選び，記号で答えなさい。

①　この時期，日本は中国の征服を計画し，朝鮮に協力を断られると，朝鮮に15万人の兵を出しました。日本軍はたちまち朝鮮の都を占領しましたが，民衆の抵抗や李舜臣の率いる水軍の反抗で苦戦し，各地で敗戦を重ね，結局兵を引き上げました。

②　モンゴル王朝の元が朝鮮半島に侵入し，高麗は激しく抵抗しましたが，ついには元に服従させられました。元に服従しようとしない日本に対して，元と高麗の連合軍は九州沿岸に上陸し，日本軍と激しく戦いました。二度目は上陸できないうちに暴風による被害を受けて退却しました。

③　朝鮮半島では新羅が三国を統一し，日本は百済復活を助けるため，軍を半島に送りましたが，唐・新羅の連合軍に敗れました。新羅は唐の影響を受けながら，中央集権のしくみを整え，都には仏教文化が栄えました。新羅からはすすんだ文化が日本に伝えられました。

④　日露戦争に勝利した日本は，武力で韓国を保護国とし，その外交権を奪って統監府をおきました。そのため韓国では，武器をとって日本と戦う抵抗運動がおこりました。その後，日本は韓国の内政の実権をにぎり，軍隊を解散させました。そうして日本は韓国併合を完成させました。

⑤　朝鮮は日本の将軍の代替わりに通信使を派遣し，対馬の宗氏の案内で江戸に向かい，各地で歓迎されました。通信使の宿所では，日本の知識人が訪れて交流しました。また朝鮮とは，釜山の倭館で貿易も行われました。

ア　２番目：②　４番目：⑤

イ　２番目：③　４番目：⑤

ウ　２番目：②　４番目：①

エ　２番目：③　４番目：①

3 次の文章を読んで，あとの問いに答えなさい。

2022年２月，ロシアが隣国ウクライナに対し，武力行使という非常手段を用い，戦争状態へ突入しました。日本の近代史においても，戦争という強硬な外交手段を用いることがたびたびありました。日清戦争，日露戦争，第一次世界大戦などです。これは10年おきに日本からの宣戦布告で行われました。その後もシベリア出兵，山東出兵，とつづきました。その一方で，世界の潮流を見極めて，1921年には（　①　）会議に参加し，軍縮条約などを結んだ時期もありました。

しかし，1929年10月24日，アメリカのニューヨークで株価が大暴落し，世界経済の中心地として繁栄していたアメリカは経済危機におちいり，多くの会社や銀行が倒産して，失業者が町にあふれました。この影響は全世界にひろがり（　②　）となると，この影響が日本におよび，状況は大きく変わりました。

そもそも1920年代の日本は，第一次世界大戦後，慢性的な不況に悩まされていました。さらに関東大震災が経済に大きな打撃を与え，その後の混乱などから1927年には金融恐慌がおこっていたところに，1930年には（　②　）が日本におよび，昭和恐慌と呼ばれる深刻な不況が発生して，都市ではいくつもの企業が倒産し，失業者が増大しました。農村でも，米やまゆなどの農産物の価格が暴落し，東北地方や北海道などでは大凶作にもみまわれて，ききんがおこったため，借金のための女性の「身売り」や，学校に弁当を持って行けない児童が発生するなどの社会問題になりました。

そのころ，中国は政治的に分裂し，各地の軍閥，国民党（国民政府），中国共産党が勢力を争っていました。国民党の（　③　）は，それに対し，1927年首都を南京に移し，国家統一をめざして北京に軍を進めました。日本政府は現地の日本人の保護を名目に山東に出兵，翌年には満州（現在の中国東北地方）の日本軍（関東軍）が独断で，満州に勢力をもつ軍閥の指導者を列車ごと爆殺しました。その軍閥の指導者が国民党の（　③　）に協力するという姿勢を見せたためです。急速に中国では，排日機運が高まりましたが，日本では国内の深刻な不況を打開するには，満州を中国から切り離して領有しようとする者が現れ，中国の統一をすすめる国民党に対して日本が満州にもつ権益を取りもどそうといううごきが強まりました。

1931年９月18日，(a)日本軍（関東軍）は満州の奉天（今の瀋陽）付近で，日本の半官半民の南満州鉄道の線路をみずから爆破し，これを中国側のしわざとして出兵し，満州全域を占領しました。その後，翌年３月に，清の最後の皇帝だった溥儀を元首にして「満州国」をつくりました。この国は事実上，日本人が支配権を握り，のちには中国の人々から安く買い上げた土地に，日本の農民を開拓民として集団移住させていきました。

中国は，国際連盟に対して日本の軍事行動を侵略であると訴え，国際連盟はリットン調査団の報告に基づき，「日本の既得権は認めるが，満州国は認めず，日本軍の占領地から撤退を求める」勧告を総会で採択しました。これに対し，日本は国際連盟を脱退し，国際社会での孤立を深めていきました。

そうやって満州全域を支配下に置いた日本は，さらに中国北部（華北）に侵入しました。1937年７月，北京郊外の盧溝橋付近で起こった日中両軍の武力衝突をきっかけに，日本と中国の全面戦争に発展しました。中国では国民党と共産党が協力して，抗日民族統一戦線が結成され，アメリカやイギリスが中国を軍事援助する事態になり，戦争は長期化しました。(b)1941年わが国はついにアメリカやイギリスに宣戦布告し，戦争はさらにひろがっていきました。

問１　(①) に当てはまる都市名をカタカナで答えなさい。

問２　(②)・(③) に当てはまることばの組み合わせとして正しいものを，次の記号**ア**から**エ**までの中から選び，記号で答えなさい。

	②	③
ア	世界不況	張作霖
イ	世界不況	毛沢東
ウ	世界恐慌	蔣介石
エ	世界恐慌	孫文

問３　下線(a)について，この戦争状態を何というか，漢字４字で答えなさい。

問４　下線(b)について，アメリカやイギリスに宣戦布告する前に，わが国は２つの国と軍事同盟を結んでいました。その組み合わせとして正しいものを，次の**ア**から**エ**までの中から選び，記号で答えなさい。

ア　ドイツ・ソビエト連邦（現在はロシアなどの国々）
イ　フランス・ソビエト連邦（現在はロシアなどの国々）
ウ　ドイツ・イタリア
エ　ロシア・フランス

問５　中国の重要都市である北京，上海，香港の読み方をそれぞれカタカナで答えなさい。

4　次の文章を読んで，以下の問いに答えなさい。

日本国憲法には，３つの原則があります。１つ目は(a)「国民主権」で，国の政治のあり方を国民が決めるというものです。現在日本では，18歳以上のすべての国民が選挙権を持っています。２つ目は(b)「基本的人権の尊重」です。すべての国民が年齢や性別，障がいの有無に関わらず，健康で文化的な暮らしを送る権利を持つことが保障されています。３つ目の(c)「平和主義」は，悲惨な戦争を二度と繰り返さないという強い決意のもとに掲げられた原則で，前文と第９条で規定されています。

近年，安全保障や災害・感染症対策等の観点から憲法を改正しようとするうごきがあり，賛否両論様々な意見があります。(d)改正の手続きについては第96条で定められていますが，1947年に施行されてから現在まで日本国憲法の改正は行われていません。

問１　下線(a)について，日本国憲法では国民の権利と自由を保障するために，国の権力を３つの機関に分ける三権分立という仕組みが定められています。日本の三権分立を表した下の**図**を見て，①・③・⑥に当てはまる語句を後のＡからＦまでの中からそれぞれ選び，記号で答えなさい。

図

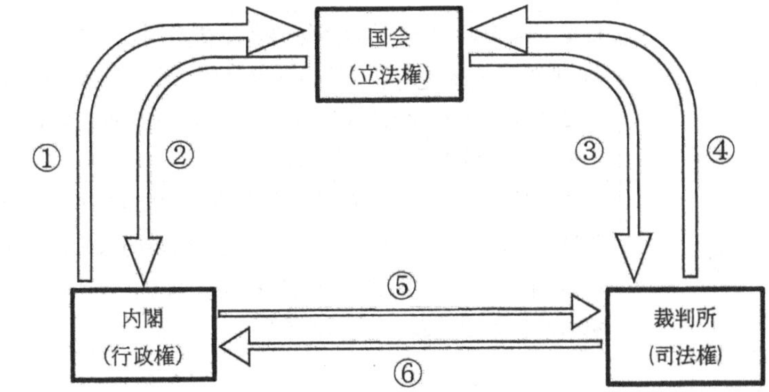

A　衆議院の解散　　　　　　　　　　B　違憲立法の審査
C　行政の命令や処分の違憲・違法審査　D　内閣不信任の決議
E　最高裁判所長官の指名　　　　　　F　裁判官の弾劾裁判

問2　下線(b)について，人権には他人の人権を侵害してはならないという限界があり，人々が同じ社会で生活していく必要から制限されることがあります。このような人権の限界や制限を，日本国憲法では社会全体の利益を意味する言葉で表現しているがこれを何というか，5字で答えなさい。

問3　下線(c)について，憲法第9条や平和主義について説明した次の**ア**から**エ**までの中から，正しいものを選び，記号で答えなさい。

ア　日本国憲法第9条では，国際紛争を解決する手段としての戦争の放棄と，それを達成するために戦力を保持しないことが定められている。

イ　国際連合は，紛争を平和的に解決するために国連平和維持活動（PKO）を実施しているが，日本は他国との紛争を避ける観点で，現在まで自衛隊の海外への派遣は一度も行っていない。

ウ　自衛隊は，日本国憲法施行と同時に，最低限度の自衛力の保持を目的として開設された。

エ　日本は自国の安全と極東における国際平和のために，日英安全保障条約を結んでいる。

問4　下線(d)について，憲法改正の条件について述べた下の文章の，①から③に当てはまることばの組み合わせとして正しいものを次の**ア**から**カ**までの中から選び，記号で答えなさい。

> 憲法の改正には，まず（　①　）で総議員の（　②　）以上の賛成で国会が憲法改正案を国民に発議します。次に国民投票が行われ，（　③　）以上の賛成で憲法は改正されます。

	①	②	③
ア	衆議院	3分の2	2分の1
イ	衆議院	2分の1	3分の2
ウ	参議院	3分の2	2分の1
エ	参議院	2分の1	3分の2
オ	衆議院と参議院それぞれ	3分の2	2分の1
カ	衆議院と参議院それぞれ	2分の1	3分の2

5

ある生徒が消費生活や経済について調べて以下のようにまとめた。これを読んで，あとの問いに答えなさい。

消費者生活	日本では1968年に消費者保護基本法が制定され，これを受けて(a)消費者を保護するための様々な仕組みが整えられた。2009年には政府の色々な省庁に分かれていた消費者行政を一元化するために，消費者庁が設置された。
企業	企業は公共のために活動する公企業と，利潤を求めて活動する私企業に区別される。私企業の中で最も代表的なものが株式会社である。株式会社に出資した人は株主となり，会社の利益の一部を配当として受け取ることができる。

銀行	銀行は，人々から預かったお金を，事業資金として企業に貸し付けたり，個人が住宅を買うときに貸し付けたりする。また，日本の景気や物価の安定をはかるため，金融政策を行うのが **(b)** 日本銀行である。
税金	政府は税金によって収入を得て，社会保障や公共事業などの形で支出を行う。税金は，納める者と負担する者が一致する直接税と，一致しない間接税とに区別される。間接税には，**(c)** 貿易の際，輸入品に課される関税も含まれるが，これには国の収入とするだけではなく，国内産業を守るという目的がある。

問１　**下線(a)**の１つとして，一定の条件を満たせば無条件で解約できる「クーリング・オフ制度」がある。下の①から④の事例について，制度の対象となるものを○，対象外のものを×としたときの組み合わせとして正しいものを**ア**から**カ**の中から選び，記号で答えなさい。

①１週間前にエアコンの訪問販売を受け，こちらも納得した上で契約した。３日後に設置工事が始まる予定だが，よく考えると少し値段が高い気がするので，解約したい。

②昨日洋品店でジャケットを店員に強く勧められ，少し高額だったが購入した。だが，自宅に帰ってから着てみたところ，似合わない気がするので返品したい。

③インターネット通販で手袋を購入した。３日後に商品が届いたが，ネット上の画像と比べて安っぽく，イメージと違うので返品したい。

④１か月前に新聞の訪問販売があり，しつこい売り込みに断り切れず，１年間の定期購読を契約してしまった。新聞を読んでみたがやはり必要ないと感じるので，解約したい。

	①	②	③	④
ア	○	○	○	×
イ	○	○	×	×
ウ	○	×	×	×
エ	×	×	×	○
オ	×	×	○	○
カ	×	○	○	○

問２　**下線(b)**について，日本の中央銀行である日本銀行の役割について述べた次の**ア**から**エ**までの中から，誤っているものを選び，記号で答えなさい。

ア　民間の銀行に資金を貸したり，銀行どうしの支払いを手助けする。

イ　企業から預かったお金を，別の企業や個人に貸し付ける。

ウ　千円札や五千円札，一万円札などの紙幣を発行する。

エ　税金など国の収入を預かったり，政府の代わりに年金や公共工事代金を支払う。

問３　**下線(c)**に関連して，外国通貨と円の交換比率について述べた次のページの文章について，空欄に当てはまる語句の組み合わせとして正しいものを後の**ア**から**エ**までの中から選び，記号で答えなさい。

例えば，アメリカのドルと日本の円を比較したときに，１ドル＝120円から１ドル＝100円のように変化することを（　①　）と言い，この場合日本は（　②　）のときに有利になる。一方，１ドル＝80円から１ドル＝100円のように変化することを（　③　）と言い，この場合日本は（　④　）のときに有利になる。

	①	②	③	④
ア	円安	輸出	円高	輸入
イ	円高	輸出	円安	輸入
ウ	円安	輸入	円高	輸出
エ	円高	輸入	円安	輸出

問三　傍線部③「水無月」とは、何月の異名か。漢数字で答えなさい。

問四　傍線部④「雁」は本文中の何を例えているか。次の**ア**から**エ**までの中から一つ選び、記号で答えなさい

ア　男　**イ**　人のむすめ　**ウ**　親　**エ**　蛍

問五　傍線部⑤「ひぐらし」の意味を現代語訳したものを、次の**ア**から**エ**までの中から一つ選び、記号で答えなさい。

ア　その日暮らしで　**イ**　蝉の声を聞き

ウ　一日中　**エ**　暗い夜に

問八　傍線部⑤「居住まいを正した」のはなぜか。次の**ア**から**エ**までの中から一つ選び、記号で答えなさい。

ア　シュンのことを考えると、思わず背筋が伸びてしまうから。

イ　工藤さんから、先生が真面目な人であると聞いていたから。

ウ　奥さんの辛い気持ちを真正面から受け止めようとしたから。

エ　気軽に話せないことを今から先生に聞こうとしているから。

問九　傍線部⑥「ごらんになって」に使われている敬語の種類を、次の**ア**から**ウ**までの中から一つ選び、記号で答えなさい。

ア　尊敬語　**イ**　謙譲語　**ウ**　丁寧語

三　次の文章を読んで、あとの問いに答えなさい。

むかし、男ありけり。人のむすめのかしづく、いかでこの男にもの言はむと思ひけり。うちいでむことかたくやありけむ、もの病みになりて、死ぬべき時に、「かくこそ思ひしか」と言ひけるを、親聞きつけて、①泣く泣く告げたりければ、まどひ来たりけれど、死にければ、つれづれと②こもりをりけり。時は③水無月のつごもり、いと暑きころほひに、宵《よひ》は遊びをりて、夜ふけて、やや涼しき風吹きけり。蛍高く飛びあがる。この男、見ふせりて、

行く蛍雲の上までいぬべくは
秋風吹くと④雁《かり》に告げこせ
暮れがたき夏の⑤ひぐらしながむれば
そのこととなくものぞかなしき

（『新版　伊勢物語』第四十五段より）

（大意）

昔、男がいた。ある人の娘で大切に育てている娘が、どうにかしてこの男とつきあいたいと思った。口に出すことができにくかったのであろうか、病気になってもう死ぬという時に、「こう思っていたのでした」と言ったのを、親が聞きつけて、泣く泣く（男に）知らせたので、心も空にやって来たけれども（娘が）死んでしまったので、することもなく忌みにこもっていた。時は水無月の月末、ひどく暑い季節に、宵は音楽を演奏していて、夜がふけて、すこし涼しい風が吹いた。蛍が高く飛び上がる。この男は（それを）見て横になっていて、和歌を詠んだ。

（和歌）

飛び上がる蛍よ、雲の上まで飛んでいくことができるならば、秋風が吹いていると雁に知らせて欲しいものだ。

（和歌）

なかなかくれない長い夏、［　　］ぼんやりと外を眺めていると、何がということもなくもの悲しいことだ

問一　傍線部①「泣く泣く告げたりければ」とあるが、親はどのような内容を男に伝えたのか。次の**ア**から**エ**までの中から一つ選び、記号で答えなさい。

ア　口に出せないということ　**イ**　大切に育てているということ

ウ　男が好きだということ　**エ**　病気になって死ぬということ

問二　傍線部②「こもりをりけり」とあるが、だれの行動か。次の**ア**から**エ**までの中から一つ選び、記号で答えなさい。

ア　男　**イ**　人のむすめ　**ウ**　親　**エ**　蛍

ぱいにトマトを頬張って、言葉の代わりにVサインで感想を伝えてくれた。

僕は二人の後ろに座り、「家に帰ったら冷蔵庫で冷やしたやつがあるから、もっとうまいぞ」と言った。

大輔は、口の中のトマトを呑《の》み込んで、「ママにも食べさせてあげたかったなあ」と夜空を見上げた。「こんなにおいしいのに」「違うよ」僕は笑って言う。「ケンとダイに、食べさせたかったんだよ、ママは」

（重松清『その日のまえに』所収「その日のあとで」より）

※怪訝…事情や理由がわからず、不審に思うさま。

問一　二重傍線部ａ「乏しい」ｂ「ハった」を漢字はひらがなに、カタカナは漢字に改めなさい。

問二　傍線部①「最高のタイミング」と思ったのはなぜか。次の**ア**から**エ**までの中から一つ選び、記号で答えなさい。

ア　完熟トマトが届き、いちばんおいしいトマトの食べ方を今日教えることができるから。

イ　花火大会が行われている商店街は店舗が少なく、食べ物を家から持参する必要があったから。

ウ　ママが子どもたちに食べさせたかった野菜を手にしながらママのことを思い出すことになるから。

エ　野菜嫌いの子どものために注文していた宅配便の初回がトマトで、これなら子どもたちも食べられるから。

問三　傍線部②「残り」について、いくつ残っているのか。次の**ア**から**エ**までの中から一つ選び、記号で答えなさい。

ア　2個　**イ**　3個　**ウ**　7個　**エ**　9個

問四　傍線部③「和美のことを忘れる」とあるが、どういうことか。次の**ア**から**エ**までの中から一つ選び、記号で答えなさい。

ア　いつでも好きなときに忘れたり思い出したりして、和美との関係が穏やかになっていくということ

イ　パソコンのデータを消すように忘れることはできないが、だんだん忘れることで悲しみを癒やしたいということ

ウ　和美のことを思い出さない時間を増やすことによって、和美のことを少しでも忘れることができるはずだということ

エ　和美のことを完全に忘れるわけではなく、和美がいない悲しみや和美との思い出を忘れている期間があるということ

問五　空欄 [A] に当てはまる言葉を、本文中から五字以内で抜き出しなさい。

問六　傍線部④「もう笑ってはいなかった」のはなぜか。次の**ア**から**エ**までの中から一つ選び、記号で答えなさい。

ア　親子連れの話を聞くうちにこの家族の事情について気づいたから。

イ　自慢話ばかりしている親子連れに嫌悪感を抱くようになったから。

ウ　新婚時代の二人を想像し、自分と重ねて辛い気持ちになったから。

エ　パパが明るく話をしていたのに子どもたちの機嫌が悪くなったから。

問七　空欄　B　に当てはまる言葉を、次の**ア**から**エ**までの中から一つ選び、記号で答えなさい。

ア　けだるさ　**イ**　一生懸命さ　**ウ**　寂しさ　**エ**　厳粛さ

うには別れたくないし、別れてたまるか、とも思う。

僕は、③和美のことを忘れる。

けれど必ず、いつだって、思いだす。

そのときには、[A]、と言ってやる。

「ねえ、パパ、ほんとにママって美人だったの?」

大輔に重ねて訊かれて、僕は窓の外を見つめたまま、大きくうなずいた。

「美人だったんだ。きれいだったぞ、ほんとに。パパはもう、ほんとのほんと、ママと結婚できて幸せだった。ケンとダイも、パパとママがいたから、生まれてきてくれたんだ。ママはな、若い頃だけじゃなくて、ずーっと、宇宙でいちばんきれいなひとだったんだ」

健哉はむすっとした顔でそっぽを向いた。

最初は「やったね！　愛の告白」と笑っていた大輔も、すぐにうつむいてしまった。

僕は吊革《つりかわ》を握りしめる。爪が手のひらに食い込むほど強く。

前の席に座ったおばあさんは、④もう笑ってはいなかった。

（中略）

時代から取り残された古い商店街が、a乏しい予算をやりくりして開いた花火大会だ。華やかさとは無縁の、むしろ[B]を噛《か》みしめるための花火が、また一発打ち上げられて、花開いて、散った。

子どもたちを適当な場所に座らせて、一人で本部テントに向かい、石川さんに挨拶をした。缶ビール片手の石川さんは、観客の少なさに落ち込んだ様子もなく、「おかげさまで、いい迎え火が焚《た》けました」と赤ら顔で笑った。「シュンもこれで、道に迷わずに帰ってこれますよ。なにしろ初盆ですからね、初めてですからね、これくらいやってやらないと」

シュンさんの家族は、テントの隣に置いたベンチに座って花火を見ていた。そこがVIP席なのだろう。奥さんの膝の上には、写真立てがあった。ときどき、奥さんはうつむいて、写真を覗《のぞ》き込む。目は合わなかったが、微笑んでいるのは、わかった。

「あ、それで、先生……」

石川さんは缶ビールを長テーブルに置き、⑤居住まいを正した。

「事務所の工藤さんからうかがったんですけど、先生のほうも、なんといいますか、どうも、その……」

「初盆なんです、僕のところも」

笑って応えることができた。

「じゃあ、この花火、奥さんも⑥ごらんになっていますよね、きっとね」

「ええ……迷わずに帰ってきます」

テントのそばには、僕のつくったポスターをbハった立て看板が何枚も並んでいた。

大輪の花火と、それを見上げる浴衣姿の女性の横顔を、切り絵風に描いてみた。夏のイベントにしては少し寂しげな絵柄になってしまったが、石川さんはとても喜んでくれた。女性のモデルが和美だということは、話していない。

石川さんは僕たちにもVIP席のベンチを用意してくれていたが、やんわりと断って、子どもたちのもとに戻った。

砂浜にシートを敷いて座った二人は、トマトにかぶりついていた。

「どうだ、うまいか?」と訊くと、健哉は「一瞬だけ埃《ほこり》っぽい感じするけど、甘いよ」と答え、したたる汁でTシャツを濡《ぬ》らした大輔は、口いっ

問七　空欄 D に当てはまる作品名を漢字で答えなさい。

二　次の文章を読んで、後の問に答えなさい。

出がけに宅配便が届いた。

玄関で荷物を受け取った健哉は「パパ、こんなもの頼んだの？」と※怪訝《けげん》そうに小さな段ボール箱を提げてリビングに戻ってきたが、大輔は箱に記された野菜の絵でピンと来たのか、「ほんとに来ちゃったのお？」としょげた顔になった。

「だいじょうぶだよ、今日のはトマトだけだから。ダイはトマトは好きなんだろ？」

いったん安心させておいて、「来月からは、キュウリとかキャベツとか大根とか、どっさり届くからな」と軽く脅してやった。げえーっ、と大輔は本気で嫌がって、キッチンに逃げ込んでしまう。

「でも、なんなの？これ」

健哉が箱を足元に置いて訊《き》いた。

「無農薬野菜だよ。今度から毎月届けてもらうことにしたんだ」

箱の中身は完熟トマトが半ダース——①最高のタイミングで届いたことになる。

「ケン、ついでに開けてくれよ。で、一個はママにお供えして、あと二つは冷蔵庫の野菜室に入れて、②残りは持って行こう」

「外で食べるの？」

「トマトは丸かじりがいちばんうまいんだから」

「屋台とか出てるんでしょ？俺、そっちのほう食いたいけど」

（中略）

高架の区間を過ぎてしばらくすると、次は相模新町に停車する、と車内アナウンスが告げた。

「パパとママ、新婚ほやほやの頃は、ここに住んでたんだぞ」と教えてやると、健哉も大輔もびっくりした顔になった。

子どもたちが生まれる前——家族がまだ二人だった頃のことは、僕も和美もほとんど話してこなかった。だからなのか、健哉と大輔は、両親が相模新町に住んでいたことよりも、パパとママに新婚時代があったんだということのほうに驚いた様子だった。

「今度また、ゆっくり話してやるよ。パパとママの、若い頃のいろんなこと」

「ねえ、パパ、ママってすごい美人だったんでしょ？」

大輔が言った。「ママ言ってたよ、モテモテでモテモテで、パパが『結婚してください！』って土下座したから、かわいそうになって結婚してあげたんだ、って」——僕たちのすぐ前に座っていたおばあさんが、クスッと笑った。

勝手なことばかり言ってたんだなあ、と僕は暮れなずんだ窓の外をぼんやりと見つめる。

でも——お帰り。

僕たちは、少しずつ、和美のことを忘れている時間を増やしていくだろう。和美のことを思いださない期間が、少しずつ、長くなっていくだろう。もしかしたら、僕はいつか、和美の思い出よりも大切にしたいと願う女性に巡り合うかもしれない。

だが、和美が消え去ってしまうことは、絶対にない。ひとは、パソコンのデータをクリック一つで消去するようには別れられない。そんなふ秋は夕暮。夕日のさして山の端いと近うなりたるに、烏《からす》の寝どころへ行くとて、三つ四つ二つ三つなど、飛びいそぐさへあはれなり。まいて雁などのつらねたるがいとちひさく見ゆるは、いとをかし……。

これはまさしく「夕焼けの空に小鳥たちがぱあっと飛び立っているところ」というあの現代人の美意識にそのままつながる感覚と言ってよいであろう。日本人の感性は、千年の時を隔ててもなお変わらずに生き続けている。

「実体の美」は、そのもの自体が美を表わしているのだから、状況がどう変わろうと、いつでも、どこでも「美」であり得る。《ミロのヴィーナス》は、紀元前一世紀にギリシャの植民地であった地中海のある島で造られたが、二一世紀の今日、パリのルーブル美術館に並べられていてもその美しさに変わりはない。仮に砂漠のなかにぽつんと置かれても、同じように「美」を主張するであろう。だが「[B]の美」は、状況が変われば当然消えてしまう。春の曙や秋の夕暮れの美しさは、長くは続かない。[B]の美に敏感に反応する日本人は、それゆえにまた、美とは※万古不易のものではなく、うつろいやすいもの、はかないものという感覚を育てて来た。うつろいやすいものであるがゆえに、いっそう貴重で、いっそう愛すべきものという感覚である。日本人が、春の花見、秋の月見などの季節ごとの美の鑑賞を、年中行事として特に好んで今でも繰り返しているのも、そのためであろう。

実際、清少納言が的確に見抜いたように、日本人にとっての美とは、季節の移り変わりや時間の流れなど、自然の営みと密接に結びついている。

（高階秀爾『日本人にとって美しさとは何か』より）

※万古不易…永久に変わらないこと。

問一　二重傍線部a「幾何学」b「モハン」を漢字はひらがなに、カタカナは漢字に改めなさい。

問二　空欄[A]、[C]に当てはまる言葉を、次の**ア**から**エ**までの中からそれぞれ一つずつ選び、記号で答えなさい。

ア　ところが　**イ**　つまり　**ウ**　例えば　**エ**　また

問三　傍線部①「苦笑していた」のは、なぜか。次の**ア**から**エ**までの中から一つ選び、記号で答えなさい。

ア　日本人からは期待していた反応や答えが得られなかったから。
イ　農学専門の先生が別の研究をしていたから。
ウ　日本人とアメリカ人は美意識に違いがあったから。
エ　アメリカで人間の動物観を研究していたから。

問四　傍線部②「明確な秩序」とあるが、具体的にどのようなものか。本文中から十五字以内で抜き出しなさい。

問五　空欄[B]に当てはまる言葉を、本文中から二字で抜き出しなさい。

問六　傍線部③「古池や蛙飛びこむ水の音」について

Ⅰ　俳句には季節を表す言葉を入れるが、それを何というか答えなさい。

Ⅱ　この俳句が示す日本人の美意識に**一致しない**ものを、次の**ア**から**エ**までの中から一つ選び、記号で答えなさい。

ア　満開の桜の下の清水寺　**イ**　雪に覆われた金閣寺
ウ　紅葉流れる竜田川　**エ**　蛍飛び交う模様の七宝焼

【国　語】（四〇分）〈満点：一〇〇点〉

一　次の文章を読んで、あとの問いに答えなさい。

だいぶ以前に、農学専門のある先生から興味深い話を聞いたことがある。

その先生が留学していた頃、アメリカで人間の動物観を研究するというプロジェクトがあった。そのやり方は、例えば「一番美しい動物は何か」といったような質問を並べてアンケート調査を重ね、その答えが年齢、性別、職業、宗教、民族などでどのように違うか調べるのだという。

このことを聞いて、それは面白そうだから日本でも同じような調査をしようという話になった。うまく行けば日米比較文化論になるかもしれない。というわけでさっそく試みたのだが、これがどうもうまく行かない。アメリカでなら「一番美しい動物は」ときけば、すぐ「馬」とか「ライオン」とか、何か答えが返って来る。[A]同じ質問を日本人にすると、「さあ、何だろうな」とはなはだ歯切れが悪い。そこを無理に、何でも一番美しいと思うものを挙げてほしいと言うと、「そうだなあ、夕焼けの空に小鳥たちがぱあっと飛び立っているところかな」といったような答えになる。「これでは比較は無理だから、結局諦めました」とその先生は①苦笑していた。

私がこの話を聞いて興味深いと思ったのは、それが動物観の差異以上に、日本人とアメリカ人の美意識の違いをよく示すものと思われたからである。

アメリカも含めて、西欧世界においては、古代ギリシャ以来、「美」はある②明確な秩序を持ったもののなかに表現されるという考え方が強い。その秩序とは、左右相称性であったり、部分と全体との比例関係であったり、あるいは基本的なa幾何学形態との類縁性など、内容はさまざまであるが、いずれにしても客観的な原理に基づく秩序が美を生み出すという点においては一貫している。逆に言えば、そのような原理に基づいて作品を制作すれば、それは「美」を表現したものとなる。

（中略）

だがこのような実体物として美を捉えるという考え方は、日本人の美意識のなかではそれほど大きな場所を占めているようには思われない。日本人は、遠い昔から、何が美であるかということよりも、むしろどのような場合に美が生まれるかということにその感性を働かせて来たようである。それは「実体の美」に対して、「[B]の美」とでも呼んだらよいであろうか。

[C]、「③古池や蛙《かわず》飛びこむ水の音」という一句は、「古池」や「蛙」が美しいと言っているわけではなく、もちろん「水の音」が妙音だと主張しているのでもない。ただ古い池に蛙が飛びこんだその一瞬、そこに生じる緊張感を孕《はら》んだ深い静寂の世界に芭蕉はそれまでにない新しい美を見出した。そこには何の実体物もなく、あるのはただ状況だけなのである。

日本人のこのような美意識を最もよく示す例の一つは、「春は曙《あけぼの》、やうやうしろくなりゆく山ぎはすこしあかりて……」という文章で知られる『[D]』冒頭の段であろう。これは春夏秋冬それぞれの季節の最も美しい姿を鋭敏な感覚で捉えた、いわばbモハン的な「[B]の美」の世界である。すなわち春ならば夜明け、夏は夜、そして秋は夕暮というわけだが、その秋について、清少納言は次のように述べている。

MEMO

大切なことはメモしておこうネ！

2023年度

解　答　と　解　説

《2023年度の配点は解答欄に掲載してあります。》

＜数学解答＞

1　(1)　3　　(2)　$18xy^5$　　(3)　$-\sqrt{2}+6$　　(4)　$\dfrac{-x-2}{15}$　　(5)　$(x-1)^2$

(6)　$x=-1$，6　　(7)　$x=10$，$y=6$　　(8)　156(度)　　(9)　2.9(点)　　(10)　$\dfrac{1}{6}$

2　(1)　1024(個)　　(2)　319(個)

3　(1)　2　　(2)　2　　(3)　32

4　(1)　ア，ウ　　(2)　ウ

5　(1)　$C\left(-2,\ \dfrac{7}{2}\right)$　　(2)　$\dfrac{9}{4}$　　(3)　2π

○推定配点○

各5点×20(4(1)完答)　　計100点

＜数学解説＞

1　(数・式の計算，平方根，因数分解，2次方程式，連立方程式，正多角形の角度，平均値，確率)

(1)　$-1^2+16\div(-2)^2=-1+16\div4=-1+4=3$

(2)　$(xy)^3\div\dfrac{1}{3}x^2y^3\times6y^5=x^3y^3\times\dfrac{3}{x^2y^3}\times6y^5=18xy^5$

(3)　$\dfrac{6}{\sqrt{2}}-\sqrt{32}+\dfrac{3}{2\sqrt{3}}\times\sqrt{48}=3\sqrt{2}-4\sqrt{2}+\dfrac{3}{2}\sqrt{16}=-\sqrt{2}+6$

(4)　$\dfrac{x-1}{3}-\dfrac{2x-1}{5}=\dfrac{5(x-1)-3(2x-1)}{15}=\dfrac{5x-5-6x+3}{15}=\dfrac{-x-2}{15}$

(5)　$2x(x-1)-(x+2)(x-2)-3=(2x^2-2x)-(x^2-4)-3=2x^2-2x-x^2+4-3=x^2-2x+1=(x-1)^2$

(6)　$(x-2)^2=x+10$　　$x^2-4x+4=x+10$　　$x^2-5x-6=0$　　$(x+1)(x-6)=0$　　$x=-1$，6

(7)　$\dfrac{3}{2}x-\dfrac{1}{3}y=13$の両辺を6倍して，$9x-2y=78$…①　　$0.8x+y=14$の両辺を5倍して，$4x+5y=70$…②　　①×5＋②×2より，$53x=530$　　$x=10$　　②に$x=10$を代入して，$40+5y=70$　　$5y=30$　　$y=6$

基本　(8)　n角形の内角の和は$180°\times(n-2)$で表されるから，正十五角形の内角の和は$180°\times(15-2)=180°\times13=2340°$　　よって，1つの内角は$2340°\div15=156°$

重要　(9)　9人の平均値が3点なので9人の合計点は$3\times9=27$(点)であるから，10人の合計点は$27+2=29$(点)　　よって，10人の平均値は$29\div10=2.9$(点)

基本　(10)　9枚のカードが入っている箱から2枚のカードを取り出すときの場合の数は$9\times8\div2=36$(通り)　　取り出した2枚のカードの和が6以下になる組み合わせは(1，2)，(1，3)，(1，4)，(1，5)，(2，3)，(2，4)の6通りなので，求める確率は$\dfrac{6}{36}=\dfrac{1}{6}$

2 （規則性）

（1）　液体Qをどら焼きにかけると1日後には$2=2^1$(倍)，2日後には$2\times2=4=2^2$(倍)，3日後には$4\times2=8=2^3$(倍)…となるので，n日後には2^n(倍)となる。よって，1個のどら焼きに液体Qをかけると10日後には$1\times2^{10}=1024$(個)となる。

（2）　1個のどら焼きに液体Qをかけると3日後には$1\times2^3=8$(個)となっている。そのうち5個のどら焼きに熱湯をかけると，この5個のどら焼きは数が増えなくなる。残りの$8-5=3$(個)のどら焼きは7日後には$3\times2^4=48$(個)になっている。そのうち10個のどら焼きに熱湯をかけると，この10個のどら焼きは数が増えなくなり，残りの$48-10=38$(個)のどら焼きは10日後には$38\times2^3=304$(個)になっている。よって，どら焼きは10日後に$5+10+304=319$(個)である。

3 （1次方程式の利用）

重要　（1）・（2）　5人部屋をx部屋，9人部屋をy部屋とすると，28人の参加なので，$5x+9y=28$　これを満たす自然数x，yの組み合わせは$x=2$，$y=2$である。

やや難　（3）　人数の一の位が0，5の場合は5人部屋で埋めることができる。1，6の場合は9人部屋を4部屋使って36人以上いれば埋まる。同様に，2，7の場合は9人部屋を3部屋使って27人以上，3，8の場合は9人部屋を2部屋使って18人以上，4，9の場合は9人部屋を1部屋使って9人以上いれば埋まる。よって，36人以上いれば埋まることがわかる。35人の場合5人部屋7部屋，34人の場合5人部屋5部屋と9人部屋1部屋，33人の場合5人部屋3部屋と9人部屋2部屋，32人の場合5人部屋1部屋と9人部屋3部屋で埋めることができるが31人は埋めることができない。

4 （資料の活用）

重要　（1）　20人のクラスの場合，点数を小さい順に並べると，第1四分位数は5人目と6人目の平均，第2四分位数は10人目と11人目の平均，第3四分位数は15人目と16人目の平均となる。　ア　テストAで第2四分位数は50点と60点の間なので，少なくとも11人目の人は50点以上である。よって，50点以上の人は10人以上いる。　イ　箱ひげ図から平均点は求められない。　ウ　テストCの最大値は90点以上なので最高点は90点以上である。　エ　テストBは20点以下の人がいないことがわかるが，テストAは第1四分位数の30点以下の人のうち何人が20点以下なのかわからない。同様に，テストCも20点以下の人数はわからない。

（2）　テストCの最小値は10点と20点の間で，第2四分位数は30点と40点の間なので正しいヒストグラムはウである。

5 （2次関数，図形と関数・グラフの融合問題，回転体の体積）

重要　（1）　$y=\frac{1}{2}x^2$に$x=-3$，1をそれぞれ代入すると，$y=\frac{1}{2}\times(-3)^2=\frac{1}{2}\times9=\frac{9}{2}$，$y=\frac{1}{2}\times1^2=\frac{1}{2}\times1=\frac{1}{2}$なので，A$\left(-3,\ \frac{9}{2}\right)$，B$\left(1,\ \frac{1}{2}\right)$　よって，点A，Bのx座標の差は$1-(-3)=1+3=4$で，点CはAC：CB＝1：3となる点なので点Cのx座標は-2，点A，Bのy座標の差は$\frac{9}{2}-\frac{1}{2}=4$で，点CはAC：CB＝1：3となる点なので点Cの$y$座標は$\frac{7}{2}$となる。

基本　（2）　直線ABの傾きは$\left(\frac{1}{2}-\frac{9}{2}\right)\div\{1-(-3)\}=-4\div4=-1$　直線ABの式を$y=-x+b$とおいて，B$\left(1,\ \frac{1}{2}\right)$を代入すると，$\frac{1}{2}=-1+b$　$b=\frac{3}{2}$　よって，直線ABの式は$y=-x+\frac{3}{2}$であり，直線ABの切片をDとすると，D$\left(0,\ \frac{3}{2}\right)$　したがって，$\triangle COB=\triangle COD+\triangle BOD=\frac{1}{2}\times$

$\frac{3}{2}\times 2+\frac{1}{2}\times\frac{3}{2}\times 1=\frac{6}{4}+\frac{3}{4}=\frac{9}{4}$

重要 (3)　点Cからy軸に下した垂線とy軸の交点をHとすると，求める体積は△OCHをy軸を軸として回転させてできた円すいから△DCHをy軸を軸として回転させてできた円すいを引いたものである。

よって，$\frac{1}{3}\times 2\times 2\times\pi\times\frac{7}{2}-\frac{1}{3}\times 2\times 2\times\pi\times 2=\frac{14}{3}\pi-\frac{8}{3}\pi=2\pi$

★ワンポイントアドバイス★

基本的な問題がほとんどなので，教科書レベルの問題は完璧にしておきたい。

＜英語解答＞

1 (1)　エ　(2)　ア　2 (1)　イ　(2)　ウ

3 (1)　ウ　(2)　ア　(3)　エ

4 (1)　has been playing　(2)　gave her　(3)　or

5 (1)　3番目　イ　6番目　ウ　(2)　3番目　エ　6番目　カ

(3)　3番目　ア　6番目　イ

6 (1)　ウ　(2)　ア　(3)　エ　(4)　イ　(5)　ウ，オ

7 (1)　ア　(2)　イ　(3)　エ　(4)　イ，エ　(5)　エ

○推定配点○

各4点×25(5各完答)　計100点

＜英語解説＞

基本 **1 (発音)**

(1)　エは [au]，他は [ʌ]。　(2)　アは [s]，他は [z]。

基本 **2 (アクセント)**

(1)　イは第1音節，他は第2音節を強く読む。　(2)　ウは第3音節，他は第2音節。

基本 **3 (語句補充・選択：比較，接続詞)**

(1)　「トムは私より上手にギターを弾く」 than「～よりも」があるので比較級 better にする。

(2)　「ケンはトムが漢字を学ぶのを手伝う」 〈help ＋人＋動詞の原形〉「(人)が～するのを手伝う」

(3)　「ケンは私に，私たちは来週テストがあると言った」 接続詞 that「～ということ」

4 (言い換え・書き換え：現在完了，進行形，接続詞)

(1)　「トムは3時間前にテニスをし始めた。彼は今もテニスをしている」「トムは3時間テニスをしている」 継続を表す現在完了進行形 have been ~ing「(今までずっと)～している」

(2)　「このプレゼントは彼女の誕生日に彼女へ与えられた」「私たちは彼女の誕生日に，彼女にこのプレゼントをあげた」 受動態から能動態への書き換え。〈give ＋人＋もの〉の語順にする。

(3)　「あなたは今起きなければ，バスに乗り遅れるでしょう」「今すぐ起きなさい，さもないとバスに乗り遅れるでしょう」 〈命令文, or ～〉「…しなさい，さもないと～」

重要 **5** **（語句整序：関係代名詞，受動態，間接疑問，助動詞，不定詞，接続詞）**

(1)　Taro can speak a language that is spoken (in China.)　that は主格の関係代名詞。that is spoken in China「中国で話されている」が language を後ろから修飾する。

(2)　(I) don't know how I can get there.　how 以下は間接疑問〈疑問詞＋主語＋動詞〉。

(3)　(I) would like you to wash your hands before (you have lunch.)　〈would like ＋人＋ to ＋動詞の原形〉「(人)に～してもらいたい」 before は「～する前に」を表す接続詞。

6 **（会話文読解・資料読解：語句補充・選択，助動詞，文補充・選択，内容吟味，内容一致）**

（大意）　メアリー(以下M)：私たちは今度の日曜日に何も予定がないわ。私たちの子供たちの，リサとケンと一緒に新しい動物園に行かない？／ジョン(以下J)：いいね！　新しい動物園について教えて。僕は聞いたことがない。／M：ミナト市に先週オープンしたの。動物園，水族館，サファリパークがあるアミューズメントパークよ。／J：良さそうだね！　君のお父さんお母さんを招待しよう。オープンしたばかりで，大勢の人が来て，駐車場がすぐにいっぱいになってしまうよ。朝早くに家を出るべきだ。／M：そうね。父と母を車に乗せる？／J：うん，でも僕の車は昨日から壊れている。／M：本当？　私の車には4人しか乗れないから，両親には電車で来るよう頼むわ。彼らは65歳を超える人向けの無料乗車券を持っているのよ。1日パスと年間パス，どちらを買うべき？／J：1日パスを買うのはどう？／M：私の両親は1日パスを買った方がいいわ，頻繁には行かないだろうから。私たち家族はまたそこへ行くでしょう。年間パスを買うとエサやり体験が無料でできる。／J：(B)僕は君の考えがわかった。そうしよう！　でもサファリツアーのチケットを買う必要があるね。全員サファリツアーをやりたいよ。動物ショーにも行く？／M：動物ショーにはチケット不要よ。／J：(C)サファリツアーのチケットだけ買う必要があるね。

(1)　Shall we ～?「～しませんか」 相手を誘う時の言い方。

(2)・(3)　大意下線部参照。

やや難 (4)　メアリーの両親はシニアの1日パスポートを買うので，4,000円×2＝8,000円。メアリーとジョンと子供たちは年間パスポートを買うので，14,000×2＋9,000＋6,000＝43,000円。サファリツアーは全員参加するので，1,000円×6＝6,000円。メアリーの車の駐車場代金が1,000円。合計8,000＋43,000＋6,000＋1,000＝58,000円。

重要 (5)　ウ「ジョンの家族とメアリーの両親は年間パスポートを買う」(×)　オ「ジョンの家族とメアリーの両親は一緒に電車で動物園に行く」(×)

7 **（長文読解問題・論説文：指示語，語句補充・選択，内容一致，内容吟味）**

（大意）　私たちはみな動物だ。動物の脳は素晴らしく，脳があることで記憶することができる。ハトは数年たっても道を記憶しているし，イルカは20年後でも友達の声を認識できる。人間も人の顔や名前などあらゆる情報を覚えるために記憶を使う。私たちが記憶を持つことは必要であり，①それなしでは脳の中に新しい情報を保っておくことができない。／あなたは先週食べた全ての食べ物を覚えていますか。答えはおそらく「いいえ」だろう。脳は新しい情報を永遠に保つことはできない。研究によると人は新しい情報の40％を20分後には忘れ，1日後には60％を忘れるが，長く記憶しておこうと努力することはできる。その秘訣は反復だ。覚えるためには何度も繰り返さなくてはならない。／記憶力をよくしたいなら，良い睡眠をとるべきだ。徹夜で勉強することは記憶するのに効果的な方法だと考える生徒もいるかもしれないが，②それは正しくない。研究者たちは7時間より長く寝た生徒の方が，7時間より短く寝た生徒よりも記憶力が良いと発見した。睡眠の質も重要である。睡眠の量だけではなく質も私たちの記憶を良くすることができる。／学習法も良い記憶と関連している。5日間で100の英単語を覚えなくてはいけない場合，どのように勉強すべきか。1つの方法は毎日20語勉強することだ。もう1つの方法は，初日に10個，2日目に20個，3日目に30個，4

日目に40個，最終日に全ての単語を復習することだ。より良い方法は，初日に全ての単語を勉強し，残りの日に復習することだ。なぜか。この問いの答えは明快，③反復である。

(1)　下線部①の同文前半の memory を指す。

(2)　空所直前の but「しかし」に着目し，「それは正しくない」とする。

(3)　初日に全て覚えて，残りの日に復習するのは，何度も反復して覚えるということ。

やや難 (4)　イ「あなたは動物ではないので先週食べた全ての食べ物を覚えておくことはできない」(×)「あなたは動物ではないので」の部分が本文の内容と異なる。　エ「研究者たちは一晩中勉強することは記憶するための素晴らしい方法だと発見した」(×)

(5)　最後から2番目の段落の第5文参照。初日に全て勉強し，残りの日で復習する。

★ワンポイントアドバイス★

7の長文読解問題は，記憶に関する論説文。文章量は少ないものの内容の濃い文章で正確な読み取りが求められている。

＜理科解答＞

1　(1)　カ　(2)　イ　(3)　エ　(4)　キ　(5)　オ

2　(1)　ア，ウ　(2)　ウ，エ　(3)　ア　(4)　イ　(5)　イ，エ，カ

3　(1)　エ　(2)　イ，エ　(3)　イ　(4)　オ　(5)　ア

4　(1)　ア　(2)　日周　(3)　ウ　(4)　5時　(5)　オ

5　(1)　14.4(km/h)　(2)　1.6(m/s)　(3)　3(J)　(4)　オ　(5)　オ

○推定配点○

1　各4点×5　2　各4点×5((1)，(2)，(5)各完答)　3　各4点×5((2)完答)

4　各4点×5　5　各4点×5　計100点

＜理科解説＞

1　(総合問題―小問集合)

重要 (1)　アンモニアは非常によく水に溶けフラスコ内の圧力が急激に低下するので，ビーカーの水が勢いよく吸い上げられ噴水のように吹き出す。アンモニア水はアルカリ性を示すので，フェノールフタレイン液は赤色になる。

重要 (2)　①は胆のうで，肝臓でつくられた胆汁をためておく場所である。②は胃であり，胃に含まれる主な酵素はタンパク質の分解酵素であるペプシンで，デンプンの分解酵素のアミラーゼは含まない。③はすい臓，④は小腸で③，④はともに正しい。

重要 (3)　ア　粘り気の弱いマグマの噴火は穏やかで，火口からマグマが流れ出すように噴火する。イ　マグマが地下深くでゆっくりと冷え固まったものを深成岩という。　ウ　火山灰が堆積してできる岩石を凝灰岩という。　エ　正しい。　オ　火山の多い地域では，マグマの動きが活発で地震が多い。

基本 (4)　弦楽器の音の高さを高くするには，細い弦にし，弦の長さを短くし，弦の張りを強くする。

(5)　高温が原因で鉄道の運行に支障が出たので，熱膨張でレールがゆがんだことが考えられる。

2 （電気分解とイオン―水の電気分解）

基本 (1)　陰極から発生するのは水素である。水素は無色・無臭の気体で，空気と混合すると大きな音を出して燃える。水溶液は中性である。

基本 (2)　陽極から発生するのは酸素である。酸素は空気の約20％を占め，無色・無臭で水に溶けにくい。ものを燃やす働きがあり，水溶液は中性である。

重要 (3)　水酸化ナトリウム水溶液が手についた時は，すぐに水で洗い流す。

重要 (4)　イの反応では，酸化銀を加熱すると銀と酸素が分かれて出てくる。ア，ウ，オの反応では，金属の化合物が発生し，エでは水が蒸発する。

(5)　金属元素と非金属元素からできる物質はイオンからできる物質であり，分子をつくらない。酸化鉄，塩化ナトリウムがこれに当たる。マグネシウムは金属であり分子をつくらない。

3 （植物の種類とその生活―植物の分類）

(1)　タンポポは双子葉類で，子葉の数は2枚，葉脈は網状脈，根は主根と側根からなる。

(2)　裸子植物のなかまは，マツ，スギ，イチョウ，ソテツなど。

(3)　イヌワラビの体は，aの部分が根，bが茎，cとdを合わせて1枚の葉である。

(4)　エンドウの花のつくりは，アがおしべ，イがめしべ，ウががく，エが子房，オが胚珠でこの部分が種子になる。

重要 (5)　図のAは被子植物と裸子植物の違い。Bより左側は種子で増えるもので右側が胞子で増えるもの。Cは根・茎・葉の区別があるかないかの違い。Dは葉緑素を持つか持たないかの違いである。

4 （地球と太陽系―星の見え方）

(1)　北極点の真上から見ると地球は反時計回りに自転しており，西から東へ向かって進んでいる。そのため，地球上にいるわれわれには星が東から西に動いているように見える。

(2)　1日の太陽の動きを，日周運動という。

(3)　星は東から南中し，西の方角へと移動する。オリオン座は南中時にはウのように見える。

重要 (4)　午後11時に南中したので，西の地平線に沈むのは6時間後の午前5時頃である。

重要 (5)　星Nは北極星で，北極星を中心に反時計回りで周囲の星は動くように見える。

5 （仕事―仕事・速度）

基本 (1)　1秒間に4m移動するので，1時間では$4\times60\times60\div1000=14.4$(km/h)である。

基本 (2)　行きにかかった時間は$120\div4=30$(秒)であり，帰りにかかった時間は$120\div1=120$(秒)である。往復240mを150秒かかったので，平均の速さは$240\div150=1.6$(m/s)である。

(3)　仕事(J)＝力の大きさ(N)×力の向きに移動した距離(m)より，$10\times0.3=3$(J)である。

(4)　支点から物体Pまでの距離と手を置いた場所までの距離の比が60：80＝3：4なので，持ち上がる高さも$3:4=30:x$　$x=40$(cm)である。行われた仕事の大きさは同じなので，力の大きさをy(N)とすると，$y\times0.4=3$　$y=7.5$(N)となる。

(5)　仕事率とは1秒間に行った仕事のことである。(3)の仕事率$W_{ひも}$は$3\div10=0.3$(W)であり，(4)の仕事率$W_{てこ}$は$3\div5=0.6$(W)なので，$\frac{W_{てこ}}{W_{ひも}}=\frac{0.6}{0.3}=2$である。

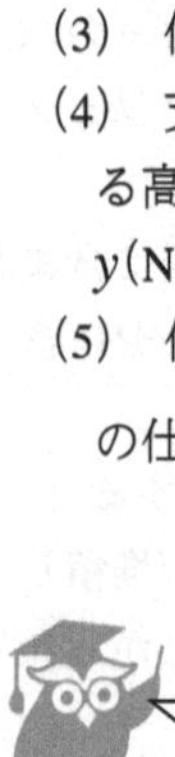

★ワンポイントアドバイス★

基本問題が大半である。理科全般の教科書レベルの基礎的な知識をしっかりと理解し，計算問題の演習なども練習しておこう。

<社会解答>

1 問1 地中海　問2 (別名) EU　(通貨) ユーロ　問3 ウ
問4 1月1日 午前10時　問5 (地形) フィヨルド　(宗教) キリスト教　問6 イ
2 問1 ウ　問2 エ　問3 イ　問4 イ　問5 ウ　問6 ア
3 問1 ワシントン　問2 ウ　問3 満州事変　問4 ウ
問5 (北京) ペキン　(上海) シャンハイ　(香港) ホンコン
4 問1 ① A　③ F　⑥ C　問2 公共の福祉　問3 ア　問4 オ
5 問1 ウ　問2 イ　問3 エ

○推定配点○
1 問1・問4・問5 各4点×4　他 各3点×4　2 各3点×6　3 問2・問4 各3点×2
他 各4点×5　4 問2 4点　他 各3点×5　5 各3点×3　計100点

<社会解説>

1 (地理—世界の諸地域の特色:ヨーロッパ, 地形・気候)

問1 地中海はヨーロッパ, 中東, エジプトに囲まれた場所に位置している。ジブラルタル海峡で大西洋とわずかにつながるのみで, 周囲のほとんどが陸地に接しているため, 地中海ならではの特殊な環境が生まれている。

問2 欧州連合(EU)は, 独特な経済的および政治的協力関係を持つ民主主義国家の集まりである。加盟国はみな主権国家であるが, その主権の一部を他の機構に譲るという, 世界で他に類を見ない仕組みに基づく共同体を作っている。加盟国の中で多くの国が共通通貨ユーロを使用している。

やや難 問3 Bフランスの首都はパリ, Cイギリスの主要言語はゲルマン系言語, Dドイツにはルール工業地域という重化学工業の中心地域がある。

問4 Cイギリスと日本の経度差は135度である。1時間で15度の時差があるから, イギリスと日本の時差は9時間である。イギリスで1月1日午前1時の時, 日本では, それより9時間先であるから, 1月1日午前10時ということになる。

問5 フィヨルドとは, 氷河が浸食したことにより形成された複雑な地形の湾・入り江のことである。スカンジナビア半島の大西洋岸が有名なフィヨルドである。また, ここのノルウェーでは主にキリスト教が信仰されている。

問6 F国ギリシアの首都アテネの気候は地中海性気候である。その特徴は, 夏は, ほぼ雨が降らないことである。夏の降雨量は1カ月に30mm未満と非常に少なく, 空気が乾燥する。気温は高いものの湿度が低いため, 日本の夏のような蒸し暑さは感じない。雨温図はイである。

2 (日本の歴史—政治史・外交史, 社会・経済史, 日本史と世界史の関連)

問1 前方後円墳は日本独特の古墳で, ヤマト王権の支配者である大王や有力な豪族が葬られている。渡来人とは, 広義には, 日本列島に渡って来た人々を意味する。基本的には3世紀から7世紀頃に朝鮮半島などから日本に移住した人々(移民)を指すことが多い。

基本 問2 選択肢の中では, 奈良県(奈良市), 兵庫県(神戸市), 大阪府(大阪市)が正しい。

問3 中国最古の王朝は殷, 続いて, 周→春秋戦国時代→秦→漢と続く。

問4 朝鮮半島南部の伽耶地域は日本の支配地域であり, 日本はここを足掛かりに, 朝鮮半島に進出し百済と同盟を結び, 新羅などと戦った。

基本 問5 邪馬台国や卑弥呼のことは, 中国の歴史書魏志倭人伝に書かれている。

問6 ③白村江の戦い(飛鳥時代)→②元寇(鎌倉時代)→①秀吉の朝鮮侵略(安土桃山時代)→⑤朝鮮

通信使(江戸時代)→④韓国併合(明治時代)。

3 (日本と世界の歴史―政治・経済・社会，日本史と世界史の関連)

問1　ワシントン会議とは，1921年(大正10年)第一次世界大戦後に行われた国際軍縮会議のことである。

重要　問2　世界恐慌は，1029年10月にアメリカ合衆国の戦間期で始まり，1933年にかけて世界に広がった経済不況(恐慌)のことである。当時，中国では蒋介石率いる国民党と毛沢東率いる共産党が争っていた。

問3　1931年9月18日，奉天郊外の柳条湖で南満州鉄道が爆破された。日本の関東軍は，それを中国国民軍に属する張学良軍の犯行であると断定し，鉄道防衛の目的と称して反撃し，軍事行動を拡大した。この柳条湖事件から開始された，宣戦布告なしの日中両軍の軍事衝突を満州事変という。

問4　日本は米英に宣戦布告する前に，三国同盟(ドイツ・イタリア・日本)を結んでいた。

問5　北京(ペキン)，上海(シャンハイ)，香港(ホンコン)は，いずれも重要拠点にある都市である。

4 (公民―憲法，政治のしくみ，その他)

重要　問1　内閣から国会に出ている矢印は「衆議院の解散」である。国会から裁判所に出ている矢印は「裁判官の弾劾裁判」である。裁判所から内閣に出ている矢印は「行政の命令や処分の違憲・違法審査」である。

問2　公共の福祉とは，「社会全体の共通の利益」であり，「ほかの人の人権との衝突を調整するための原理」である。 この公共の福祉という言葉は，日本国憲法の中で使われている。

問3　日本の平和主義は，憲法の前文と第9条に出ている。9条では戦争放棄，戦力不保持などが明記されている。

問4　日本国憲法第96条では，憲法改正の手続きについて，「国会で衆参各議院の総議員の3分の2以上の賛成を経た後，国民投票によって過半数の賛成を必要とする」と定められている。

5 (公民―経済生活，その他)

問1　訪問販売や電話勧誘などで購入した場合のクーリングオフ制度の適用は，8日間内である。この適用が可能なのは①である。

問2　日本銀行は，ウの「発券銀行」，アの「銀行の銀行」，エの「政府の銀行」の3つの機能がある。

やや難　問3　1ドル＝120円から1ドル＝100円は円の価値が上がっているので円高ドル安である。その逆が円安ドル高となる。日本は円高の時は輸入の時有利になり，円安の時は輸出の時に有利になる。

★ワンポイントアドバイス★

1問6　地中海式農業では，乾燥に強い商品作物であるオリーブ，コルクガシ，レモン，オレンジなどがつくられている。　3問4　ドイツ，イタリア，日本の政治体制をファシズムという。

＜国語解答＞

一　問一　a　きかがく　　b　模範　　問二　A　ア　　C　ウ　　問三　ア
問四　客観的な原理に基づく秩序(12字)　　問五　状況　　問六　Ⅰ　季語　　Ⅱ　エ
問七　枕草子

二　問一　a　とぼ(しい)　　b　貼(った)　　問二　ウ　　問三　イ　　問四　エ
問五　お帰り(4字)　　問六　ア　　問七　ウ　　問八　エ　　問九　ア

三　問一　ウ　　問二　ア　　問三　六(月)　　問四　イ　　問五　ウ

○推定配点○

一　問三～問五・問六Ⅱ　各5点×4　　他　各3点×6　　二　問一・問三・問九　各3点×4
他　各5点×6　　三　各4点×5　　計100点

＜国語解説＞

一　(論説文，俳句―内容吟味，文脈把握，接続語，脱語補充，漢字の読み書き，表現技法)

問一　二重傍線部aの「幾何学形態」は数学的な原理や法則に基づいてかたちづくられる面の形。bは見習うべき手本という意味。

問二　空欄Aは直前の内容とは相反する内容が続いているのでア，Cは直後で具体例を述べているのでウがそれぞれ当てはまる。

重要　問三　傍線部①は，「一番美しい動物は」という質問をしても日本人は歯切れが悪い答えしか返ってこないことに対するものなので，アが適切。①の段落内容をふまえていない他の選択肢は不適切。「苦笑」が戸惑いを感じながら，しかたなく笑うという意味であることも参考にする。

問四　傍線部②は，同段落内の「客観的な原理に基づく秩序(12字)」のことである。

問五　「実体の美」に対する「B の美」について直後の段落で，俳句を例に「そこには何の実体物もなく，あるのはただ状況だけ」と述べており，「『実体の美』は……」で始まる段落でも「B の美」は「状況が変われば当然消えてしまう」と述べていることから，Bには「状況(2字)」が当てはまる。

やや難　問六　Ⅰ　俳句で季節を表す言葉は「季語」といい，傍線部③の俳句の季語は「蛙」で春を表す。
Ⅱ　最後の段落で「日本人にとっての美とは……自然の営みと密接に結びついている」と述べているので，人間が作ったものである「七宝焼」とあるエは一致しない。

基本　問七　冒頭が「春は曙……」で始まるので，空欄Dには「枕草子」が当てはまる。

二　(小説―情景・心情，内容吟味，脱語補充，漢字の読み書き，敬語)

問一　二重傍線部aの音読みは「ボウ」。熟語は「欠乏」など。bは平たいものを接着させるという意味。同訓異字の「張る」と区別する。

やや難　問二　本文最後「僕は二人の……」で始まる場面の会話の描写から，傍線部①で届いた「完熟トマト」はママが子どもたちに「食べさせたかった」ものなのでウが適切。この場面で描かれているママについて説明していない他の選択肢は不適切。

問三　届いたトマトは「半ダース」すなわち6個で，「『一個はママにお供えして，あと二つは冷蔵庫の野菜室に入れ』」たので，「残り」は3個である。

重要　問四　傍線部③前で「和美のことを思い出さない期間が，少しずつ，長くなっていくだろう……だが，和美が消え去ってしまうことは，絶対にない」というパパの心情が描かれているのでエが適切。③前の「僕」の心情をふまえていない他の選択肢は不適切。

問五　空欄Aには，「勝手なことばかり……」で始まる場面で，車内から窓の外を見つめながら，心の中で和美に呼びかけている「お帰り」が当てはまる。

問六　「高架の区間を……」で始まる場面で，パパと子どもたち三人でパパとママの若い頃の話をしているのを聞いていたおばあさんは「クスっと笑っ」ていたが，ママは「『美人だったんだ』」といった話を聞くうちに，母親はもういないことに気づいて傍線部④のようになっているのでアが適切。話を聞くうちに三人の家族の事情を察したことを説明していない他の選択肢は不適切。

問七　空欄Bは「……古い商店街が乏しい予算をやりくりして開いた花火大会」の「華やかさとは無縁の」花火の様子なのでウが適切。B前の描写をふまえていない他の選択肢は不適切。

重要　問八　「居住まいを正す」はきちんとした姿勢に座りなおすという意味で，傍線部⑤後で，先生に先生の奥さんのことを，言葉を選びながら聞いていることからエが適切。⑤後の会話をふまえていない他の選択肢は不適切。

基本　問九　傍線部⑥は「見る」の尊敬語。石川さんが先生の奥さんに対して尊敬語を使っている。

三　**（古文一内容吟味，文脈把握，語句の意味，口語訳）**

問一　傍線部①は，「人のむすめ」が死ぬ間際に「この男とつきあいたい」と思っていたことを聞いた親が，男に知らせたということなのでウが適切。「『かくこそ思ひしか』」が「いかでこの男にもの言はむ」という「人のむすめ」の思いであることをふまえていない他の選択肢は不適切。「もの言ふ」は男女の情を交わす，一緒になる，という意味。

重要　問二　傍線部②は「男」が，思いを寄せてくれた「人のむすめ」が死んでしまったので，忌みにこもっていた，ということ。

基本　問三　傍線部③は「六月」の異名である。

やや難　問四　傍線部④の和歌は，死んでしまって「人のむすめ」に直接語りかけることができなくなってしまったので，天に帰った「人のむすめ」を「雁」に例えて，蛍に託して思いを知らせて欲しい，という心情を詠んでいる。

問五　傍線部⑤は「日の出から日暮れまで，一日中」という意味。

★ワンポイントアドバイス★

論説文では，具体的に引用している内容が，どのようなことの具体例であるかをしっかり確認しよう。

2022年度

★★★★★★★★★★★★★★★★★★★★★★★

入　試　問　題

2022年度

同朋高等学校入試問題

【数　学】（40分）　　＜満点：100点＞

1　次の(1)から(10)の問いに答えなさい。

(1)　$-6-4\div 2\times 3$ を計算しなさい。

(2)　$\dfrac{3x-2}{4}-\dfrac{2x-5}{6}$ を計算しなさい。

(3)　$\dfrac{1}{\sqrt{3}}-\dfrac{\sqrt{27}}{2}+\sqrt{3}$ を計算しなさい。

(4)　$\dfrac{1}{6}x^2yz\div\dfrac{1}{4}y^3z^2\times\left(-\dfrac{1}{3}xy^3z\right)$ を計算しなさい。

(5)　$(x+3)(x-7)+4(x+3)$ を因数分解しなさい。

(6)　2次方程式 $3x+1=x^2+x$ を解きなさい。

(7)　連立方程式 $\begin{cases}2x+3y=5\\3x+5y=4\end{cases}$ を解きなさい。

(8)　12％の食塩水400ｇが入っている容器Ａから食塩水100ｇを取り出し，容器Ａに水を200ｇ入れた。容器Ａは何％の食塩水になるか求めなさい。

(9)　$\sqrt{120n}$ が自然数となるような最小の自然数 n を求めなさい。

(10)　絶対値が3以下の整数は全部で何個あるか答えなさい。

2　下の**表**は，ある生徒10人の学習時間を表している。次の(1)から(2)の問いに答えなさい。

表

生徒	A	B	C	D	E	F	G	H	I	J
時間(分)	32	44	24	74	22	5	49	16	59	5

(1)　学習時間の平均値を求めなさい。

(2)　このクラスの学習時間の平均値を15分以上増やすことができる方法を，次の**ア**から**エ**までの中からすべて選び，記号で答えなさい。

ア　クラス全員が学習時間を15分増やす。

イ　学習時間が中央値以下の人が30分ずつ増やし，他の人は現在の学習時間を保つ。

ウ　学習時間が平均値以上の人が30分ずつ増やし，他の人は現在の学習時間を保つ。

エ　学習時間が平均値以下の人が15分ずつ増やし，他の人は現在の学習時間を保つ。

3　さいころを2回振って最初に出た目の数を a，次に出た目の数を b として，それぞれ x 座標，y 座標とする。次の(1)から(2)の問いに答えなさい。

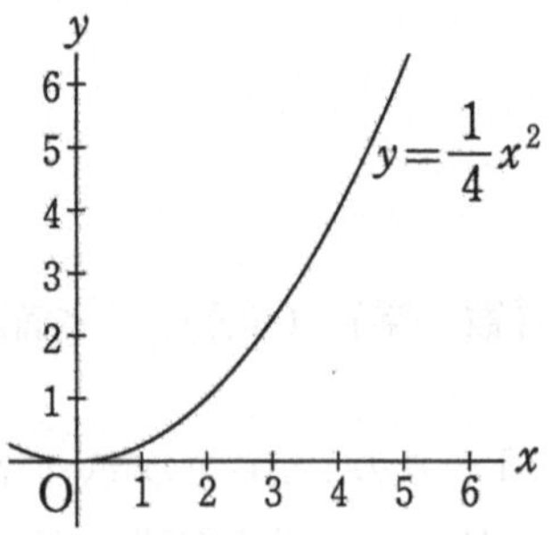

(1)　点（a，b）が関数 $y=\frac{1}{4}x^2$ 上にある確率を求めなさい。

(2)　点（a，b）と点（b，$-a$）を結んでできる線分が関数 $y=\frac{1}{4}x^2$ と交わらない確率を求めなさい。

4　下の図のように，ある規則に従って1辺が2cmの立方体のブロックを並べていく。次の(1)から(3)の問いに答えなさい。

図

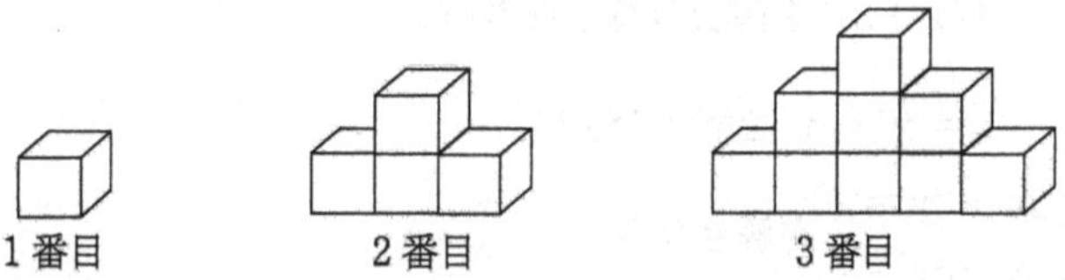

(1)　5番目に必要なブロックの個数を求めなさい。

(2)　n 番目に必要なブロックの個数を n を用いて表しなさい。

(3)　体積が648cm^{3}となるのは何番目か求めなさい。

5　右の図のようにOA＝7cm，OC＝14cmの長方形OABCがある。2点P，Qは頂点Oを同時に出発し，Pは毎秒2cmの速さで時計回りに，Qは毎秒1cmの速さで反時計回りに長方形の周上を移動する。このとき，次の(1)から(3)の問いに答えなさい。

図

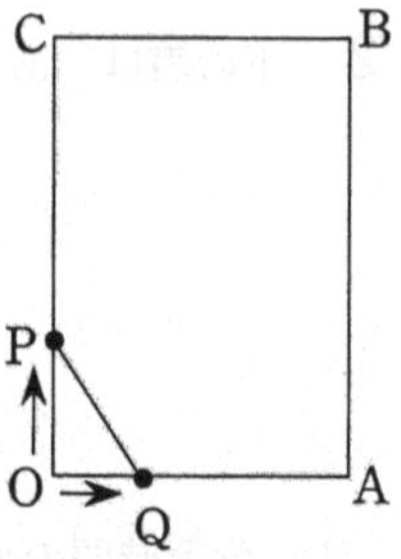

(1)　出発してから3秒後の△OPQの面積を求めなさい。

(2)　出発してから8秒後の△OPQの面積を求めなさい。

(3)　点Pがはじめて頂点Bに着くまでに，△OPQの面積が45cm^{2}になるのは出発してから何秒後か，すべて求めなさい。

【英　語】（40分）　＜満点：100点＞

1　次の各組のうち，下線部の発音が他と異なるものを，アからエまでの中から選び，記号で答えなさい。

(1)　ア　face　　イ　care　　ウ　date　　エ　rainy

(2)　ア　fold　　イ　song　　ウ　hope　　エ　home

2　次の各組のうち，最も強く発音する位置が他と異なるものを，アからエまでの中から選び，記号で答えなさい。

(1)　ア　ac-tion　　イ　dan-ger　　ウ　sur-vive　　エ　traf-fic

(2)　ア　his-to-ry　　イ　per-form-er　　ウ　con-di-tion　　エ　ef-fec-tive

3　次の各文の（　）の中から最も適切なものを，アからエまでの中から選び，記号で答えなさい。

(1)　This is a picture（ ア in　イ on　ウ at　エ of ）my family.

(2)　Who（ ア win　イ won　ウ did win　エ did won ）the game yesterday?

(3)　They followed instructions（ ア give　イ gave　ウ given　エ giving ）in English.

4　次の各組の英文がほぼ同じ内容になるように，（　）に適切な語を入れなさい。

(1)　I don't know the rules of *shogi*.
　= I don't know（　　）（　　）play *shogi*.

(2)　I was happy to hear the news.
　= The news（　　）（　　）happy.

(3)　Ken can play soccer well.　He can also play baseball well.
　= Ken can play（　　）soccer and baseball well.

5　日本語の意味に合うように（　）内の語句を並べかえたとき，（　）内で**3番目**と**6番目**にくるものを，アからキまでの中から選び，記号で答えなさい。文頭にくる語も小文字になっています。

(1)　彼女は今朝からずっと本を読んでいる。
（ ア a book / イ been / ウ this morning / エ she / オ since / カ has / キ reading ）.

(2)　私の仕事は多くの子供たちに英語を教えることです。
My（ ア to / イ job / ウ English / エ children / オ many / カ teach / キ is ）.

(3)　ナンシーは英語だけでなくフランス語も話すことができます。
Nancy can（ ア also / イ English / ウ not / エ French / オ speak / カ but / キ only ）.

6　次の対話を読み，あとの(1)から(4)までの問いに答えなさい。

Mr. Mori:　Yuichiro, this is the last year of junior high school.　You need to think what to do after you graduate*.　What do you want to be in the future?

Yuichiro:　I want to be a happy man in the future.　I want a lot of money.　I want to live in a great house that has a big swimming pool* and eat steak for dinner every day. I want to play video games for hours. Mr. Mori, what do I need to do to be a happy man?

Mr. Mori: Yuichiro, you have a nice dream. I think you have an answer to the question. Let me explain three kinds of inter cerebral substances* that make you happy.

Yuichiro: Inter cerebral substances that make me happy? It sounds difficult. Please make it simple.

Mr. Mori: [A] The first is Serotonin*. Your brain produces it when you realize you are healthy*. The trouble is that it is difficult for us to feel happy with it because many people don't realize we are healthy until we get ill.

Yuichiro: I understand. I'm still young, so I don't feel happy just because I'm healthy. But I have a grandmother who has weak legs and has trouble walking. Thanks to her, I can understand that being healthy can make us happy.

Mr. Mori: You are a smart* boy, Yuichiro. The second is Oxytocin*. This is sometimes called happiness* of love. If you have a good time with your family, friends, and even animals, your brain produces it. The interesting thing is that getting love is not the only way to feel happy. Giving love is also a way.

Yuichiro: I think I have experienced it. I enjoy talking with my friends in a park every day. I don't need any special things such as video games or delicious food to enjoy it. Also, when I went to a volunteer activity at a nursing home*, many old people said "Thank you" to me. I was happy.

Mr. Mori: You have nice experiences, Yuichiro. The last is Dopamine*. You can get it when you are excited, for example, when you win sports games, eat delicious food or get a lot of money. You think that this is happiness, right?

Yuichiro: Yes, I thought that's the only way to be happy.

Mr. Mori: Making efforts to win or get something is beautiful, but it can be only a part of happiness. Along with* this, you should take care of yourself and treasure* important people in your life.

Yuichiro: I see. I learned a lot about happiness. It was interesting! Thank you, Mr. Mori. I would like to keep learning new things in high school.

Mr. Mori: You can do it, Yuichiro. You can learn many interesting things in Doho High School. (B) don't we check its website?

Yuichiro: Sounds nice!

*(注) graduate 卒業する　swimming pool プール　inter cerebral substances 脳内物質
Serotonin セロトニン　healthy 健康的な　smart 賢い　Oxytocin オキシトシン
happiness 幸福　nursing home 老人ホーム　Dopamine ドーパミン
along with ～に加えて　treasure 大切にする

(1) 文中の [A] に入る最も適切なものを**ア**から**エ**までの中から選び，記号で答えなさい。

ア Really?　**イ** Sure.　**ウ** I won't do so.　**エ** Nice.

(2) 文中の（**B**）に入る最も適切な語を**ア**から**エ**までの中から選び，記号で答えなさい。

ア What　**イ** When　**ウ** Where　**エ** Why

(3) 次の文のうち，本文の内容と**合っているもの**を，**ア**から**オ**までの中から**2つ**選び，記号で答えなさい。

ア ユウイチロウは現在中学三年生である。
イ ドーパミンは愛の幸福と呼ばれている。
ウ 脳はペットとの関係ではオキシトシンを分泌しない。
エ 多くの人は病気になるまで自分が健康であったことに気付かない。
オ ユウイチロウはオキシトシンに関連する幸福が唯一の幸福だと思っていた。

(4) 次の文のうち，本文の内容と**異なるもの**を，**ア**から**オ**までの中から**2つ**選び，記号で答えなさい。

ア Yuichiro understood what Mr. Mori explained.
イ Yuichiro had a sad experience in a nursing home.
ウ Yuichiro thought only getting excited brings happiness.
エ Yuichiro will keep learning new things in his high school.
オ Yuichiro needs something to enjoy talking with his friends.

7 次の英文を読み，あとの(1)から(5)までの問いに答えなさい。

If you are suddenly asked for a way to somewhere in English by a foreign tourist on the street, you may think, "Oh, I don't understand what you're talking about. I don't know what to say in English." In this case, the language barrier is really a problem. Think about the 1964 Tokyo Olympics. Many foreign athletes and tourists came to Japan. At that time, a language barrier was more difficult than it is now. Even if there was a language barrier, they got over it, so there must be* something behind ① it.

Have you ever heard of the word, "pictogram*?" A pictogram is a symbol which shows information about something in a simple way. It is very useful for communication. Even if you can't understand foreign languages, a pictogram helps you get the information without language. For example, we often see **Pictogram 1** in libraries or hospitals. It means that [②]. When you see this picture, you don't have any food and drink at the place.

When the Tokyo Olympics was held in 1964, pictograms were made and developed by Japanese people. They helped us communicate with foreign people and they have been used around the world since the 1980s. Now, pictograms are accepted and used all over the world.

Also, **Pictogram 2** was introduced in the 1964 Tokyo Olympics and it was also used in the World Expo* in Osaka in 1970. Since then, the symbol has become known to many people in the world. This universal mark was made in Japan. Today, there are signs such as a baby bed, a baby chair and Western-style* so you can find what kind of toilet* it is.

Pictogram 3 can save people from (③). It is a common symbol in hotels, department stores and so on. It shows where an emergency exit is. We know how we can get out from a fire. This pictogram first appeared in Japan about 40 years ago.

Some of the pictograms were changed for the 2020 Tokyo Olympics and Paralympics. It is easier for foreign athletes and tourists to understand them. Moreover, new pictograms were also introduced. Many people need **Pictogram 4** when they want to use free Wi-Fi spots in the city. Pictograms are improved when our lifestyle* changes. Now, original pictograms are made by many people. I made my original pictogram, too. It's **Pictogram 5**. It shows a proverb*, and it means "doing just one thing, and making two achievements*." Don't you think that pictograms are very interesting?

Pictogram 1　**Pictogram 2**　**Pictogram 3**　**Pictogram 4**　**Pictogram 5**

*(注)　must be　～に違いない　pictogram　ピクトグラム　the World Expo　世界万国博覧会
Western-style　洋式　toilet　トイレ　lifestyle　生活様式　proverb　ことわざ
achievement　達成

(1) 文中の下線部①が示す内容として最も適切なものを，アからエまでの中から選び，記号で答えなさい。

ア　外国人に英語で道を尋ねられた時，何と答えたらよいか困ってしまうこと。
イ　1964年の東京オリンピックの際，多くのアスリートや観光客が来日したこと。
ウ　多くのアスリートや観光客が言語の壁をうまく乗り越えたこと。
エ　外国人とのコミュニケーションが現在よりも昔のほうが難しかったこと。

(2) 文中の ② にあてはまる最も適切なものを，アからエまでの中から選び，記号で答えなさい。

ア　you can eat or drink anything here
イ　you can buy food or drink here
ウ　you must not buy food or drink here
エ　you must not eat or drink anything here

⑶ 文中の（③）に入る最も適切な語を**ア**から**エ**までの中から選び，記号で答えなさい。

ア disaster　**イ** discrimination　**ウ** extinction　**エ** extinguisher

⑷ 次の文のうち，本文の内容と**異なるもの**を，**ア**から**オ**までの中から**2つ**選び，記号で答えなさい。

ア A lot of pictograms with language are used in the 1964 Tokyo Olympics.

イ Some pictograms are made in Japan for the first time.

ウ **Pictogram 2** was made for the World Expo in Osaka in 1970.

エ The design of pictograms becomes easier to understand.

オ Anyone can make their original pictograms.

⑸ **Pictogram 5** にあてはまる最も適切なピクトグラムを，**ア**から**エ**までの中から選び，記号で答えなさい。

ア

イ

ウ

エ

【理　科】（40分）　＜満点：100点＞

1　次の(1)から(5)の問いに答えなさい。

(1)　ろうそく**A**から**C**をビーカーに入れてから火をつけた。**図1**のような装置でビーカー内に二酸化炭素をゆっくりと流し込むと，どのような現象が起きるか。その現象と現象が起きる原因となる二酸化炭素の性質について最も適切なものを，次の**ア**から**カ**までの中から選び，記号で答えなさい。

図1

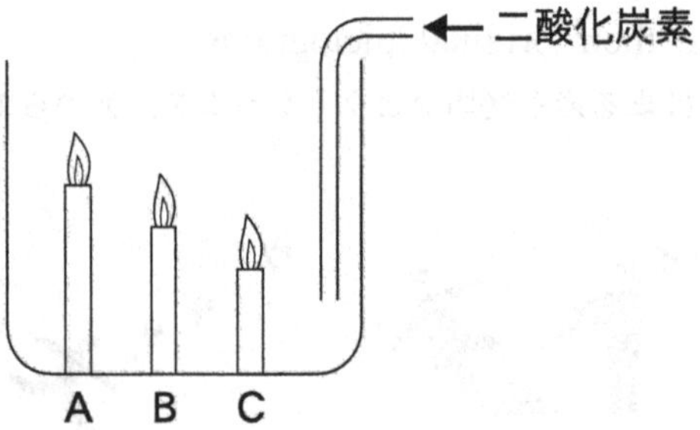

	現象	性質
ア	ろうそくの炎がC→B→Aの順に大きくなる	空気よりも重たい
イ	ろうそくの炎がB→C→Aの順に大きくなる	空気と同じ重さ
ウ	ろうそくの炎がA→B→Cの順に大きくなる	空気よりも軽い
エ	ろうそくの炎がC→B→Aの順に消える	空気よりも重たい
オ	ろうそくの炎がB→C→Aの順に消える	空気と同じ重さ
カ	ろうそくの炎がA→B→Cの順に消える	空気よりも軽い

(2)　**図2**のような回路を作り，**A**と**B**の位置に方位磁針を置いた。**A**は導線の上，**B**は導線の下に置いてあるとする。方位磁針のふれ方として最も適切なものを，次のページの**ア**から**コ**までの中から選び，記号で答えなさい。

図2

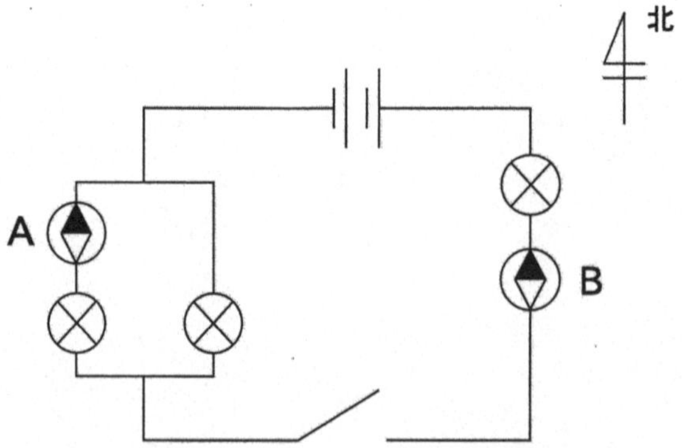

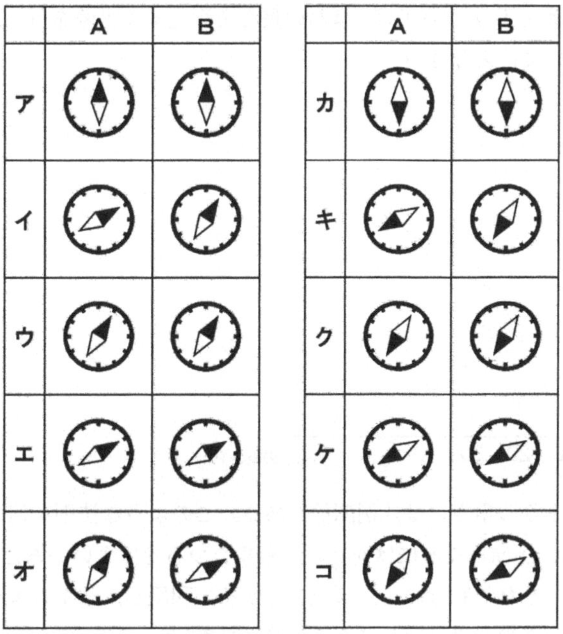

(3) 右の**特徴**すべてを持つ生物として最も適切なものを，次の**ア**から**オ**までの中から選び，記号で答えなさい。

特徴

子どもの生まれ方	卵生
筋肉	ある
外骨格	ない
内骨格	ない

ア 鳥類　**イ** 魚類　**ウ** 両生類　**エ** 節足動物　**オ** 軟体動物

(4) 次の文の（**A**）と（**B**）にあてはまる語句の組み合わせとして最も適切なものを，下の**ア**から**カ**までの中から選び，記号で答えなさい。

地表の岩石は，長い間に気温の変化や水のはたらきなどによって，表面からぼろぼろになって削れていく。このような現象を（　**A**　）という。（　**A**　）によってもろくなった岩石は，風や流水などによって削られていく。このような風や流水のはたらきを（　**B**　）という。

	A	B
ア	劣化	湿潤
イ	劣化	浸食
ウ	風化	侵食
エ	風化	融解
オ	沈降	湿潤
カ	沈降	溶解

(5) 2021年の10月，日本出身で現在は米国籍の真鍋淑郎氏がノーベル物理学賞を受賞した。真鍋氏の受賞は，ある環境問題の予測に関する研究に対してのものであった。この環境問題とは何か，漢字で答えなさい。

2　軽くて細いばねにおもりをつり下げ，ばねの長さを測定する実験を行い，結果を以下のようなグラフにした。次の問いに答えなさい。

グラフ

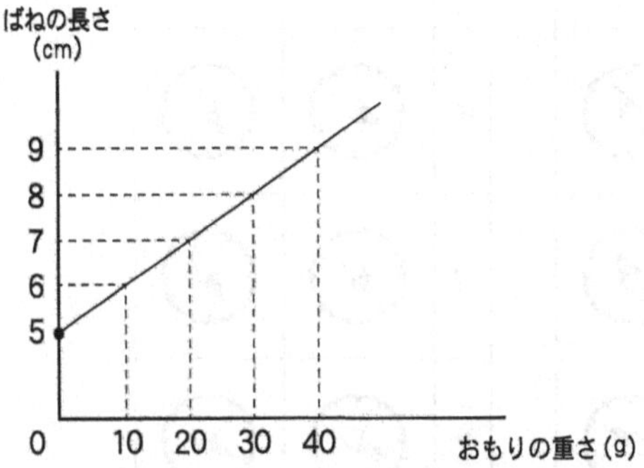

(1)　ばねののびとおもりの重さには比例関係がある。このような法則を何というか答えなさい。

(2)　このばねののびが2.5cmとなるには何gのおもりをつるせばよいか答えなさい。

(3)　このばねを2本（それぞればね1，ばね2とする）利用し，**図1**のような装置を作ったとき，ばね1とばね2の長さの合計は何cmになるか答えなさい。

図1

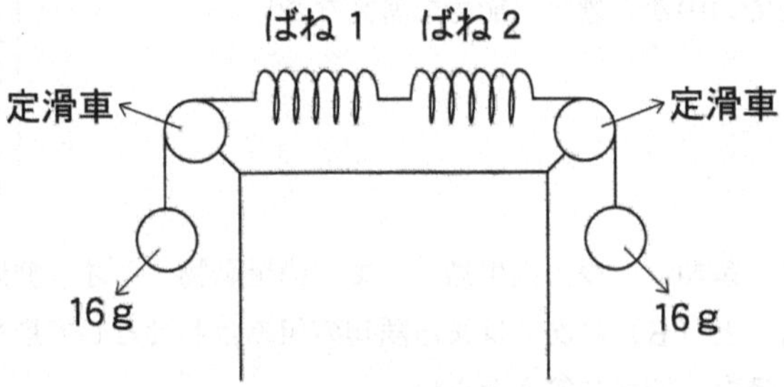

(4)　このばねを手で持ち，**図2**のようにおもりの半分を水に沈めたとき，ばねののびは何cmになるか答えなさい。ただし，浮力の大きさは物体が水の中に沈み，押しのけた水の重さに等しいとし，水の密度は1 g/cm^3，おもりの重さは30g，おもりの体積は36cm^{3}とする。

図2

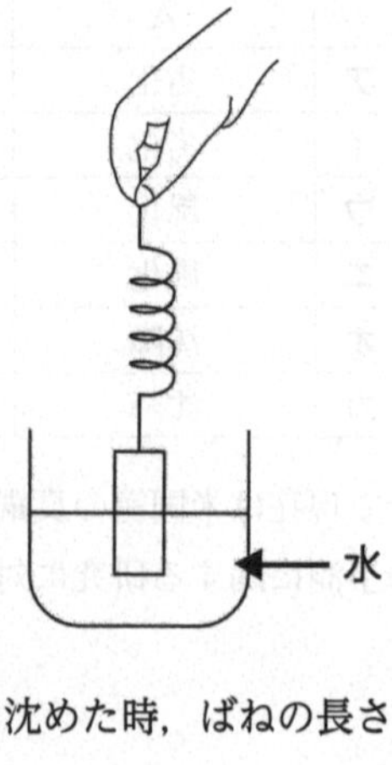

(5)　(4)の状態から，おもりをすべて水の中に沈めた時，ばねの長さは何cmになるか答えなさい。

3　実験室にある実験器具の使い方について，次の問いに答えなさい。

(1)　ろ過装置の組み立て方として最も適切なものを，次の**ア**から**エ**までの中から選び，記号で答えなさい。

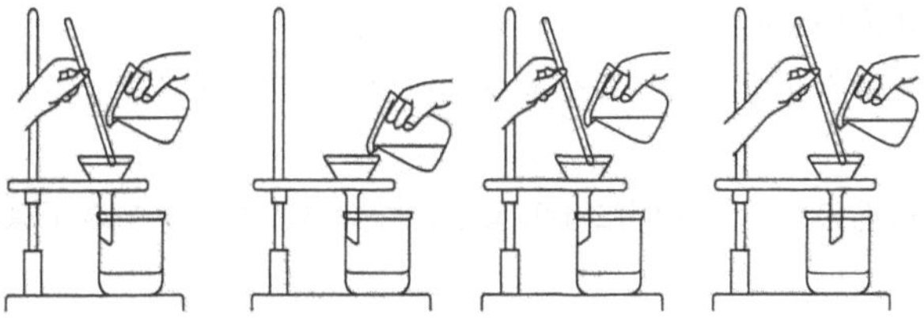

ア　　**イ**　　**ウ**　　**エ**

(2)　メスシリンダーで110mLの水をはかり取るとき，水面の位置と目線の位置として最も適切なものを，水面の位置は**ア**から**オ**までの中から，目線の位置は**A**から**C**までの中から選び，それぞれ記号で答えなさい。

（水面）

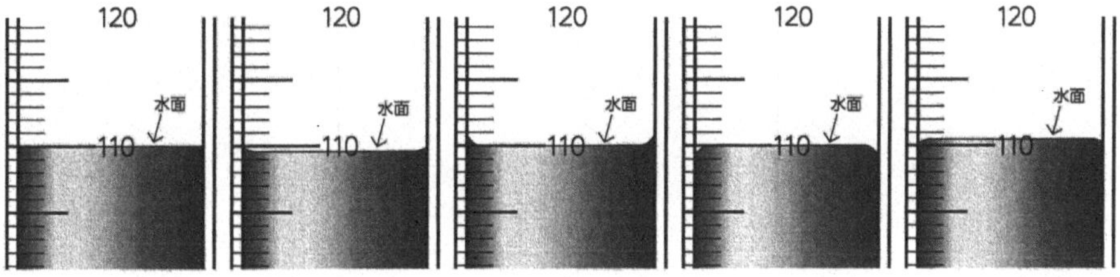

ア　　**イ**　　**ウ**　　**エ**　　**オ**

（目線）

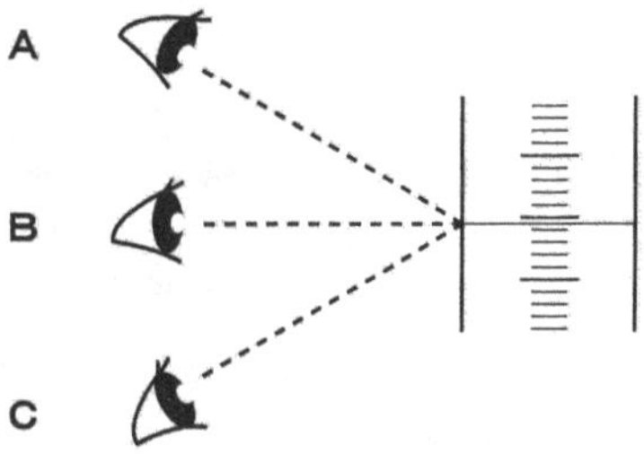

(3)　電流計の使い方として最も適切なものを，次のページの**ア**から**エ**までの中から選び，記号で答えなさい。

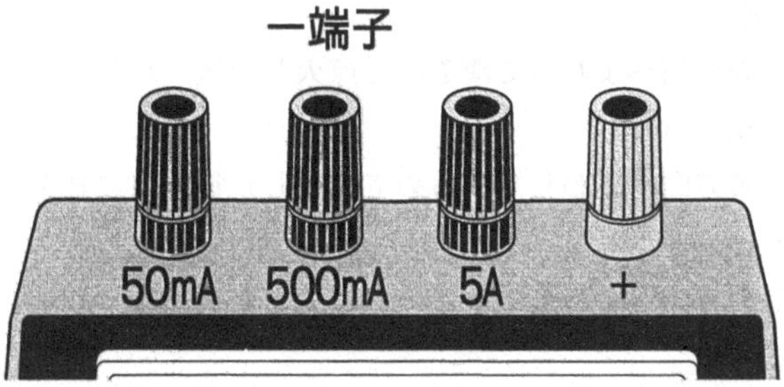

ア　プラス端子は電池のプラス側になるようにつなぎ，マイナス端子は5 A，500mA，50mAの順につなぎ変えていく。

イ　プラス端子は電池のマイナス側になるようにつなぎ，マイナス端子は5 A，500mA，50mAの順につなぎ変えていく。

ウ　プラス端子は電池のプラス側になるようにつなぎ，マイナス端子は50mA，500mA，5 Aの順につなぎ変えていく。

エ　プラス端子は電池のマイナス側になるようにつなぎ，マイナス端子は50mA，500mA，5 Aの順につなぎ変えていく。

(4)　電流計と電圧計を次の回路に配置するとき，**ア**と**イ**にはそれぞれどちらを配置すればよいか答えなさい。

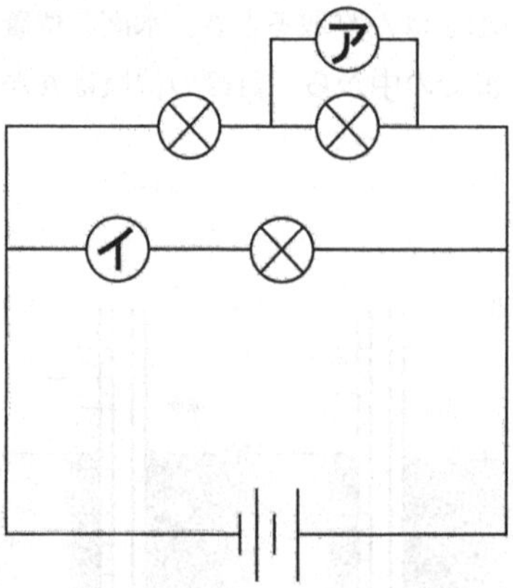

(5)　ガスバーナーの使い方として最も適切なものを，次の**ア**から**ク**までの中から選び，記号で答えなさい。

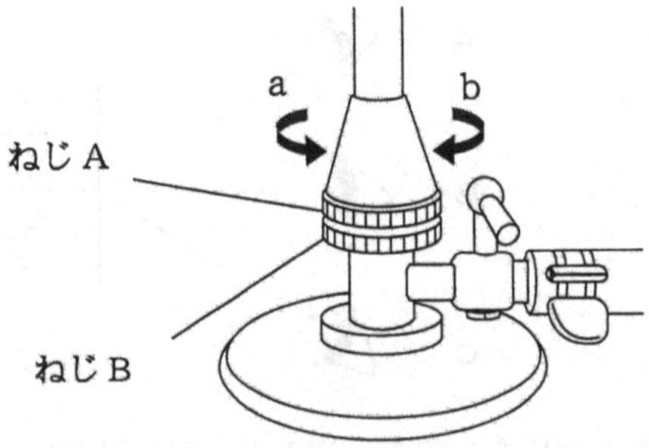

ア　ねじAを先にbの方向へまわしてゆるめて点火した後，ねじBをbの方向へまわしてゆるめ，炎を青色にする。

イ　ねじAを先にaの方向へまわしてゆるめて点火した後，ねじBをaの方向へまわしてゆるめ，炎を青色にする。

ウ　ねじAを先にaの方向へまわしてゆるめて点火した後，ねじBをbの方向へまわしてゆるめ，炎を青色にする。

エ　ねじAを先にbの方向へまわしてゆるめて点火した後，ねじBをaの方向へまわしてゆるめ，炎を青色にする。

オ　ねじＢを先にｂの方向へまわしてゆるめて点火した後，ねじＡをｂの方向へまわしてゆるめ，炎を青色にする。

カ　ねじＢを先にａの方向へまわしてゆるめて点火した後，ねじＡをａの方向へまわしてゆるめ，炎を青色にする。

キ　ねじＢを先にａの方向へまわしてゆるめて点火した後，ねじＡをｂの方向へまわしてゆるめ，炎を青色にする。

ク　ねじＢを先にｂの方向へまわしてゆるめて点火した後，ねじＡをａの方向へまわしてゆるめ，炎を青色にする。

4　オーストリアの司祭であったメンデルはエンドウを用いて実験を行い，遺伝の規則性を発見した。次の問いに答えなさい。

(1)　エンドウの種子の形は，丸としわのいずれかの形質しか現れない。このようにどちらか一方しか現れない形質どうしを何というか。次の**ア**から**オ**までの中から選び，記号で答えなさい。

ア　対抗形質
イ　対立形質
ウ　対応形質
エ　優位形質
オ　優性形質

(2)　丸い種子をつくる純系のエンドウ（遺伝子をＡとする）と，しわのある種子をつくる純系のエンドウ（遺伝子をａとする）を交配させた子どうしを交配させた時，孫の遺伝子の比はどうなるか，AA：Aa：aaの順に整数の比で答えなさい。

(3)　遺伝子の本体は，染色体に含まれる物質である。この物質の名前を答えなさい。

(4)　次の文の（**A**）から（**C**）にあてはまる語句の組み合わせとして最も適切なものを，下の**ア**から**ク**までの中から選び，記号で答えなさい。

染色体の数をそのままに有性生殖が行われると，子の染色体の数は親の２倍になってしまう。この現象を防ぐために，（　**A**　）分裂が起こる。メンデルが実験に用いたエンドウの場合，（　**A**　）分裂は（　**B**　）と（　**C**　）が作られるときに行われ，受粉によって染色体の数は親と同数に戻る。

	A	**B**	**C**
ア	半数	花粉	種子
イ	半数	胞子	種子
ウ	半数	花粉	胚珠
エ	半数	胞子	胚珠
オ	減数	花粉	種子
カ	減数	胞子	種子
キ	減数	花粉	胚珠
ク	減数	胞子	胚珠

(5) メンデルが実験に用いたエンドウは，発芽する時に子葉が地上に出てこないので，単子葉類なのか，双子葉類なのかが発芽の段階で判別できない。判別するために観察する部位として最も適切なものを，次の**ア**から**オ**までの中から選び，記号で答えなさい。

ア 種子　**イ** 花弁　**ウ** 柱頭　**エ** 根　**オ** 花粉

5 **図**は全国的な大雨が続いていた2021年８月17日の日本列島付近の天気図である。次の問いに答えなさい。

図

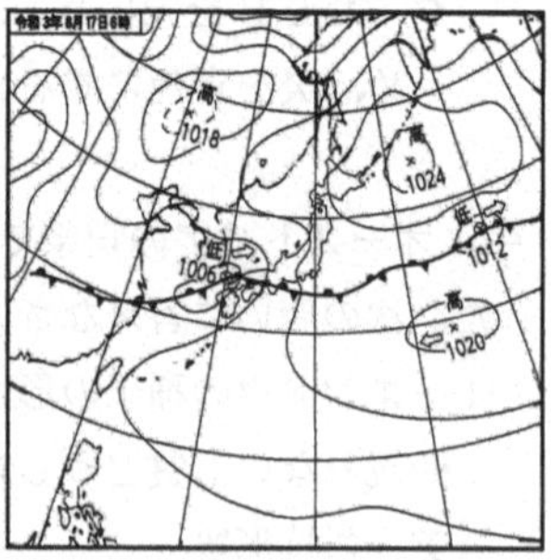

(1) **図**の中に見られる前線の名前を，次の**ア**から**オ**までの中から選び，記号で答えなさい。

ア 寒冷前線
イ 温暖前線
ウ 停滞前線
エ 定常前線
オ 温寒前線

(2) 大気圧の単位にも用いられているPa（パスカル）はどのようなものを表す単位か，次の**ア**から**オ**までの中から選び，記号で答えなさい。

ア 電気を使ったときに消費した電気エネルギーの量
イ 単位面積あたりに垂直に加わる力の大きさ
ウ 空気にはたらく重力の大きさ
エ 溶液に対する溶質の割合
オ 運動している物体がもっているエネルギー

(3) **図**には複数の高気圧，低気圧が見られる。**図**に書かれている範囲で海抜０mの地点での圧力が最も異なる地点では，1 cm^2辺りにかかる力の大きさは何N異なるのか答えなさい。

(4) 2021年８月17日の愛知県名古屋市の気温は，午前２時に23℃，午後５時に27℃であった。それぞれの時刻に，５℃ の飲み物を入れたコップにつく水滴の量の記述について正しいものを，次のページの**ア**から**オ**までの中から選び，記号で答えなさい。ただし，空気１ m^3中の水蒸気量はいずれも17.3ｇとする。気温に対する飽和水蒸気量については**表**を参考にしなさい。

表

気温 (℃)	飽和水蒸気量 (g/m^3)	気温 (℃)	飽和水蒸気量 (g/m^3)	気温 (℃)	飽和水蒸気量 (g/m^3)
0	4.8	10	9.4	20	17.3
1	5.2	11	10.0	21	18.3
2	5.6	12	10.7	22	19.4
3	5.9	13	11.4	23	20.6
4	6.4	14	12.1	24	21.8
5	6.8	15	12.8	25	23.1
6	7.3	16	13.6	26	24.4
7	7.8	17	14.5	27	25.8
8	8.3	18	15.4	28	27.2
9	8.8	19	16.3	29	28.8

ア　午前２時の方が，午後５時の時よりも5.2ｇ多く水滴がつく

イ　午前２時には3.3ｇ，午後５時には8.5ｇの水滴がつく

ウ　午前２時には13.8ｇ，午後５時には19.0ｇの水滴がつく

エ　どちらの時刻でも水滴はつかない

オ　どちらの時刻でも10.5ｇの水滴がつく

(5)　日本の冬は例年，西高東低と呼ばれる特徴的な気圧配置が見られる。日本海側では大量の降雪があり，太平洋側では晴天が続きやすい。この気圧配置について，関係する気団とその気圧の組み合わせのうち最も適切なものを，次の**ア**から**カ**までの中から選び，記号で答えなさい。

	気団	**気圧**	**気団**	**気圧**
ア	オホーツク海気団	低気圧	シベリア気団	高気圧
イ	オホーツク海気団	低気圧	小笠原気団	高気圧
ウ	オホーツク海気団	高気圧	シベリア気団	低気圧
エ	オホーツク海気団	高気圧	小笠原気団	高気圧
オ	シベリア気団	低気圧	小笠原気団	高気圧
カ	シベリア気団	低気圧	小笠原気団	低気圧

【社　会】（40分）　＜満点：100点＞

1　次の**地形図**は「国土地理院地図（電子国土Web）２万5000分の１地形図」の沖縄県の県庁所在地中心部を拡大して作成したものである。あとの問いに答えなさい。

地形図

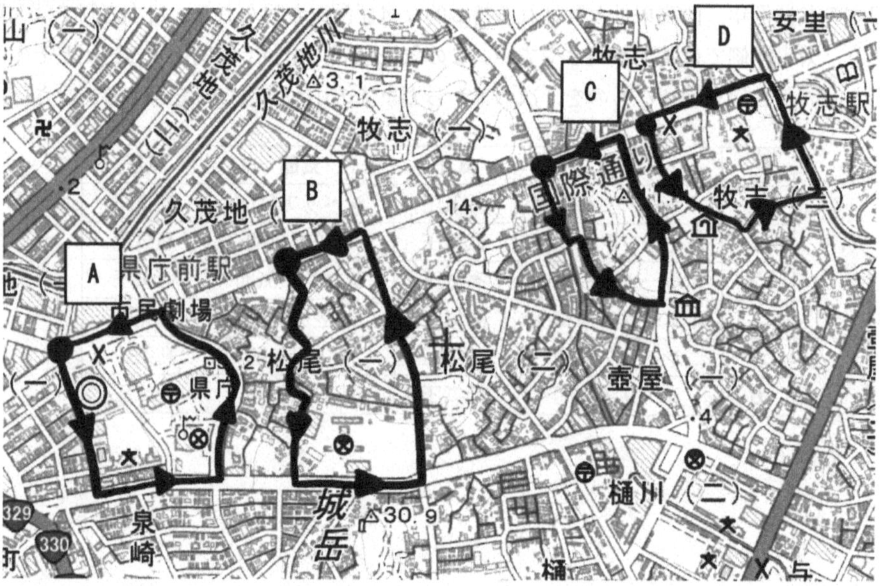

問１　沖縄県の県庁所在地名を**ア**から**エ**までの中から選び，記号で答えなさい。

ア　那覇市

イ　名護市

ウ　沖縄市

エ　宜野湾市

問２　**地形図**中の**A**から**D**は地形図上に●で示した地点を起点に矢印（→）の方行に移動した様子を──で示したものである。**A**から**D**の経路を歩いた時の様子として最も適当なものを**ア**から**エ**までの中から選び，記号で答えなさい。

ア　**A**は，市役所と学校を進行方向左手に見ながら出発して，左折をしたのち，警察署の角を南に曲がるルートである。

イ　**B**は，博物館が見えるところで大きく左に曲がり，進行方向左手に三角点がある道を北に進むルートである。

ウ　**C**は，出発してからしばらく曲がりくねった道が続き，学校の周りを進むルートである。

エ　**D**は，交番の前を起点にして，老人ホームを進行方向右手に見ながら進み，学校の角を左に曲がって戻ってくるルートである。

問３　次のページの**ア**から**エ**は，沖縄県の県庁所在地と広島，札幌，金沢の雨温図である。**ア**から**エ**までの中から沖縄県の県庁所在地の雨温図を選び，記号で答えなさい。

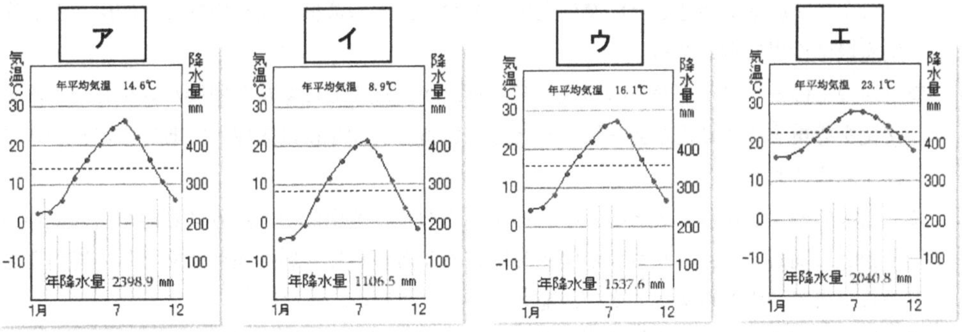

問４　沖縄県に関する文章として最も適当なものを選び，記号で答えなさい。

ア　江戸時代には「天下の台所」と呼ばれるほど日本を代表する商業都市として発展した。

イ　年間を通じて降水量が少なく，多くの島々があるので穏やかな海域も多い。魚介類の養殖に適した地域である。

ウ　独自の文化と自然をいかし観光産業が急成長した。温かくきれいな海水により発達したさんご礁は，波から島を守るとともに，観光資源としても重要である。

エ　人口の少ない海岸沿いには原子力発電所があり，2011年以降は周辺住民の避難生活が続いている。

問５　以下の文章を読み，あとの①から③の問いに答えなさい。

2022年は沖縄県が日本に復帰してから50年を迎える歴史的な年です。第二次世界大戦後，(a)アメリカの統治が長く続いた沖縄県は，地域の経済や雇用をアメリカ軍施設に頼る傾向にありました。今日でも(b)アメリカ軍施設は地域の自然や人々の暮らしに大きな影響を与えています。日本の平和や安全を守ることやアメリカとの関係，沖縄の自然や人々の生活の在り方をめぐって，議論が続いています。

①　下線(a)に関して，アメリカの位置として最も適当なものを以下の**ア**から**エ**までの中から選び，記号で答えなさい。

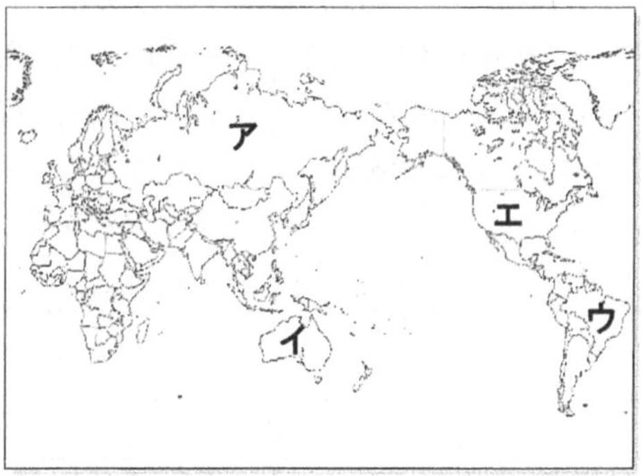

②　下線(a)に関して，この地域の特徴について述べた文として最も適当なものを**ア**から**エ**までの中から選び，記号で答えなさい。

ア　16世紀以降，この地域から千数百万ともいわれる多くの人々が奴隷としてヨーロッパ人に連れ去られた。

イ　大企業が農業に関連した産業に進出しており，大型機械や大規模施設を使用した農産物の生産量は世界有数である。

ウ　かつてはヨーロッパからの移民が多かったが，現在では多様な民族が共存し，それぞれの文化を尊重する多文化社会を築こうとしている。1993年には先住民であるアボリジニの先住権が認められた。

エ　石油の産出量が多く，その大半を輸出しており，輸出額の大部分は石油が占めている。

③　下線(b)に関して，アメリカ軍が関係していることがらについて述べた文として適当なものを**ア**から**エ**までの中からすべて選び，記号で答えなさい。

ア　日本国内のアメリカ軍施設の面積のうち，約７割が沖縄県に存在している。

イ　沖縄県内にあるアメリカ軍基地は，住宅や病院，学校などが集まる市街地に接することがないように建設されている。

ウ　アメリカは2021年９月，アフガニスタンに駐留していた軍隊をすべて撤退させた。

エ　アメリカは北方領土や竹島，尖閣諸島の領有権を主張している。

2　朋子さんは，日本と外国との関係に着目してまとめました。以下の４つのカードをもとに，あとの問いに答えなさい。

A	
足利義満は明の求めに応じて倭寇を禁じる一方，正式な貿易船に，明から与えられた勘合という証明書を持たせ，朝貢の形の日明貿易(勘合貿易)を始めた。	鎌倉時代には新しい仏教が広まった。法然の弟子の（ ① ）は，阿弥陀如来の救いを信じる心を強調した浄土真宗を農村に広めた。

B	
1853年，アメリカの東インド艦隊司令長官のペリーが軍艦を率いて浦賀に来航し，日本に開国を求めた。1854年，幕府はペリーと条約を結び，開国した。	アメリカは，（ ② ）爆弾を1945年8月6日に広島，9日には長崎に投下した。また，ソ連が満州や朝鮮に侵入してきたことを受けて，日本はポツダム宣言を受け入れて降伏することを決めた。

C	
倭の奴国の王が後漢に使いを送り，皇帝から（ ③ ）を授けられた。「漢委奴国王」と刻まれた（ ③ ）は，江戸時代に志賀島(福岡県)で発見された。	(a)大陸(主に朝鮮半島)から移り住んだ人々によって，稲作が九州北部に伝えられ，やがて東日本まで広がった。

D	
戦国時代，ポルトガル人を乗せた中国船が（ ④ ）島に流れ着いた。このとき鉄砲が伝えられ，(b)戦国大名に注目されて各地に広まった。	豊臣秀吉はものさしやますを統一し，太閤検地を行って全国の土地を石高という統一的な基準で表した。

問１　ＡからＤのカードを古い順に並べたものとして最も適当なものをアからエまでの中から選び，記号で答えなさい。

ア　Ａ → Ｂ → Ｃ → Ｄ

ウ　Ｃ → Ａ → Ｂ → Ｄ

イ　Ｃ → Ｄ → Ａ → Ｂ

エ　Ｃ → Ａ → Ｄ → Ｂ

問２　（①）から（④）に入る最も適当な語句を，それぞれ漢字２字で答えなさい。

問３　下線(a)に関して，歴史上この地域から日本に伝えられたものとして誤っているものをアからエまでの中から１つ選び，記号で答えなさい。

ア　漢字　　イ　青銅器　　ウ　仏教　　エ　俳諧

問４　下線(b)に関して，以下の①から③を読み，正誤の組み合わせとして最も適当なものをアからエまでの中から選び，記号で答えなさい。

①　戦国大名は，近くの大名との戦争に備えて，領国の武士をまとめ，強力な軍隊を作った。

②　戦国大名の多くは，それまで交通に便利な平地に自らの城を築いて城下町を作っていたが，山に築くようになった。

③　戦国大名の中には，独自の分国法を定めて武士や民衆の行動を取り締まる，新しい政治を行う者も現れた。

	①	②	③
ア	正	誤	正
イ	正	正	誤
ウ	誤	誤	正
エ	誤	正	誤

問５　(Ⅰ)から(Ⅳ)の文は，それぞれＡからＤのどの時代に起こったことか，組み合わせとして最も適当なものを次のページのアからエまでの中から選び，記号で答えなさい。

(Ⅰ)　イエズス会の宣教師ザビエルが日本に来て，キリスト教を広めた。ザビエルは，布教のために鹿児島，山口，京都などを訪れ，２年余りで日本を去った。

(Ⅱ)　第一次世界大戦後，世界経済の中心だったアメリカで起こった恐慌をきっかけに，世界的な不況の時代が始まった。

(Ⅲ)　大阪府堺市にある大仙古墳は全長が486ｍある前方後円墳で，世界最大級の墓である。

(Ⅳ)　元のフビライ・ハンは，鎌倉幕府に使者を送ってきた。幕府はこれを退けたため，1274年と1281年に，元の大軍が日本に攻めてきた。

	(Ⅰ)	(Ⅱ)	(Ⅲ)	(Ⅳ)
ア	D	B	C	A
イ	D	C	A	B
ウ	A	B	C	D
エ	A	C	D	B

3　人権思想と憲法の歴史についてまとめた以下の年表を見て，あとの問いに答えなさい。

1215年	マグナ・カルタ(イギリス)制定
1689年	権利章典(イギリス)制定
1690年	イギリスの思想家(　①　)が『統治ニ論』で抵抗権や社会契約説を唱えた
1748年	フランスの思想家(　②　)が『法の精神』で三権分立を唱えた
1762年	フランスの思想家(　③　)が『社会契約論』で人民主権を唱えた
1776年	アメリカ独立宣言公布
1789年	フランス人権宣言採択
1889年	大日本帝国憲法公布
1919年	(a)ワイマール憲法(ドイツ)公布
1946年	日本国憲法公布
1948年	(b)世界人権宣言が国際連合で採択された

問1　年表中の（①）から（③）に当てはまる人物の組み合わせとして最も適当なものを，次の**ア**から**カ**までの中から選び，記号で答えなさい。

	①	②	③
ア	モンテスキュー	ロック	ルソー
イ	モンテスキュー	ルソー	ロック
ウ	ロック	モンテスキュー	ルソー
エ	ロック	ルソー	モンテスキュー
オ	ルソー	モンテスキュー	ロック
カ	ルソー	ロック	モンテスキュー

問2　年表中の下線(a)と(b)に関して，それぞれの内容を表したものはどれか。あとの**資料A**から**D**までの中からそれぞれ選び，記号で答えなさい。

資料A　我々は以下のことを自明の真理であると信じる。人間はみな平等に創られ，ゆずりわたすことのできない権利を神によってあたえられていること，その中には，生命，自由，幸福追及がふくまれていること，である。

資料B
（省略）政府の行為によって再び戦争の惨禍が起ることのないようにすることを決意し，ここに主権が国民に存することを宣言しこの憲法を確定する。

資料C

第151条　経済生活の秩序は，すべての者に人間たるに値する生存を保障する目的をもつ正義の原則に適合しなければならない。この限界内で，個人の経済的自由は，確保されなければならない。

資料D

第１条　すべての人間は，生れながらにして自由であり，かつ，尊厳と権利とについて平等である。人間は，理性と良心とを授けられており，互いに同胞の精神をもって行動しなければならない。

問３　日本国憲法の性質を示す以下の**A**から**D**を読み，正誤の組み合わせとして最も適当なものを**ア**から**オ**までの中から選び，記号で答えなさい。

A　憲法は国の最高法規であって，憲法に反する法律や命令は効力を持たない。

B　自由権は，近代における人権保障の中心であり，いかなる場合においても自由が制限されることはない。

C　社会権は人間らしい豊かな生活を保障するものであり，具体的には裁判を受ける権利や教育を受ける権利などがあげられる。

D　すべての個人が尊重され，平等なあつかいを受ける権利が平等権である。交通機関や公共施設のバリアフリー化やユニバーサルデザインの開発が推進されている。

	A	B	C	D
ア	正	誤	正	誤
イ	誤	正	誤	正
ウ	誤	誤	正	正
エ	正	誤	正	正
オ	正	誤	誤	正

4　次の**カードA**から**C**は，太郎くんのクラスでグループに分かれて，調べ学習を行った結果をまとめたものである。あとの問いに答えなさい。

カードA　【国会について】

〈しくみ〉国会は，主権者である(a)国民が直接選んだ国会議員によって構成される。慎重な審議を行うことや，国民に意見を広く反映させるため，衆議院と参議院の二院制がとられている。(b)衆議院の優越が認められている。

〈仕　事〉唯一の立法機関として法律を制定したり，国の予算を決める重要な役割をになっている。国会議員の中から，内閣総理大臣の指名をすることも仕事のひとつである。

カードB　【内閣について】

〈しくみ〉内閣総理大臣と国務大臣で組織されている。国務大臣は内閣総理大臣によって任命され，閣議を開き，行政の運営について決定する。

〈仕　事〉最も重要な仕事は，(c)行政の各部門を通して，法律で定められたことを実施することである。他には，法律案や予算案を作成し国会に提出することや，外国と条約を結ぶことも行っている。最高裁判所長官の指名とその他の裁判官の任命も行っている。

カードC　【裁判所について】

〈しくみ〉最高裁判所と下級裁判所とに分かれている。下級裁判所には，高等裁判所，地方裁判所，家庭裁判所，簡易裁判所の4種類がある。一つの事件について，3回まで裁判を受けられる(d)三審制がとられている。

〈仕　事〉裁判には，民事裁判と刑事裁判があり，法に基づいて判決を下し，争いの解決を図る。日本司法支援センター（法テラス）が設立されたり，2009年には裁判員制度が始まるなど，司法制度改革が進められている。

問1　下線(a)に関して，次の図はある投票所の年齢階層別の有権者数と投票者数を調査した結果を示したものである。この図から読み取れることを述べた文として最も適当なものを以下のアからエまでの中から選び，記号で答えなさい。

図

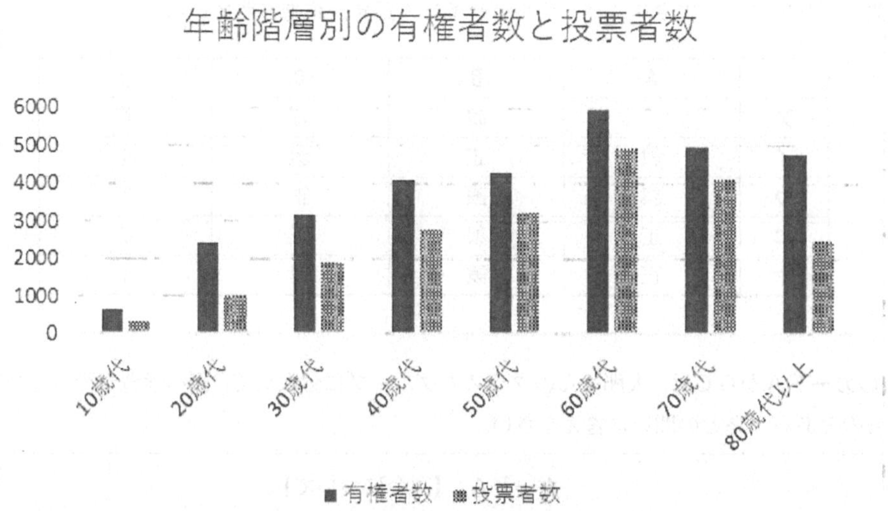

ア　年齢階層が上がるにつれて，有権者数に対する投票者数の割合は上昇している。

イ　10歳代と20歳代の有権者数に対する投票者数の割合が低い理由は，有権者が学生のためである。

ウ　70歳代の有権者数に対する投票者数の割合は，20歳代の有権者数に対する投票者数の割合の1.5倍以上である。

エ　60歳代の有権者数は30歳代の有権者数の約2倍であるが，60歳代の投票者数は30歳代の投票者数の約3倍である。

問2　下線(b)に関して，あとのアからエまでの中から誤っているものを1つ選び，記号で答えなさい。

ア　国の予算案は，必ず先に衆議院に提出され，審議される。

イ　内閣の不信任の決議は，衆議院のみ行うことができる。

ウ　両院協議会で意見が一致しない場合，衆議院の議決が国会の議決となることがある。

エ　内閣総理大臣とすべての国務大臣は，必ず衆議院議員から選出される。

問3　**下線(c)**に関して，次の**イラストAとB**のそれぞれに最も関係のある省庁を，以下の**ア**から**オ**までの中から選び，記号で答えなさい。

A

B

ア　外務省　　**イ**　厚生労働省　　**ウ**　防衛省　　**エ**　文部科学省　　**オ**　財務省

問4　**下線(d)**を示す以下の**図**の（**X**）と（**Y**）に入る語句の組み合わせとして，最も適当なものをあとの**ア**から**カ**までの中から選び，記号で答えなさい。

図

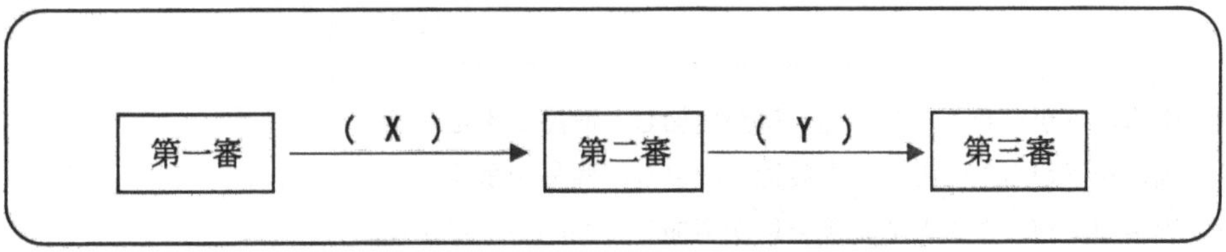

	ア	**イ**	**ウ**	**エ**	**オ**	**カ**
X	上告	上告	控訴	控訴	起訴	起訴
Y	控訴	起訴	上告	起訴	上告	控訴

5　以下の文章を読み，あとの問いに答えなさい。

私たち(a)消費者は，商品を購入することで生活しています。(b)企業どうしが競い合いながらさまざまな商品を生産し販売しているおかげで，私たちはより良い商品をより安く手に入れることができます。また，私たちが商品を購入するときに支払う消費税などの税金は，国や地方公共団体の収入になり，それを使って，私たちの生活に欠かせない道路や公園，学校などが造られています。

問1　**下線(a)**に関して，日本における消費者を保護する法や制度についての説明として，誤っているものを以下の**ア**から**エ**までの中から1つ選び，記号で答えなさい。

ア　欠陥商品で消費者が被害を受けた際に，企業責任に対し損害賠償求めることができる製造物責任法（PL法）が定められている。

イ　不当な勧誘や契約条項などから消費者を保護するため，消費者契約法が制定され，定められた期間内であれば，契約の取消しや不当な契約条項が無効になる。

ウ　訪問販売や電話勧誘などで商品を購入した場合に，購入後14日以内であれば消費者側から無条件で解約できるクーリング・オフ制度が設けられている。

エ　消費者が不当に高い価格を支払わされることがないよう，企業間での競争をうながすため，独占禁止法が制定され，公正取引委員会がその運用にあたっている。

問２　**下線(b)に関して，以下の図１はある商品が自由に取り引きされている市場の需要と供給の関係を示したものである。価格が均衡価格からＰに変化した際に，市場で起きる現象について述べた文として最も適当なものを，以下のアからエまでの中から選び，記号で答えなさい。**

図１

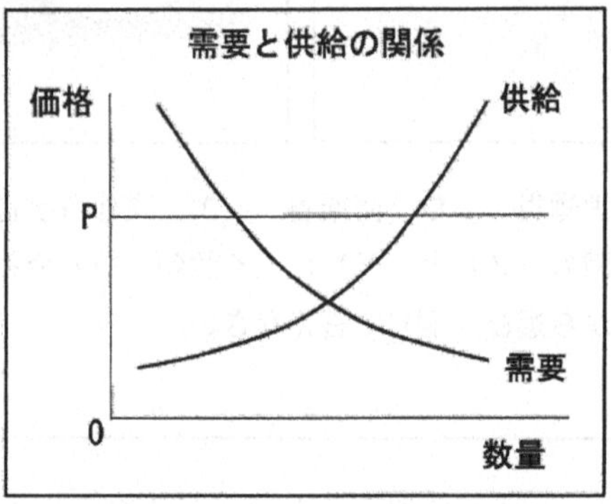

ア　価格が下がったことで，需要量が増加し，商品が不足する。

イ　価格が下がったことで，需要量が減少し，商品が余る。

ウ　価格が上がったことで，需要量が増加し，商品が不足する。

エ　価格が上がったことで，需要量が減少し，商品が余る。

問３　**図２は，経済全体の仕組みを表したものである。図２の（Ａ）から（Ｃ）に入る語句の組み合わせとして最も適当なものを，あとのアからカまでの中から選び，記号で答えなさい。**

図２

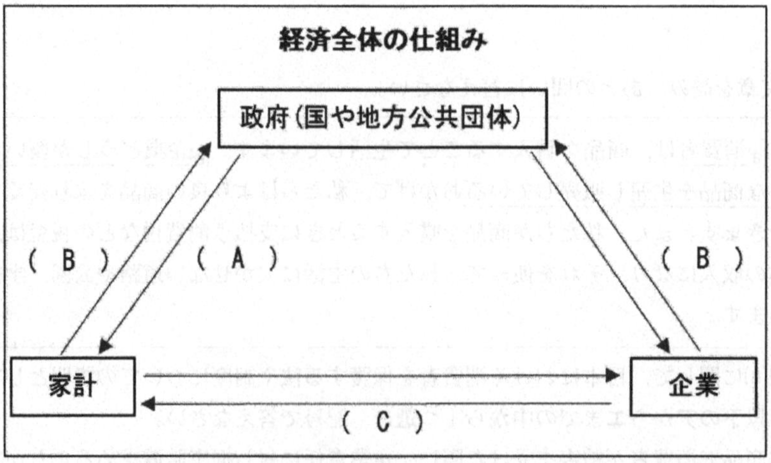

	（ A ）	（ B ）	（ C ）
ア	税金	賃金	公共サービス
イ	税金	公共サービス	賃金
ウ	公共サービス	賃金	税金
エ	公共サービス	税金	賃金
オ	賃金	公共サービス	税金
カ	賃金	税金	公共サービス

お召しにしたがってやって来るのだった。侍たちをお叱りになる時など、「なんとか丸、誰それを刺してこい」とおっしゃられると、その通りに蜂たちは働き回ったという。

　出仕の時は、牛車の左右の物見窓の辺りを、ブンブンと飛び回っているのを、「とまれ」とおっしゃられると、蜂たちはとまったという。世間では、宗輔公のことを「蜂飼の大臣」とお呼びしていた。不思議な徳をお持ちになった方である。漢の蕭芝という人が、雉をしたがえていたという話と同じである。

　この殿が蜂を飼っていらっしゃるのを、世間の人は「役にも立たないことだ」と言っていたが、五月の頃、鳥羽殿で蜂の巣が突然落ちて、御前に蜂が飛び散ってしまった。人々は刺されまいとして、逃げ騒いでいる時に、太政大臣（宗輔）は、御前にあったビワの一房を手にとって、琴爪で皮をむき、上にさし上げた。そうすると全部の蜂がビワに取り付いて、飛び回らなくなったので、供人をお召しになって、そっとお渡しになった。上皇は、「折良く、宗輔がここにいて」とおっしゃられて、大変お褒めになったということである。

※1　仁智…「仁」は慈しみの心。「智」は勝れた智恵。
※2　恪勤者…貴族の家で雑役に従事する侍。
※3　漢の蕭芝が雉をしたがへたりけるに…前漢の人、蕭芝には数千羽の雉が常につき従っていた（蒙求）。
※4　相国…太政大臣、左大臣、右大臣などの唐名。ここは宗輔をさす。
※5　琴爪…琴を弾く時、指先にはめる具。
※6　院…鳥羽上皇をさすといわれる。

問一　二重傍線部「五月」の異名を、現代仮名づかい・ひらがなで書きなさい。

問二　傍線部①「無益のこと」とあるが、何が「無益」なのか。次の**ア**から**エ**までの中から一つ選び、記号で答えなさい。

ア　京極太政大臣宗輔公が蜂を飼育し操れること
イ　京極太政大臣宗輔公が蜂蜜を集めていないこと
ウ　蜂が京極太政大臣宗輔公の言葉を理解していること
エ　蜂が人智の心を持っていること

問三　傍線部②「さし上げられたりければ」の主語はどれか。次の**ア**から**エ**までの中から一つ選び、記号で答えなさい。

ア　蜂　**イ**　相国　**ウ**　世人　**エ**　院

問四　傍線部③「御感ありけり」について、誰のどのような思いなのか。次の**ア**から**エ**までの中から一つ選び、記号で答えなさい。

ア　京極太政大臣宗輔公の、蜂が自分の命令に従ったことへの感謝
イ　京極太政大臣宗輔公の、蜂が自分の命令通りに動いたことへの感動
ウ　鳥羽院の、京極太政大臣宗輔公が蜂を自在に操ったことへの感心
エ　鳥羽院の、蜂が京極太政大臣の言葉を理解したことへの驚嘆

問五　本文は『十訓抄』という鎌倉時代に成立した作品である。同じ時代に成立した作品を、次の**ア**から**エ**までの中から一つ選び、記号で答えなさい。

ア　『竹取物語』　**イ**　『奥の細道』
ウ　『徒然草』　**エ**　『万葉集』

イ　話し声が耳障りになっていくこと
ウ　話し声が大きくなっていくこと
エ　話し声が速くなっていくこと

問六　傍線部④「鬱屈していたものが噴き出すように」とあるが、ここではどのような表現技法が使われているか。次の**ア**から**エ**までの中から一つ選び、記号で答えなさい。
ア　隠喩　**イ**　倒置法　**ウ**　擬人法　**エ**　直喩

問七　傍線部⑤「だ」と文法上同じ用法であるものを次の**ア**から**エ**までの中から一つ選び、記号で答えなさい。
ア　今日は誕生日だ。　**イ**　美術館は静かだ。
ウ　明日は晴れるそうだ。　**エ**　図書館で本を読んだ。

問八　傍線部⑥「組み合っていた二人も、急にしぼむように力を抜いて、窓辺に吸い寄せられて行った」とあるが、なぜ「二人」はこのような行動になったのか。解答欄にあうように、本文中から二十字で抜き出し、最初と最後の五字を書きなさい。（記号・句読点を含む）

問九　傍線部⑦「まっすぐに窓辺にかぶりついた」とあるが、この時の「伍長」はどのような気持ちだったか。次の**ア**から**エ**までの中から一つ選び、記号で答えなさい。
ア　同情　**イ**　不安　**ウ**　激怒　**エ**　興奮

三　次の文章を読んで、あとの問いに答えなさい。

すべて、蜂は短小の虫なれども、※1仁智《じんち》の心ありといへり。

されば、京極太政大臣宗輔公《きやうごくだいじやうだいじんむねすけこう》は、蜂をいくらともなく飼ひ給《たま》ひて、「なに丸」「か丸」と名を付けて、呼び給ひければ、召しにしたがひて、※2恪勤者《かくごしや》などを勘当《かんだう》し給ひけるには、「なに丸、某《なにがし》刺《さ》して来《こ》」とのたまひければ、そのままにぞ振舞ひける。出仕《しゆつし》の時は車のうらうへの物見《ものみ》に、はらめきけるを、「とまれ」とのたまひければ、とまりけり。世には蜂飼《はちかひ》の大臣《おとど》とぞ申しける。不思議の徳、おはしける人なり。※3漢《かん》の蕭芝《せうし》が雉《きじ》をしたがへたりけるに、ことならず。

この殿の蜂を飼ひ給ふを、世人《せじん》、①「無益《むやく》のこと」といひけるほどに、五月のころ、鳥羽殿《とばどの》にて、蜂の巣にはかに落ちて、御前《ごぜん》に飛び散りたりければ、人々、刺されじとて、逃げさわぎけるに、※4相国《しやうこく》、御前にありける枇杷《びは》を一房取りて、※5琴爪《ことづめ》にて皮をむきて、②さし上げられたりければ、あるかぎり取りつきて、散らざりければ、供人《ともびと》を召して、やをらたびたりければ、※6院は「かしこくぞ、宗輔が候《さぶら》ひて」と仰せられて、③御感《ぎよかん》ありけり。

（『新編日本古典文学全集51・十訓抄』より）

大意

総じて、蜂という虫は短小の虫であるけれども、仁智の心を持っているといわれている。

それゆえ、京極太政大臣藤原宗輔公は、蜂を数限りなくお飼いになって、「なんとか丸」「かんとか丸」と名付けて、それらをお呼びになると、

⑥組み合っていた二人も、急にしぼむように力を抜いて、窓辺に吸い寄せられて行った。

真っ黒い空ににじみ出した赤い色が、生き物のようにゆっくりじわじわと、かたちを変えながら広がっていくさまを、ぼくらはただなす術《すべ》もなく、茫然《ぼうぜん》と眺めるしかなかった。東向きの部屋に寝ていた伍長が、寝間着のまま部屋に入って来たと思ったら、ぼくらをいさめるわけでもなく、⑦まっすぐに窓辺にかぶりついた。

そして何も尋ねていないのに、おもむろに唇を硬くゆがめ、「は、八王子に、い、い、い、妹が疎開をしているんだ」と言った。伍長はまだ十七歳だった。門野という最年長の男が、「妹さん、おいくつなんです」と言葉をかけると、伍長は訥々《とつとつ》と妹や家族の話をし始め、その晩は遅くまでぼくらの部屋にいた。

（西川美和『その日東京駅五時二十五分発』より一部改変）

※　中尉…軍人の階級の一つ。尉官の第二位。

※　ポツダム宣言…一九四五年七月二六日、ポツダムで発せられた共同宣言。米・英・中（のちにソ連も参加）が日本に降伏を勧告し、戦後の対日処理方針を表明したもの。

※　伍長…軍人の階級の一つ。下士官の最下位。

問一　二重傍線部ａ「カイメツ」、ｂ「頻繁」について、漢字はひらがなに、カタカナは漢字に改めなさい。

問二　空欄 A にあてはまる語句を次の**ア**から**エ**までの中から一つ選び、記号で答えなさい。

ア　一も二もなく　　**イ**　とどのつまり

ウ　うんともすんとも　　**エ**　さじをなげて

問三　傍線部①「それも一つの単なる風評として流されているように見えた」とはどういうことか。次の**ア**から**エ**までの中から一つ選び、記号で答えなさい。

ア　ラジオ放送の内容が広まったが、戦時下にある人々は最初から全く信じなかったということ

イ　ポツダム宣言の内容が世間に知らされても、生活には変化があまり見られなかったということ

ウ　無条件降伏という内容がラジオで放送されたが、多くの人は聞いていなかったということ

エ　日本が戦争に負けるといううわさが信じられ、世間の人や軍人に動揺が見られたということ

問四　傍線部②「寝つけない様子が漂う」のはなぜか。次の**ア**から**エ**までの中から一つ選び、記号で答えなさい。

ア　空襲が起きないことに安心するものの、いつ起きるか分からないので心配だから。

イ　変化のない日々が続くことに飽き飽きし、脱走する機会をうかがっていたから。

ウ　日本が負けることが信じられず、日本が勝つために何をするかで頭が一杯だから。

エ　戦争が常態化する中で繰り返される緊張感により、疲れきってしまったから。

問五　傍線部③「次第に声の調子が高くなる」とはどのような意味か。次の**ア**から**エ**までの中から一つ選び、記号で答えなさい。

ア　話し声が弾んでいるということ

た。無条件降伏、さもなくば日本はカイメツ[a]、というようなことを言っていた。

しかし戦争が常態化している世の中にとっては、①それも一つの単なる風評として流されているように見えた。翌朝兵舎の表で出会ったシスターたちは、いつも通りぼくらの存在をほぼ無視したまま草むしりを続けていたし、野外演習で出かけた先の農家の縁側には、ポツダム宣言発表を報じた新聞紙面の上に、刻んだカボチャが干してあった。

それとは反対にぼくらの小隊内には日に日にあわただしい空気が漂い始めた。大本営は、空襲を避けるためにかねてから長野の松代に移転を計画しており、全長十キロに及ぶ地下壕《ごう》をほぼ完成させているという。先発隊はもう移動準備を進めているから、お前たちもじき後発でそちらに旅立つのだ。そのころになっても一人前になっていない者は松代には連れていけんぞ、と※伍《ご》長は声を張り上げた。

空襲警報は連日、ひっきりなしであった。あまりに頻繁[b]で、徐々に退避する足取りも重くなりつつあった。ある晩就寝の用意をする頃に警報を聞き、いったんは全員で退避をしたものの、じきに解除になった。毎夜のように死を覚悟して、そして何事も起こらない。ほっとするよりも、その繰り返しに、じわじわと心身がくたびれてきた。

兵舎に戻って消灯し、床に就いたが、いつまでたってもそこかしこで寝がえりや咳《せき》ばらいが聞こえ、体は疲れているのに、②寝つけない様子が漂う。

「――たまらん。ええかげん頭おかしなるわ」

益岡の低い声が背後で聞こえた。ぼくは、［ A ］、返事をしない。

「何でお上はいつまでも結論ださへんねん、負けるなら負けるでええやないか」

「――お前、ふざけてんのかよ」

益岡の隣のやつが口を挟んだ。

「ふざけるかい。何をふざけることがあんねん」

「日本が負けるわけないじゃないか」

「本気で言うてんのか。毎日毎日頭の上を好きなようにぶんぶん飛ばれて、どっこもかしこも冗談みたいに焼かれてんねやないか」

③次第に声の調子が高くなる。みんな床に伏したまま、黙って二人のやり取りに耳を傾けていた。

「無条件降伏の意味が解ってるのか」

「何も文句言いまへん、おたくの好きにしとくんなはれ、ということやろ。変わらへんよ。今かて俺ら何でも上の言う通り、好きにさせてんねんから」

「お前みたいなやつがいるから、舐《な》めたことをされるんだ」

「なんじゃとこら」

がばり、と二人ともがほぼ同時に床から起き上がり、暗闇の中で取っ組み合いが始まった。組み合ったまま、ぼくの体の上に覆いかぶさり、床の上を転がりまわり、やがて全身が身を起こして二人を取り囲み、④鬱屈していたものが噴き出すように、やめろ、やれ、やめろ、やれ、の大騒動になろうとしたその時、誰かが一際大きな声で、「空が！」と叫んだ。

窓の外を見ると、西の方角の空が真っ赤に染まっていた。

どこかの街がやられている。近いのか、遠いのか、距離感がまったくつかめない。警報は解除されたはずなのに、⑤裏をかかれたのだ。きっと安心して家に戻った人たちが、大勢あの空の下で火に巻かれている。

のか？……。⑧同じことをアルバイトでも問うことができるはずなのだけれど、ほとんど問われることはない。

（猪瀬浩平『ボランティアってなんだっけ？』より）

※侃々諤々…お互いに遠慮なしにさかんに議論すること。

問一　二重傍線部ａ「生真面目」、ｂ「タイショウ」について、漢字はひらがなに、カタカナは漢字に改めなさい。

問二　空欄 A に入る語として適当なものを、本文中から抜き出しなさい。

問三　空欄 B 、空欄 C 、空欄 D に入る接続詞の組み合わせとして適当なものを、次の**ア**から**エ**までの中から一つ選び、記号で答えなさい。

ア　B　つまり　　C　そもそも　　D　その上
イ　B　しかし　　C　たとえば　　D　だから
ウ　B　そこで　　C　しかし　　D　つまり
エ　B　そもそも　　C　つまり　　D　そして

問四　傍線部①②③④の「ない」の中で、文法的に異なるものを一つ選び、番号で答えなさい。

問五　傍線部⑤「一時間の労働をすることが生み出す価値を、『時給○○円』で表すことには無理がある」のはなぜか。次の**ア**から**エ**までの中から一つ選び、記号で答えなさい。

ア　一時間以上の働きをすることがあるから。
イ　正社員とアルバイトでは時給に差があるから。
ウ　お金以外の何かを得ることがあるから。
エ　サービス残業をすることがあるから。

問六　傍線部⑥「それをする」とは、具体的にどうするのか。本文中から二十字以内で抜き出し、最初と最後の五字を書きなさい。（記号・句読点を含む）

問七　傍線部⑦「幅を利かせる」の類義語を、次の**ア**から**エ**までの中から一つ選び、記号で答えなさい。

ア　耳目を集める　　**イ**　鼻であしらう
ウ　顔を立てる　　**エ**　肩で風を切る

問八　傍線部⑧「同じことをアルバイトでも問うことができるはずなのだけれど、ほとんど問われることはない」のはなぜか。次の一文の空欄に、本文中の言葉を使って十字以内で補い、完成させなさい。

アルバイトとは何かを問うたら（　　　　）から、ほとんど問われることはない。

問九　本文の内容と合致するものを、次の**ア**から**エ**までの中から全て選び、記号で答えなさい。

ア　ボランティアの定義は複数あるため、一つにする議論が続いている。
イ　私たちは働いた分に応じて、やりがいも含めた対価を得ている。
ウ　ボランティアは対価とは縁遠いため、定義を即答するのは難しい。
エ　私たちはお金を稼ぐためだけに労働をしているのではない。

二　次の文章を読んで、あとの問いに答えなさい。

※中尉の言った通り、その晩、ぼくらが短波放送を聞いて十時間も経った頃にはラジオで〈※ポツダム宣言〉の内容が日本語に訳されて放送され

【国　語】（四〇分）〈満点：一〇〇点〉

一　次の文章を読んで、あとの問いに答えなさい。

「ボランティアとは何か？」と尋ねられて、答えるのは難しい。どんなにボランティア活動に熱心な人でも、ボランティアとは何かと聞かれたら、すぐに答えられる人は少ない。答えられたとしても、みんなが納得するものであるものにはならない。だから議論が起き、議論は尽き①ない。それが何かすぐに答えられ②ないので、みんなが納得いく答えがでないので、a生真面目な議論が延々と続く。だから、ボランティアって難しいと思われてしまう。だから、難しく考えなくていい、実践あるのみだとも言われてしまう。

目を転じてみよう。

「アルバイトとは何か？」を問われることは、「ボランティアとは何か？」を問われることより多く③ない。問われたとしても、すぐに答えは出るはずだ。「お金のために働くこと」、「働いてお金を稼ぐこと」……。キーワードは「［A］」である。この言葉が出てくれば、ほかの部分の表現が違っても、特に違和感は持たれないし、ボランティアほど※侃々《かんかん》諤々《がくがく》の議論になることは④ない。「［A］」の力はそれだけ強い。

［B］、僕たちが本当に働いた分に応じたお金（それを「対価」と呼ぼう）をもらっているのかと考えれば、様々な疑問が浮かぶはずだ。［C］正社員と同じような仕事をしていたり、正社員と変わらない責任を負っていたりしても、支払われる給料は正社員とアルバイトでは違うことがある。これはおかしい。店長に頼まれて、タイムカードを押した後もサービス残業をすることもある。働いたのにお金が得られないということがある。「ブラックバイト」という言葉は、そんな問題から生まれた。

そういうことがあるのに、僕たちは働いて対価をもらうことがどこでも当たり前に存在しているという考えを、なかなか捨てることはできない。そもそも⑤一時間の労働をすることが生み出す価値を、「時給〇〇円」で表すことには無理がある。お金以外のやりがいを感じているかもしれないし、自分が将来就きたい仕事に必要なスキルを身につけているかもしれない。友達をつくったり、恋愛のbタイショウと出会ったりもするかもしれない。

「対価」という言葉は、多くのことを見えなくしてしまう。本来、僕たちはアルバイトや賃労働とされるものからも、多くのことを考えることができるにもかかわらず、⑥それをすることがない。お金の力とは、「働いて対価を得る」の先について考えることを止めてしまうことそれ自体とも言える。

ボランティアとは何かすぐに答えられないことに、ボランティアという営みの可能性がある。お金を介したコミュニケーションが⑦幅を利かせる世の中で、ボランティアはお金が幅を利かせる世界から距離を置いたところにある、と考えられている。［D］「（お金にもならないのにやって）意識が高い」とも、「（お金にもならないのに汗をかくなんて）不合理」とも思われる。でもそんな風につっこまれることで、僕たちはボランティアについて様々に思いをめぐらせることができる。この活動に参加することで、いったい何が起きているのか？　この活動をするのは自己満足じゃないのか？　この活動は本当に世界のためになっている

MEMO

大切なことはメモしておこうネ！

2022年度

解　答　と　解　説

《2022年度の配点は解答欄に掲載してあります。》

<数学解答>

1　(1)　-12　　(2)　$\dfrac{5x+4}{12}\left[\dfrac{5x}{12}+\dfrac{1}{3}\right]$　　(3)　$-\dfrac{\sqrt{3}}{6}$　　(4)　$-\dfrac{2}{9}x^3y$

(5)　$(x+3)(x-3)$　　(6)　$1\pm\sqrt{2}$　　(7)　$x=13$，$y=-7$　　(8)　7.2%　　(9)　$n=30$

(10)　7個

2　(1)　33分　　(2)　ア，イ

3　(1)　$\dfrac{1}{18}$　　(2)　$\dfrac{17}{36}$

4　(1)　25個　　(2)　n^2個　　(3)　9番目

5　(1)　9cm^2　　(2)　48cm^2　　(3)　$3\sqrt{5}$，9秒後

○推定配点○

各5点×20　　計100点

<数学解説>

基本 **1**　(数・式の計算，平方根の計算，因数分解，2次方程式，連立方程式，濃度，平方数，絶対値)

(1)　$-6-4\div2\times3=-6-4\times\dfrac{1}{2}\times3=-6-6=-12$

(2)　$\dfrac{3x-2}{4}-\dfrac{2x-5}{6}=\dfrac{3(3x-2)-2(2x-5)}{12}=\dfrac{9x-6-4x+10}{12}=\dfrac{5x+4}{12}\left(=\dfrac{5x}{12}+\dfrac{1}{3}\right)$

(3)　$\dfrac{1}{\sqrt{3}}-\dfrac{\sqrt{27}}{2}+\sqrt{3}=\dfrac{\sqrt{3}}{3}-\dfrac{3\sqrt{3}}{2}+\sqrt{3}=\dfrac{2\sqrt{3}-9\sqrt{3}+6\sqrt{3}}{6}=-\dfrac{\sqrt{3}}{6}$

(4)　$\dfrac{1}{6}x^2yz\div\dfrac{1}{4}y^3z^2\times\left(-\dfrac{1}{3}xy^3z\right)=-\dfrac{x^2yz}{6}\times\dfrac{4}{y^3z^2}\times\dfrac{xy^3z}{3}=-\dfrac{2}{9}x^3y$

(5)　$(x+3)(x-7)+4(x+3)=x^2-4x-21+4x+12=x^2-9=(x+3)(x-3)$

(6)　$3x+1=x^2+x$　　$x^2-2x-1=0$　　2次方程式の解の公式から，

$x=\dfrac{-(-2)\pm\sqrt{(-2)^2-4\times1\times(-1)}}{2\times1}=\dfrac{2\pm\sqrt{8}}{2}=\dfrac{2\pm2\sqrt{2}}{2}=1\pm\sqrt{2}$

(7)　$2x+3y=5$…①　　$3x+5y=4$…②　　①×5−②×3から，$x=13$　　これを①に代入して，$2\times13+3y=5$　　$3y=5-26=-21$　　$y=-7$

(8)　食塩の量は，$(400-100)\times\dfrac{12}{100}=36$(g)　　食塩水の量は$300+200=500$　　よって，$\dfrac{36}{500}\times100=\dfrac{36}{5}=7.2$(%)

(9)　$\sqrt{120n}=2\sqrt{30n}$　　$n=30k^2$ (kは自然数)のとき，$\sqrt{120n}$は自然数になる。求めるnは最小の自然数だから，$n=30\times1^2=30$

(10)　-3，-2，-1，0，1，2，3の7個

2 (統計)

基本 (1) $\dfrac{32+44+24+74+22+5+49+16+59+5}{10}=\dfrac{330}{10}=33$(分)

(2) ア：クラス全員が学習時間を15分増やすと，10人の合計学習時間が150分増えるので，平均値は15分増える。イ：中央値以下の人は5人いるので，$30\times5=150$より合計学習時間が150分増えるので，平均値は15分増える。ウ：平均値以上の人は4人しかいないので，$30\times4=120$より，平均値は12分しか増えない。エ：平均値以下の人は6人なので，$15\times6=90$より，平均値は9分しか増えない。

3 (関数・グラフと確率の融合問題)

(1) 2回のさいころの目の出方は全部で，$6\times6=36$(通り)　そのうち，$(a,\ b)$が$y=\dfrac{1}{4}x^2$上にある場合は，$(a,\ b)=(2,\ 1)$，$(4,\ 4)$の2通り。よって，求める確率は，$\dfrac{2}{36}=\dfrac{1}{18}$

重要 (2) $(a,\ b)$が$y=\dfrac{1}{4}x^2$より下方にあるとき，$(a,\ b)$と$(b,\ -a)$を結んでできる線分は$y=\dfrac{1}{4}x^2$と交わらない。$(a,\ b)$が$y=\dfrac{1}{4}x^2$より下方にある場合は，$(a,\ b)=(3,\ 1)$，$(3,\ 2)$，$(4,\ 1)$，$(4,\ 2)$，$(4,\ 3)$，$(5,\ 1)$，$(5,\ 2)$，$(5,\ 3)$，$(5,\ 4)$，$(5,\ 5)$，$(5,\ 6)$，$(6,\ 1)$，$(6,\ 2)$，$(6,\ 3)$，$(6,\ 4)$，$(6,\ 5)$，$(6,\ 6)$の17通り。よって，求める確率は，$\dfrac{17}{36}$

4 (規則性)

基本 (1) 5番目に必要なブロックの個数は，$1+3+5+7+9=25$(個)

(2) ブロックの個数は，1^2，2^2，3^2，4^2，5^2，…となっているから，n番目に必要なブロックの個数は，n^2個

(3) ブロック1個の体積は，$2\times2\times2=8$(cm^3)　$8n^2=648$から，$n^2=81$　$n>0$から，$n=9$(番目)

5 (関数の利用―平面図形の動点の問題)

基本 (1) 出発して3秒後のP，QはそれぞれOC上，OA上にあり，$\mathrm{OP}=2\times3=6$，$\mathrm{OQ}=1\times3=3$　よって，$\triangle\mathrm{OPQ}=\dfrac{1}{2}\times6\times3=9$(cm^2)

(2) 出発してから8秒後のP，QはそれぞれBC上，AB上にあり，$\mathrm{CP}=2\times8-14=2$，$\mathrm{AQ}=8-7=1$，$\mathrm{BP}=7-2=5$，$\mathrm{BQ}=14-1=13$　よって，$\triangle\mathrm{OPQ}=$(長方形OABC)$-\triangle\mathrm{CPO}-\triangle\mathrm{AQO}-\triangle\mathrm{BPQ}=7\times14-\dfrac{1}{2}\times2\times14-\dfrac{1}{2}\times7\times1-\dfrac{1}{2}\times5\times13=98-14-\dfrac{7}{2}-\dfrac{65}{2}=98-50=48$(cm^2)

重要 (3) $0\leqq x\leqq7$のとき，$\triangle\mathrm{OPQ}=\dfrac{1}{2}\times2x\times x=x^2$　$x^2=45$から，$x=\sqrt{45}=3\sqrt{5}$　$3\sqrt{5}<7$より，適する。$7<x\leqq\dfrac{21}{2}$のとき，$\mathrm{CP}=2x-14$，$\mathrm{AQ}=x-7$，$\mathrm{BP}=14+7-2x=21-2x$，$\mathrm{BQ}=7+14-x=21-x$　$\triangle\mathrm{OPQ}=98-\dfrac{1}{2}\times(2x-14)\times14-\dfrac{1}{2}\times7\times(x-7)-\dfrac{1}{2}\times(21-2x)\times(21-x)=98-14x+98-\dfrac{7}{2}x+\dfrac{49}{2}-\dfrac{441}{2}+\dfrac{63}{2}x-x^2=-x^2+14x$　$-x^2+14x=45$から，$x^2-14x+45=0$　$(x-5)(x-9)=0$　$7<x\leqq\dfrac{21}{2}$より，$x=9$　よって，$3\sqrt{5}$秒後と9秒後

★ワンポイントアドバイス★

3(2)で，$(b,\ -a)$はx軸より下方にあるので，$(a,\ b)$が放物線より下方にあるとき，線分と放物線は交わらない。放物線上にある点は含めないように気をつけよう。

<英語解答>

1 (1) イ　(2) イ　**2** (1) ウ　(2) ア

3 (1) エ　(2) イ　(3) ウ

4 (1) how to　(2) made me　(3) both

5 (1) 3番目 イ　6番目 オ　(2) 3番目 ア　6番目 エ
(3) 3番目 キ　6番目 ア

6 (1) イ　(2) エ　(3) ア，エ　(4) イ，オ

7 (1) ウ　(2) エ　(3) ア　(4) ア，ウ　(5) ウ

○推定配点○

各4点×25(5各完答)　計100点

<英語解説>

1 (発音問題)

(1) [ei]の発音。イのみ[eə]の発音。　face「顔」，care「世話」，date「日付」，rainy「雨が降っている」。

(2) [ou]の発音。イのみ[ɔ]の発音。　fold「折りたたむ」，song「歌」，hope「希望(する)」，home「家(に，で)」。

2 (アクセント問題)

(1) 第1音節を最も強く発音する。ウのみ第2音節を最も強く発音する。　action「行動」，danger「危険」，survive「生き残る」，traffic「交通の」。

(2) 第2音節を最も強く発音する。アのみ第1音節を最も強く発音する。　history「歴史」，performer「演奏者，演技者」，condition「状態」，effective「効果的な」。

基本 **3** (語句選択補充問題：前置詞，分詞)

(1) 「これは私の家族の写真です」「～が写っている写真」は picture of ～ で表す。

(2) 「昨日はだれが試合に勝ちましたか」 疑問詞 Who が主語の文。「昨日」と過去のことについて言っているので win の過去形 won を入れる。主語が疑問詞の場合の疑問文は〈主語(疑問詞)＋動詞～？〉の語順になる。

(3) 「彼らは英語で与えられた指示に従いました」 後ろから instruction「指示」を修飾する形を考える。「指示」は「与えられる」ものなので，過去分詞 given が適切。

重要 **4** (書きかえ問題：不定詞，接続詞)

(1) 上の英文は「私は将棋のルールを知りません」という意味。下の文では how を入れて〈how to ＋動詞の原形〉「～のし方，どうやって～するか」とする。「私は将棋のし方を知りません」という意味の文になる。

(2) 上の英文は「私はその知らせを聞いてうれしかったです」という意味。下の英文は The news が主語なので，「その知らせは私をうれしくさせました」と考えて，make A B「AをBにする」

を用いて made me と入れる。

(3)　上の英文は「ケンは上手にサッカーをすることができます。彼は野球も上手にすることができます」という意味。「サッカーも野球も上手にすることができる」ということなので，both A and B 「AもBも(両方とも)」を用いて，「ケンはサッカーも野球も上手にすることができます」という文にする。

5 (語句整序問題：現在完了，不定詞，接続詞，)

(1)　She has been reading a book since this morning.　ある過去の時点から今現在も続いて行われている動作は現在完了進行形〈have[has] been ＋動詞の～ing形〉で表す。

(2)　(My) job is to teach many children English.　文全体は My job is ～「私の仕事は～です」という形。「～すること」は不定詞の名詞的用法〈to ＋動詞の原形〉で表す。「多くの子供たちに英語を教える」は〈teach ＋人＋もの・こと〉の語順で teach many children English と表す。

(3)　(Nancy can) speak not only English but also French.「～だけでなく…も」は not only ～ but also … で表す。この also は省略することができる。

6 (会話文問題：語句選択補充，内容吟味)

(全訳)　モリ先生　　：ユウイチロウ，今年は中学校最後の年です。あなたは卒業したあとに何をするべきか考える必要があります。あなたは将来何になりたいのですか。

ユウイチロウ：ぼくは将来幸せな人になりたいです。ぼくはたくさんのお金がほしいです。ぼくは大きなプールがあるすばらしい家に住んで毎日夕食にステーキを食べたいです。ぼくは何時間もテレビゲームをしたいです。モリ先生，幸せな人になるためには何をする必要がありますか。

モリ先生　　：ユウイチロウ，あなたはすてきな夢を持っていますね。あなたにはその質問への答えがあると思いますよ。あなたを幸せにする3つの種類の脳内物質について説明させてください。

ユウイチロウ：ぼくを幸せにする3つの種類の脳内物質ですか。難しそうですね。簡単にお願いします。

モリ先生　　：はい。最初はセロトニンです。自分が健康的であることに気づいたときにあなたの脳がそれを作り出します。問題は，多くの人は病気になるまで自分が健康的であることに気づかないので，それで幸せに感じることが難しいことです。

ユウイチロウ：わかります。ぼくはまだ若いので，自分が健康的であるだけでは幸せに感じません。でも，ぼくには脚が弱っていて歩くのが困難な祖母がいます。彼女のおかげで，ぼくは健康的でいることがぼくたちを幸せにしてくれることを理解できます。

モリ先生　　：あなたは賢い少年ですね，ユウイチロウ。2番目はオキシトシンです。これは愛の幸福と呼ばれることがあります。あなたが家族や友達や動物とでも楽しく過ごせば，あなたの脳がそれを作り出します。興味深いのは，愛情を得ることは幸せに感じるただ1つの方法ではないということです。愛情を与えることも方法なのです。

ユウイチロウ：ぼくはそれを経験したことがあると思います。ぼくは毎日，友達と公園で話して楽しんでいます。それを楽しむためにはテレビゲームやおいしい食べ物のような特別なものは何も必要ありません。それに，老人ホームでのボランティア活動に行ったとき，多くのお年寄りがぼくに「ありがとう」と言ってくれました。ぼくはうれしかったです。

モリ先生　　：あなたにはすてきな経験がありますね，ユウイチロウ。最後はドーパミンです。あなたは，たとえばスポーツの試合に勝ったり，おいしい食べ物を食べたり，たくさんのお金が手に入ったりしてわくわくしたときにそれを得ます。あなたはこれが幸せだと思うでしょう？

ユウイチロウ：はい，ぼくはそれが幸せになるただ1つの方法だと思います。

モリ先生　　：勝ったり何かを得るために努力をすることはすばらしいですが，それは幸せのほんの一部にしかなりません。これに加えて，あなたは自分の体に気をつけて，人生で大切な人を大切にするべきです。

ユウイチロウ：わかりました。ぼくは幸せについてたくさんのことを学びました。おもしろかったです！　ありがとうございます，モリ先生。ぼくは高校で新しいことを学び続けたいです。

モリ先生　　：あなたにはできますよ，ユウイチロウ。あなたは同朋高校でたくさんのおもしろいことを学ぶことができますよ。その学校のウエブサイトを調べてみませんか。

ユウイチロウ：すてきですね！

(1)　モリ先生は，難しそうな話を簡単にしてほしいとユウイチロウに頼まれて，3つの物質について説明している。それを聞いたユウイチロウはしっかり理解でいているので，空所には，ユウイチロウの頼みを了解した内容の語であるイが適切。

(2)　Why don't we ～? で「(一緒に)～しませんか」と相手を誘う表現。会話の流れにも合う。

(3)　ア　モリ先生の最初の発言「ユウイチロウ，今年は中学校最後の年です」に合う。　イ　モリ先生の4番目の発言の第2，3文から，「愛の幸福」と呼ばれるのはオキシトシンであることがわかるので合わない。　ウ　オキシトシンについて，モリ先生は4番目の発言の第4文で，「あなたが家族や友達や動物とでも楽しく過ごせば，あなたの脳がそれ(＝オキシトシン)を作り出します」と言っているので，合わない。　エ　モリ先生は，3番目の発言でセロトニンについて説明している。その最終文で，「問題は，多くの人は病気になるまで自分が健康的であることに気づかないので…」と言っていることに合う。　オ　ユウイチロウは5番目の発言で，「ぼくはそれが幸せになるただ1つの方法だと思います」と言っているが，これは直前でモリ先生が説明したドーパミンに関連する幸福について言っていることなので，合わない。

やや難　(4)　ア「ユウイチロウはモリ先生が説明したことを理解した」(○)　モリ先生から幸福についていろいろな説明を受けたあと，ユウイチロウは最後から2番目の発言で，「わかりました。ぼくは幸せについてたくさんのことを学びました」と言っていることなどから，本文の内容と合う。
イ「ユウイチロウは老人ホームで悲しい経験をした」(×)　ユウイチロウは4番目の発言の最後の2文で老人ホームでのボランティアに行ったときにお年寄りからお礼を言われてうれしかったと言っているので，合わない。　ウ「ユウイチロウはわくわくすることだけが幸福をもたらすと考えていた」(○)　モリ先生は5番目の発言でドーパミンについて説明している。ドーパミンは，スポーツの試合に勝ったり，おいしい食べ物を食べたりしたときなど，わくわくする気分のときに分泌される物質で，この説明を聞いたユウイチロウは「ぼくはそれが幸せになるただ1つの方法だと思います」と言っているので合う。　エ「ユウイチロウは高校で新しいことを学び続けるつもりだ」(○)　ユウイチロウの最後から2番目の発言の最終文の内容に合う。　オ「ユウイチロウは友達と話をして楽しむために何かが必要だ」(×)　ユウイチロウは4番目の発言の第2，3文で，「ぼくは毎日，友達と公園で話して楽しんでいます。それを楽しむためにはテレビゲームやおいしい食べ物のような特別なものは何も必要ありません」と言っているので合わない。

7　**(長文読解問題・説明文：指示語，語句選択補充，内容吟味，語句解釈)**

(全訳)　もし突然通りで外国人旅行者に英語である場所までの道を聞かれたら，「ああ，あなたが何について言っているのか理解できない。英語でどう言えばよいのかわからない」と思うかもしれない。このような場合，言葉の壁は本当に問題である。1964年の東京オリンピックについて考えてみよう。たくさんの外国のアスリートや旅行客が日本に来た。当時，言葉の壁は現在よりも難しかった。言葉の壁があったにしても，彼らはそれを乗り越えたのだから，その背景には何かがあるに違いない。

「ピクトグラム」という言葉を聞いたことがあるだろうか。ピクトグラムはあるものについての情報を簡潔に示す表象である。それは意思を伝えあうのにとても役に立つ。たとえ外国語を理解できなくても，ピクトグラムは言葉なしで情報を得る手助けとなる。たとえば，私たちは図書館や病院でピクトグラム1をよく見かける。それは，ここでは何も食べたり飲んだりしてはいけないという意味だ。この絵を見るときは，その場所には食べ物や飲み物はない。

1964年に東京オリンピックが開催されたとき，日本の人々によってピクトグラムが作られ発展した。それらは私たちが外国の人々と意思を伝えあうのに役立ち，1980年代以降，世界中で使われている。今では，ピクトグラムは世界中で受け入れられ，使われている。

また，ピクトグラム2は1964年の東京オリンピックで導入され，1970年の大阪世界万国博覧会でも使われた。それ以来，その表象は世界の多くの人々に知られるようになっている。この世界共通の印は日本で作られた。今日では，赤ちゃん用のベッドや，赤ちゃん用のいすや洋式などの標識があるので，それがどのような種類のトイレであるかがわかる。

ピクトグラム3は人々を災害から救ってくれる。それはホテルやデパートなどにある一般的な表象だ。それは，非常口がどこにあるのかを示している。私たちは火災からどうやって逃げることができるかがわかる。このピクトグラムはおよそ40年前に日本で最初に現れた。

ピクトグラムのいくつかは2020年東京オリンピック・パラリンピックのために変更された。外国人の競技者や旅行者にとって，それらを理解することはより簡単だ。さらに，新しいピクトグラムも導入された。多くの人々が，町で無料の Wi-Fi スポットを利用したいときにピクトグラム4が必要である。ピクトグラムは私たちの生活様式が変わるときに改良される。今，オリジナルのピクトグラムが多くの人々によって作られている。私もオリジナルのピクトグラムを作った。それがピクトグラム5である。それはあることわざを示していて，「ただ1つだけのことをして，2つのことを達成する(＝一石二鳥)」という意味である。ピクトグラムはとても興味深いと思わないだろうか。

(1)　下線部の it は同じ文の they got over it「彼らはそれ(＝言葉の壁)を乗り越えた」ことを指し，「言葉の壁を乗り越えた背景には何か理由があるに違いない」ということを述べている。言葉の壁を乗り越えたのはオリンピックに来た選手や外国人観光客なので，ウが適切。

(2)　ピクトグラム1は飲食禁止を表すものなので，エ「ここでは何も食べたり飲んだりしてはいけない」が適切。アは「ここでは何でも飲食してよい」，イは「ここでは食べ物と飲み物を買うことができる」，ウは「ここでは食べ物も飲み物も買ってはいけない」という意味。

(3)　ピクトグラム3は非常口を表すものなので，アの「災害」が適切。イは「差別」，ウは「絶滅」，エは「消火器」という意味の語。

やや難　(4)　ア「1964年の東京オリンピックでは言葉を使った多くのピクトグラムが使われている」(×)　第3段落第1文に，1964年東京オリンピックのときにピクトグラムが作られたことが述べられているが，ピクトグラムは言葉を使わずに情報を伝えるためのものなので，「言葉を使ったピクトグラム」は事実に反する。　イ「いくつかのピクトグラムは日本で初めて作られている」(○)　1964年の東京オリンピックのときに日本人によってピクトグラムが作られたこと(第3段落第1文)，ピクトグラム2が日本で作られたこと(第4段落第1，3文)，ピクトグラム3が日本で作られたこと(第5段落第1，最終文)などから，本文の内容に合っている。　ウ「ピクトグラム2は1970年の大阪世界万国博覧会のために作られた」(×)　第3段落第1文から，ピクトグラム2は1964年の東京オリンピックで導入されたことがわかるので，合わない。　エ「ピクトグラムのデザインは理解しやすくなっている」(○)　最終段落第1，2文で，ピクトグラムのいくつかは2020年東京オリンピック・パラリンピックのために変更され，外国人の競技者や旅行者にとって理解しやすくなったことが述べられている。また，同じ段落の第5文では，ピクトグラムは私たちの生活様式が変わるときに改良されることが述べられていることから，ピクトグラムは時代とともに改良され，よりわかりやすくなるものであるものでると言うことができる。　オ「だれでも自分のオリジナルのピクトグラムを作ることができる」(○)　最終段落第6文の内容に合う。

(5)　最終段落最後から2文目にピクトグラム5が示している内容が述べられている。“doing just one thing(ただ1つだけのことをする)”，”making two achievements(2つのことを達成する)”から，日本語の「一石二鳥」ということわざを表していると考えられる。この内容に合うピクトグラムはウ。

★ワンポイントアドバイス★

7の(5)はmaking two achievements「2つのことを達成する」の意味をつかめるかがポイント。「達成」という語から，少なくともイとエはまず除外しよう。逆に，アは1人で2つのことを同時にしている絵なので不適切。

＜理科解答＞

1　(1)　エ　(2)　オ　(3)　オ　(4)　ウ　(5)　温暖化(問題)[地球温暖化(問題)]

2　(1)　フックの法則　(2)　25g　(3)　13.2cm　(4)　1.2cm　(5)　4.4cm

3　(1)　ウ　(2)　(水面)　ウ　(目線)　B　(3)　ア　(4)　ア　電圧計　イ　電流計　(5)　カ

4　(1)　イ　(2)　AA：Aa：aa　1：2：1　(3)　DNA[デオキシリボ核酸]　(4)　キ　(5)　エ

5　(1)　ウ　(2)　イ　(3)　0.18(N)　(4)　オ　(5)　ア

○推定配点○

1　各4点×5　2　各4点×5　3　各4点×5((2)，(4)完答)　4　各4点×5
5　各4点×5　計100点

＜理科解説＞

1　(総合問題—小問集合)

重要　(1)　ろうそくが燃えると二酸化炭素が発生する。二酸化炭素は空気より重いので，ビーカーの下から溜まっていくので，ろうそくはC→B→Aの順に火が消える。

重要　(2)　直線電流が流れると，右ねじの法則に従って磁力線が発生する。Aは導線の上に方位磁石を置くのでN極が右側に振れる。Bの方位磁石も導線の下に置くのでN極が右側に振れる。導線を流れる電流の大きさはBの方が大きいので，方位磁石の振れる角度はBの方が大きくなる。

基本　(3)　外骨格も内骨格もないので軟体動物である。

基本　(4)　水や気温の変化の影響で岩石がもろくなることを風化という。風化された岩石が風や流水で削られることを侵食という。

(5)　2020年のノーベル物理学賞は，地球温暖化問題の予測に関する研究に対して真鍋淑郎氏に贈られた。

2 (力・圧力―ばねの法則と浮力)

基本 (1)　ばねののびとおもりの重さは比例する。これをフックの法則という。

基本 (2)　図より，10gのおもりで1cmのびるので，2.5cmのびるには10×2.5＝25gである。

重要 (3)　それぞれのばねに16gの重さがかかるので，どちらのばねも1.6cmのびる。ばね1と2の合計の長さは，(5＋1.6)×2＝13.2cmになる。

重要 (4)　おもりの体積が36cm^3であり，その半分を水に沈めたので浮力は18gに相当する。おもりの重さが30gで浮力が上向きにはたらき，ばねが30－18＝12gの力で上向きにおもりを引く。このときばねののびは12÷10＝1.2(cm)である。

(5)　おもりをすべて沈めると浮力が36gに相当する。おもりの重さが30gなので，ばねがおもりを下向きに6gの力で押す。このときばねは6÷10＝0.6g縮む。ばねの長さは5－0.6＝4.4cmになる。

基本 3 (その他―実験操作)

(1)　ろ過装置は，ろうとの先端をビーカーの内壁につけること，ガラス棒を使って液を流すことがポイントである。

(2)　メスシリンダーの壁面では液体が盛り上がる。目盛りは液体の底の部分の高さで読み取る。目線は真横から見る。

(3)　電流計の＋端子は電池のプラス側に接続し，マイナス端子は目盛りの大きいものから徐々に小さなものに変えていく。

(4)　電流計は回路に直列に接続し，電圧計は並列に接続する。

(5)　ガスバーナーの使い方は，ねじBのガス調節ねじをaの方向に開いて点火し，ねじAもaの方向に回して炎の色を青色になるように調整する。

4 (生殖と遺伝―遺伝の法則)

基本 (1)　エンドウの種子の形のように，対となった形質を対立形質という。

重要 (2)　丸い種子をつくる純系のエンドウの遺伝子型はAAであり，しわのある種子をつくる純系のエンドウの遺伝子型がaaである。これを交配させた子供の遺伝子型はAaであり，さらに子供どうしを交配させた孫の遺伝子型はAA，Aa，aaの3種類である。その存在比はAA：Aa：aa＝1：2：1になる。

基本 (3)　遺伝子の本体はDNA(デオキシリボ核酸)である。

重要 (4)　生殖細胞の分裂は減数分裂である。減数分裂によって遺伝子の数が半分になり，交配によって親と同じ遺伝子数になる。植物では生殖細胞はおしべの花粉とめしべの胚珠であり，受粉して種子ができる。

基本 (5)　双子葉植物の根は主根と側根，単子葉植物の根はひげ根である。

5 (天気の変化―日本列島の気候)

基本 (1)　図の前線は停滞前線を表す。

重要 (2)　パスカルは圧力の単位で，1m^2あたりにかかる力(N)の大きさを示す。

(3)　図の最高圧力は1024hPaで，最低圧力は1006hPaである。その差は18hPaであり，これが1m^2にあたりの圧力差である。18hPaは1800Paであり1m^2は10000cm^2なので，1800÷100000＝0.8(N/cm^2)である。

基本 (4)　5℃での飽和水蒸気量は6.8g/cm^3であり空気1m^3中の水蒸気量が17.3gなので，5℃のコップに空気が触れるとどちらの時刻でも水滴が生じる。

基本 (5)　冬の気圧配置は，西側の高気圧がシベリア気団，東側に低気圧のオホーツク海気団による西高東低型になる。

★ワンポイントアドバイス★

基本問題が大半である。理科全般の教科書レベルの基礎的な知識をしっかりと理解し，計算問題の演習なども練習しておこう。

＜社会解答＞

1　問1　ア　　問2　エ　　問3　エ　　問4　ウ　　問5　①　エ　　②　イ　　③　ア，ウ

2　問1　エ　　問2　①　親鸞　　②　原子　　③　金印　　④　種子　　問3　エ　　問4　ア
　問5　ア

3　問1　ウ　　問2　(a)　C　　(b)　D　　問3　オ

4　問1　ウ　　問2　エ　　問3　A　エ　　B　イ　　問4　ウ

5　問1　ウ　　問2　エ　　問3　エ

○推定配点○

1　各4点×7　　2　各4点×8　　3　各4点×4　　4　各3点×5　　5　各3点×3　　計100点

＜社会解説＞

1　**（地理―地形図，日本の気候，諸地域の特色）**

問1　沖縄県の県庁所在地は那覇市である。沖縄市と間違えないようにしよう。

問2　エは交番，老人ホーム，学校を通過する時の記述が正しい。アは警察署の角を南ではなく北に曲がっているので，誤り。イの文章はCについての説明であるので，誤り。ウの文章はBについての説明であるので，誤りとなる。

問3　沖縄県の那覇は，亜熱帯性の南西諸島の気候であるので，年間を通じて気温が高く，梅雨期は5月中旬から6月下旬，最暖月が7月で，冬には北東の季節風がふく。したがって，エの雨温図が該当する。

重要　問4　沖縄は，観光産業が盛んで，さんご礁など様々な観光資源を守る努力をしている。

問5　①　アメリカ合衆国の領土は，そのほとんどが北アメリカ州に属する。　②　アメリカ合衆国は，世界最大の農産物の供給国であり，大企業による大規模経営が，その主体となっている。　③　日本にあるすべてのアメリカ軍基地の約7割は沖縄にあつまっている。アフガニスタン問題で，アメリカは，2021年9月に，現地に駐留していたアメリカ軍をすべて撤退させた。沖縄県内にあるアメリカ軍基地は，市街地に接している部分もあるので，イは誤り。アメリカは日本の領土問題で，領土権を主張していることはないので，エも誤りとなる。

2　**（日本の歴史―政治・外交史，社会・経済史，文化史，日本史と世界史の関連）**

問1　C：弥生時代～古墳時代→A：鎌倉時代～室町時代→D：戦国時代～安土桃山時代→B：江戸時代～昭和時代。

問2　①　浄土真宗を開いたのは親鸞である。親鸞は，悪人正機説もとなえている。　②　アメリカは，太平洋戦争末期に，2回も原子爆弾を日本に投下した。　③　金印に刻まれた「漢委奴国王」の五つ文字からは，漢の皇帝が委奴国王に与えた印であることが分かる。そして，中国の歴史書『後漢書』には，建武中元二(57)年に，光武帝が倭奴国王に「印綬」を与えたことが書かれ

ており，この「印」が志賀島で見つかった金印と考えられる。 ④ 1543年，ポルトガル人を乗せた中国船が種子島に漂着した。このとき，島主の種子島時堯はポルトガル人から鉄砲を入手し，その操作法と製法を家臣に学ばせた。鉄砲はやがて堺商人らの手により全国に普及し，戦国大名の主要な武器となった。

基本 問3 俳諧は，江戸時代に起こったもので，エが誤りとなる。

やや難 問4 戦国大名は，平地に城を築いていたとは限らないので，②は誤りとなる。

問5 キリスト教伝来は，鉄砲伝来と同時期で戦国時代である。世界恐慌(1929年)は日本では昭和時代である。前方後円墳がつくられたのは古墳時代である。元寇は，鎌倉時代である。

3 (公民―憲法，その他)

基本 問1 ロックは『統治二論』，モンテスキューは『法の精神』，ルソーは『社会契約論』を，それぞれ著している。

問2 ワイマール憲法は，初めて生存権について規定した憲法なので，資料Cが該当する。世界人権宣言は，人権および自由を尊重し確保するために，「すべての人民とすべての国とが達成すべき共通の基準」を宣言したものであり，資料Dが該当する。 資料Aはアメリカ独立宣言，資料Bは日本国憲法である。

問3 自由権は公共の福祉によって制限されるときがあるので，Bは誤り。裁判を受ける権利は，人権を確保するための権利なので，Cも誤りとなる。

4 (公民―政治のしくみ，その他)

問1 有権者数に対する投票率の割合は，投票者数÷有権者数で求められる。そうすると70歳代は約8割，20歳代は約4割となり，したがって，ウが正解となる。

問2 内閣総理大臣は，国会議員の中から国会の議決で指名される。国務大臣は内閣総理大臣が任意に任免でき，その過半数は国会議員でなければならない。したがって，民間人でも国務大臣になる可能性はある。

問3 Aは学校があるので文部科学省が関係してくる。Bは病院があるので，厚生労働省が関係してくる。

問4 日本の三審制の中で，一審から二審へいくのが控訴，二審から三審へいくのが上告である。

5 (公民―経済生活，その他)

問1 訪問販売や電話勧誘などで購入した場合のクーリングオフ制度の適用は，8日間内なので，ウは誤りである。

やや難 問2 図を注意深く考察すると，Pは均衡価格から価格が上昇していることを表している。このように価格が上がると需要が減少し，供給過剰になって，商品は余ることになる。

重要 問3 Aは政府から家計へのサービスと考えられるので，公共サービスがあてはまる。Bは家計や企業が政府に払う税金を示している。Cは企業から家計への矢印なので，労働に対する賃金と考えられる。

★ワンポイントアドバイス★

2問2② 現在でも，日本は，世界で唯一の被爆国となっている。 3問2 世界人権宣言は，人権の歴史において重要な地位を占めている。1948年12月10日に第3回国連総会において採択された。この宣言には法的拘束力はない。

＜国語解答＞

一　問一　a　きまじめ　b　対象　問二　お金　問三　イ　問四　④　問五　ウ
問六　「働いて対～いて考える　問七　エ　問八　(例)　すぐに答えられる[すぐに答えがでる，すぐに答えがでてくる]　問九　ウ・エ

二　問一　a　壊滅　b　ひんぱん　問二　ウ　問三　イ　問四　エ　問五　ウ
問六　エ　問七　ア　問八　警報は解除～をかかれた(から)　問九　イ

三　問一　さつき　問二　ア　問三　イ　問四　ウ　問五　ウ

○推定配点○

一　問一　各3点×2　問六・問八・問九　各5点×3(問九完答)　他　各4点×5
二　問一　各3点×2　問八　5点　他　各4点×7　三　各4点×5　計100点

＜国語解説＞

一　**(論説文－大意・要旨，内容吟味，指示語，接続語，脱語補充，同義語，漢字の書き取り)**

基本　問一　二重傍線部aは融通のきかないほどまじめなこと。bは相手や目標という意味。同音異義語で左右などがつり合うという意味の「対称」，照らし合わせる意味の「対照」と区別する。

問二　空欄A直前の内容から，Aには「お金」が入る。

問三　空欄Bは直前の内容からの予想とは反する内容が続いているので「しかし」，Cは具体例が続いているので「たとえば」，Dは直前の内容を根拠とした内容が続いているので「だから」がそれぞれ入る。

問四　傍線部④のみ形容詞，他は打消の助動詞。

問五　傍線部⑤直後で⑤の説明として，「やりがいを感じ」たり「必要なスキルを身に」つけたり，「友達」や「恋愛対象」との出会いといった，お金以外のものを得る可能性があることを述べているのでウが適当。⑤直後の内容を踏まえていない他の選択肢は不適当。

問六　傍線部⑥直後で，⑥を言い換えて「『働いて対価を得る』の先について考える(19字)」こと，と述べている。

問七　いばる，威勢を張るという意味の傍線部⑦の類義語は，いばっていて偉そうにするという意味のエである。アは人々の注目を集めること。イは冷淡に扱うこと。ウは面目が保たれるようにすること。

やや難　問八　冒頭の3段落で，「ボランティアとは何か？」と聞かれてもすぐに答えられる人は少ないのに対し，「アルバイトとは何か？」を問われても「すぐに答えがでるはずだ」と述べているので，一文の空欄には「すぐに答えられる(8字)」というような内容を補う。

重要　問九　ウは最後の段落，エは「そういうことが……」で始まる段落でそれぞれ述べている。アの「一つにする議論」，イの「やりがいも含めた対価を得ている」はいずれも合致しない。

二　**(小説－情景・心情，内容吟味，脱語補充，漢字の書き取り，語句の意味，品詞・用法，表現技法)**

基本　問一　二重傍線部aは壊れてほろび，すっかりだめになること。bはくり返し行われること。

問二　空欄Aには，あとの打消しの表現をともなって全く返事をしないさまという意味のウがあてはまる。アは異論もなく同意するさま，イは結局，エは見込みがないことから手を引くという意味。

問三　傍線部①は前後の内容から，「それ」＝ラジオで〈ポツダム宣言〉の内容が放送されても，生活はいつも通りだったということなのでイが適当。「それ」の指す内容，「流されているようだっ

た」を説明していない他の選択肢は不適当。

問四　傍線部②前で描かれているように，戦争が常態化している中，空襲警報が繰り返されて心身がくたびれていることで②のようになっているので，エが適当。空襲警報の「繰り返しに，じわじわと心身がくたびれてきた」ことを踏まえていない他の選択肢は不適当。

問五　「声の調子が高い」は声が大きくなることを表す。

問六　傍線部④は「～ように」を用いてたとえているのでエが使われている。アは「ような」などを用いずにたとえる技法。イは文節を普通の順序とは逆にする技法。ウは人ではないものを人に見立てて表現する技法。

問七　傍線部⑤とアは断定の助動詞。イは形容動詞「静かだ」の終止形。ウは伝聞の助動詞「そうだ」の一部。エは過去の助動詞。

やや難　問八　益岡と益岡の隣のやつが傍線部②のようになったのは，攻撃された「どこかの街がやられている」＝「警報は解除されたはずなのに，裏をかかれた(20字)」からである。

重要　問九　「裏をかかれた」攻撃が伍長の妹が疎開している八王子の方角だったことで，妹の安否が心配になり「不安」に思って，伍長は傍線部⑦のようになっているのでイが適当。

三　(古文―内容吟味，文脈把握，仮名遣い，文学史)

基本　問一　二重傍線部の異名は「さつき」である。

問二　傍線部①は，京極太政大臣宗輔公が「蜂を飼っていらっしゃる」ことに対するものなのでアが適当。

重要　問三　傍線部②は「相国(宗輔)」が一房のビワを上に「さし上げた」ということ。

やや難　問四　傍線部③は，京極太政大臣宗輔公が蜂をみごとに操ったことに対する鳥羽院の思いなので，ウが適当。鳥羽院が宗輔公に感心したことを説明していない他の選択肢は不適当。

問五　他の作品の成立は，アは平安時代，イは江戸時代，エは奈良時代。

★ワンポイントアドバイス★

小説では，それぞれの登場人物同士の関係をしっかり確認していこう。

2021年度

★★★★★★★★★★★★★★★★★★★★★★★★

入　試　問　題

2021年度

同朋高等学校入試問題

【数　学】（40分）　＜満点：100点＞

1　次の(1)から(10)の問いに答えなさい。

(1)　$(-1)^3-2^2\times 3\div 6$　を計算しなさい。

(2)　$\dfrac{1}{3}x-\dfrac{x-2}{6}$　を計算しなさい。

(3)　$2\sqrt{2}+\sqrt{32}-\dfrac{3}{\sqrt{2}}$　を計算しなさい。

(4)　$(x+3)^2-5(x+4)-1$　を因数分解しなさい。

(5)　連立方程式　$\begin{cases} 0.5x+0.3y=2.5 \\ \dfrac{3}{2}y=4x-\dfrac{1}{2} \end{cases}$　を解きなさい。

(6)　$\sqrt{360\times n}$　の値が自然数となるような自然数 n のうち，もっとも小さいものを求めなさい。

(7)　２個のさいころを同時に投げるとき，さいころの目の和が３の倍数である確率を求めなさい。

(8)　税抜き価格で800円の弁当を１つ購入する。店内で飲食する場合と，持ち帰りをする場合の差額を求めなさい。ただし，店内で飲食をする場合は10％の消費税がかかり，持ち帰りをする場合は８％の消費税がかかるものとする。

(9)　６％の食塩水と14％の食塩水を３：１の割合で混ぜた食塩水400 g の濃度が何％になるか求めなさい。

(10)　右の図の x の角度を求めなさい。

図

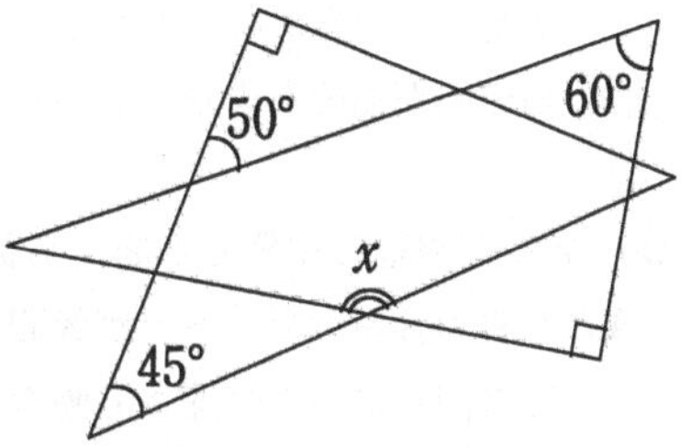

2　下の表は，生徒10人のテストの点数である。次の(1)から(2)の問いに答えなさい。

表

生徒	*A*	*B*	*C*	*D*	*E*	*F*	*G*	*H*	*I*	*J*
点数(点)	59	74	66	63	82	38	45	41	67	a

(1)　このテストの点数の平均値が60点のとき，生徒 J の点数 a の値を求めなさい。

(2)　(1)のとき，このテストの点数の中央値を求めなさい。

3　右の図のように，関数 $y=\dfrac{4}{x}$ のグラフ上に点A，点Bがあり，x 軸上に点Cがある。点Aの x 座標は1，点Bの x 座標は4である。次の⑴から⑵の問いに答えなさい。

⑴　2点A，Bを通る直線の式を求めなさい。

⑵　△OABと△ABCの面積が等しくなるときの点Cの座標を求めなさい。ただし，点Cは原点Oとは異なる点とする。

図

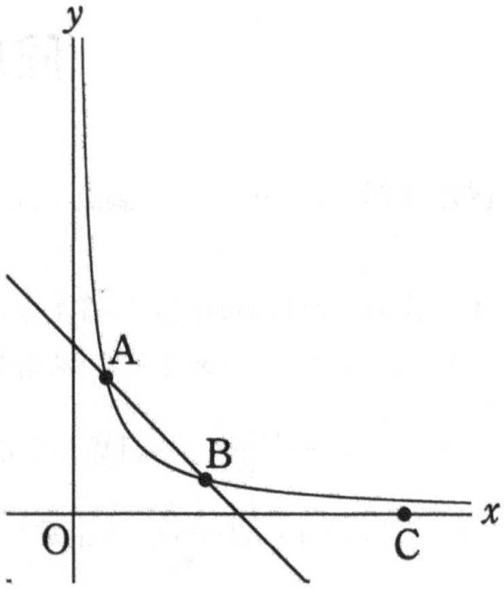

4　下の図のように，ある規則に従って同じ大きさの白と黒の石を並べて正方形を作っていく。次の⑴から⑶の問いに答えなさい。

図

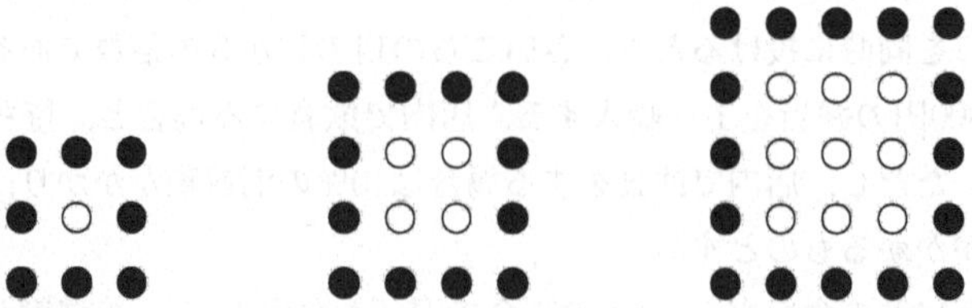

1番目　　2番目　　3番目

⑴　5番目の正方形の白の石の個数を求めなさい。

⑵　n 番目の正方形の黒の石の個数を n を用いて表しなさい。

⑶　白の石が黒の石より41個多くなった。このとき，白の石の個数を求めなさい。

5　ある遊園地に16分で1周する観覧車がある。半径30mの円周上にAからHの8基のゴンドラが等間隔に設置されており，右の図の状態から時計回りに一定の速さで動き続ける。1基のゴンドラに必ず4人ずつ乗るとき，次の⑴から⑶の問いに答えなさい。

⑴　10分間にゴンドラAが描く弧の長さを求めなさい。ただし，円周率を π とする。

⑵　1時間後，頂上にあるゴンドラをAからHの記号で答えなさい。

⑶　1人目の客がゴンドラに乗ってから，120人目の客がゴンドラを降りるまでの時間は，最短で何分か求めなさい。

図

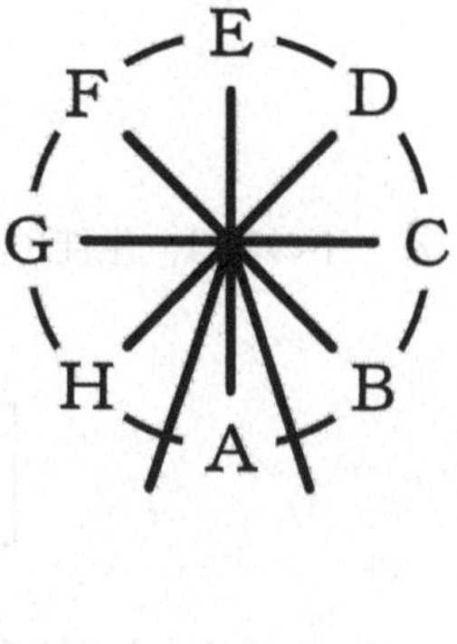

【英　語】（40分）　＜満点：100点＞

1　次の各組のうち，下線部の発音が他と異なるものを，アからエまでの中から選び，記号で答えなさい。

(1)　ア　late　　イ　nature　　ウ　famous　　エ　practice

(2)　ア　brother　　イ　another　　ウ　program　　エ　company

2　次の各組のうち，最も強く発音する位置が他と異なるものを，アからエまでの中から選び，記号で答えなさい。

(1)　ア　sci-ence　　イ　pass-port　　ウ　a-cross　　エ　rea-son

(2)　ア　vol-un-teer　　イ　sight-see-ing　　ウ　dan-ger-ous　　エ　in-ter-view

3　次の各文の（　）の中から最も適切なものを，アからエまでの中から選び，記号で答えなさい。

(1)（ア　Can　イ　May　ウ　Must　エ　Should）you show me your ID card, please?

(2)　I could not find a seat（ア　sit　イ　sat　ウ　sitting　エ　to sit）in the train.

(3)　He is（ア　call　イ　calls　ウ　called　エ　calling）Mike by his classmates.

4　次の各組の英文がほぼ同じ内容になるように，（　）に適切な語を入れなさい。

(1)　Whose pen is this?　- It is my pen.
＝Whose pen is this?　- It is（　　　）.

(2)　Cutting trees in forests adds to global warming.
＝（　　　）（　　　）trees in forests adds to global warming.

(3)　You are on his soccer team.　Isn't that right?
＝You are on his soccer team,（　　　）you?

5　日本語の意味に合うように｛　｝内の語句を並べかえたとき，｛　｝内で**3番目**と**6番目**にくるものを，アから**キ**までの中から選び，記号で答えなさい。文頭にくる語も小文字になっています。

(1)　緊急時，あなたはどこに行けばいいか知っていますか。
｛ア　go　イ　you　ウ　know　エ　where　オ　do　カ　in　キ　to｝an emergency?

(2)　あそこで本を読んでいる男性は高木さんです。
The｛ア　is　イ　a　ウ　Mr. Takagi　エ　book　オ　reading　カ　man　キ　over there｝.

(3)　私はとても疲れていたので早く家に帰りました。
I｛ア　tired　イ　I　ウ　was　エ　early　オ　went home　カ　that　キ　so｝.

6 次の対話を読み，あとの(1)から(5)までの問いに答えなさい。

John: Hey, Maki, what are you doing?

Maki: Now I'm thinking about what we are going to do in the school festival.

John: Well, the school festival is going to be held in September, isn't it? Do you have any ideas?

Maki: I think doing a play* on the stage is a very good idea. In the school festival, it's important to do something creative*. If we do a play, we must prepare a lot of things. [A], we have to make a script* for our play, decide on the cast*, and so on. Of course, some students have different characters in the play and other students must set the stage.

John: It sounds interesting.

Maki: [B], there is a problem. Many students in our class are in the sports clubs. ①They are busy, so they may not have enough time to prepare.

John: [C], that is a big problem. But OK! I have ②a good idea. How about selling something recyclable*? You can collect things from your classmates. This idea has some good points. First, recycling* is good for the environment*. Second, it doesn't take much time for you to prepare. What do you think, Maki?

Maki: Hmm, your idea is really good and easy to do in our class, but I think the school festival is a good chance to show what we have ③(do) in our class. So, our cooperation* and friendship are the most important things. If we don't have them, it would be (④) for us to succeed*. There may be some difficulties* to succeed. But doing a play is an exciting plan.

John: Well, you may be right. Please tell that idea to your classmates soon.

*(注) a play 劇　creative 創造的な　script 台本　decide on the cast 配役を決める
recyclable リサイクルできる　recycling リサイクル　environment 環境
cooperation 協力　succeed 成功する　difficulties 苦労

(1) 文中の下線部①がさす内容を，文中から**5語**で抜き出しなさい。

(2) 文中の下線部②とあるが，Johnがそう考える理由として**正しいもの**を，アからオまでの中から**2つ**選び，記号で答えなさい。

ア　演劇部の生徒が活躍できるから
イ　準備するのに時間がかからないから
ウ　リサイクルは環境に良いから
エ　お金を稼ぐことができるから
オ　協力や友情は大切だから

(3) 文中の③の（　）内の動詞を正しい形に変えなさい。

(4) 文中の（④）に入る最も適切な語をアからエまでの中から選び，記号で答えなさい。

ア good　イ bad　ウ easy　エ difficult

(5) 対話の流れに合うように，文中の [A] から [C] に入れるのに正しい語句の組み合わせを，次のアからカまでの中から選び，記号で答えなさい。

ア	[A] However	[B] For example	[C] In fact
イ	[A] However	[B] In fact	[C] For example
ウ	[A] For example	[B] However	[C] In fact
エ	[A] For example	[B] In fact	[C] However
オ	[A] In fact	[B] For example	[C] However
カ	[A] In fact	[B] However	[C] For example

7 次の英文を読み，あとの(1)から(4)までの問いに答えなさい。

Dear Justin

Merry Christmas! You are a good 15-year-old boy and you have a great smartphone* now. But, you have some rules to follow. Please read through the "Rules". If you can't follow the rules, you will lose your smartphone. I love you and I look forward to getting many messages* from you.

Rules

1.Mom always knows the password*.

2.Give your smartphone to mom or dad at 7:30pm every school night & every weekend night at 9:00pm. It will be turned off* for the night and turned on* again at 7:30am.

3.It does not go to school with you. Have communication with your friends face to face. It's a life skill*.

4.If it falls into the toilet, hits the ground or if you lose it, you need to pay the repairing costs*. Wash the dishes, do the laundry, save* some birthday money for it. It will happen, you should be prepared.

5.Do not use this technology to lie* or make your friends sad. Be a good man and don't have a fight.

6.Do not use it when you are with people, especially in a restaurant, at the movies*, or during your time with other people. You have manners*. Smartphones can't change that.

7.Do not take a lot of pictures and videos. You shouldn't try to keep everything in your mind. Experiences* are your treasure. They will be kept in your heart.

8.Download* many kinds of music. You can listen to new, classic or different music from your friends. Use the chance to make your world bigger.

9.Keep your eyes up. See the world happening around you. Look out the window. Listen to the birds. Take a walk. Talk to people. Think without* (①).

10.When you fail*, I will take away your phone. We will sit and talk about it.

We will start again. You and I, we are always learning. ② Remember that I am always on your team.

Your mom

＊(注) smartphone スマートフォン　message メッセージ　password パスワード
turn off （電源を）切る　turn on （電源を）つける　skill 技術
pay the repairing costs 修理代を払う　save ためる　lie うそをつく
the movies 映画館　manner 礼儀　experience 経験　download ダウンロードする
without ～ ～なしで　fail 失敗する

(1) 文中の（①）にあてはまる語として最も適切なものを，アからエまでの中から選び，記号で答えなさい。

ア the Internet　イ treasure　ウ rules　エ friends

(2) 文中の下線部②がさす内容で正しいものを，アからエまでの中から選び，記号で答えなさい。

ア ジャスティンはスマートフォンの使い方をひとりで学ぶ。
イ ジャスティンはお母さんと一緒にスマートフォンの使い方を学ぶ。
ウ お母さんはジャスティンのスマートフォンの使い方に対して厳しい。
エ お母さんはジャスティンのスマートフォンの使い方に対して無関心。

(3) 次の文のうち，本文の内容と**合っているもの**を，アからオまでの中から２つ選び，記号で答えなさい。

ア お母さんは，けんかをすることは仕方ないと考えている。
イ お母さんは，友達と同じ音楽を聞いてほしいと考えている。
ウ お母さんは，対面のコミュニケーションが必要だと考えている。
エ お母さんは，学校にスマートフォンを持参することを許可している。
オ お母さんは，スマートフォンにより失礼な人になってはいけないと伝えている。

(4) 次の文のうち，本文の内容と**異なるもの**を，アからオまでの中から２つ選び，記号で答えなさい。

ア Justin has to see the real world with his eyes.
イ Justin can't use his smartphones in public places.
ウ Justin uses his smartphone to make his friends sad.
エ Justin should take many pictures because they are his treasure.
オ Justin must give his smartphone to his mom or dad every night.

【理　科】（40分）　＜満点：100点＞

1　次の(1)から(5)の問いに答えなさい。

(1)　図1は，それぞれどちらかが，肉食動物と草食動物の頭の骨と歯を示している。
それぞれの歯に関する説明として最も適当なものを，次のアからエまでの中から選び，記号で答えなさい。

図1

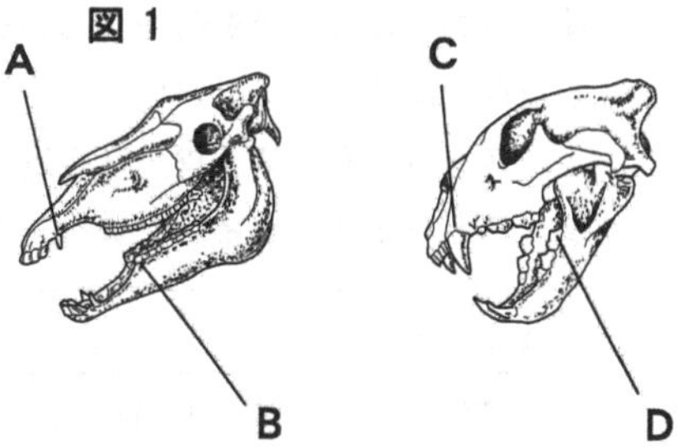

ア　Aはするどい犬歯で，草をすりつぶすのに適した形をしている。

イ　Bは大きな臼歯《きゅうし》であり，草をすりつぶすのに適した形をしている。

ウ　Cは大きな臼歯《きゅうし》で，獲物をとらえ，肉を引き裂くのに適した形をしている。

エ　Dはするどい犬歯であり，獲物をとらえ，肉を引き裂くのに適した形をしている。

(2)　携帯用カイロの発熱のしくみを調べるために，次のような実験を行った。

〔実験〕

活性炭の粉末3 gと鉄の粉末6 gをペットボトルの中に入れた後，粉末全体が湿るように食塩水5 mlを加え，温度計のついたふたで密閉した。

〔結果〕

①ペットボトルがへこみ，鉄の粉の一部は赤茶色に変化し，温度が上昇した。その後，ペットボトルをよく振ってみたところ，②速く温度が上昇した。

①ペットボトルがへこんだ理由
鉄がペットボトル内部の（　Ⅰ　）と反応し，（Ⅰ）が減少したため，ペットボトル内部の圧力が外圧より低くなったから。

②ペットボトルを振ると速く温度が上昇した理由
ペットボトル内部の物質が混ざり合い，物質をつくる原子どうしが接触しやすくなり，鉄の（　Ⅱ　）が速くすすんだからである。

（Ⅰ），（Ⅱ）にあてはまる語の組み合わせとして最も適当なものを，次のアからエまでの中から選び，記号で答えなさい。

	（　Ⅰ　）	（　Ⅱ　）
ア	窒素《ちっそ》	還元
イ	窒素《ちっそ》	酸化
ウ	酸素	還元
エ	酸素	酸化

(3)　気温が18℃で，1 m^3中に11.55 gの水蒸気をふくむ空気がある。この空気の湿度は何％か。ただし，18℃のときの飽和水蒸気量を15.40 g／m^3とする。

(4) 図２のように，２本のストローA，Bとティッシュペーパーを強くこすり合わせた。こすり合わせた後，次の①，②のように２つの物体を近づけると，どのような結果になるか。結果の組み合わせとして最も適当なものを，次のアからエまでの中から選び，記号で答えなさい。

図２

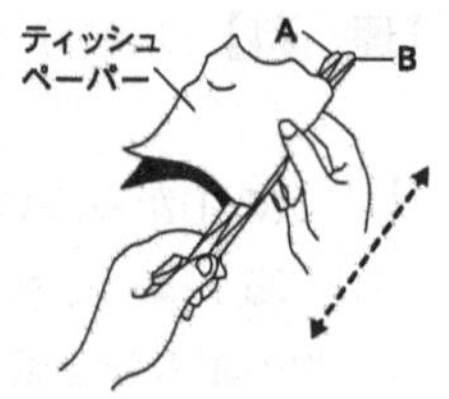

① ストローAとストローBを近づける。

② ストローAとティッシュペーパーを近づける。

	①	②
ア	反発しあう	反発しあう
イ	反発しあう	引き合う
ウ	引き合う	反発しあう
エ	引き合う	引き合う

(5) 今年度のノーベル化学賞は，フランスのエマニュエル・シャルパンティエ氏，アメリカのジェニファー・ダウドナ氏の２氏が受賞した。業績は，「遺伝子を改変する（　Ⅰ　）技術の開発」である。この技術は，農作物の品種改良に利用され始めている。（Ⅰ）にあてはまる技術として，最も適当なものを，次のアからエまでの中から選び，記号で答えなさい。

ア iPS細胞の開発

イ ES細胞の増殖

ウ ゲノム編集

エ 緑色蛍光タンパク質の開発

2 図１は，血液の成分を表したものである。図２は，ヒトの血液の循環経路を示した模式図である。あとの問いに答えなさい。

図１

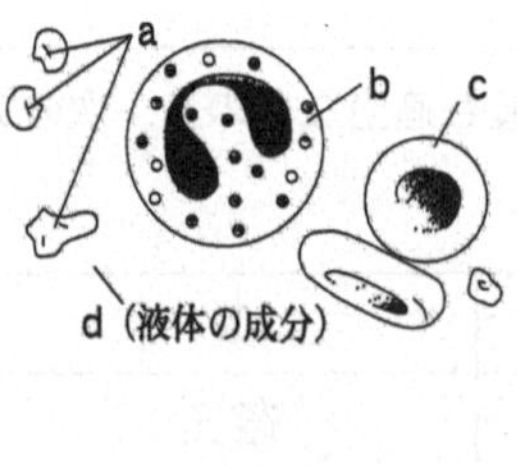

図２

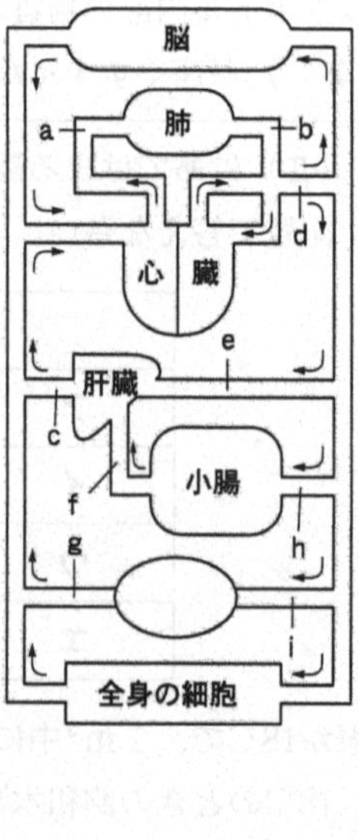

(1) **図1**のaからdのうち，ブドウ糖などの栄養分を細胞に運ぶ役割をしているものは（　①　）である。（①）の名称は（　②　）で，（②）の一部が血管からしみ出たものの名称は（　③　）である。（①）から（③）にあてはまるものの組み合わせとして，最も適当なものを，次の**ア**から**カ**までの中から選び，記号で答えなさい。

	①	②	③
ア	d	赤血球	リンパ液
イ	c	白血球	組織液
ウ	b	赤血球	リンパ液
エ	a	血小板	組織液
オ	c	血しょう	リンパ液
カ	d	血しょう	組織液

(2) ヒトのからだにおいて，二酸化炭素は，肺まで運ばれ，酸素と交換される。また，タンパク質が分解されるときにできるアンモニアは，肝臓まで運ばれ，体に害の少ないある物質に変えられる。その物質名を**漢字2字**で書きなさい。

(3) 食事をした後，ブドウ糖を最も多く含む血液が流れる血管はどれか。最も適当なものを，**図2**の血管aからiの中から選び，記号で答えなさい。

(4) 静脈血が流れる動脈はどれか。最も適当なものを，**図2**の血管aからiの中から選び，記号で答えなさい。

(5) **図3**の①から④は，動物の心臓のつくりを示している。ヘビ，カエル，ハトの心臓のつくりの組み合わせとして，最も適当なものを，次の**ア**から**カ**までの中から選び，記号で答えなさい。

図3

①　②　③　④

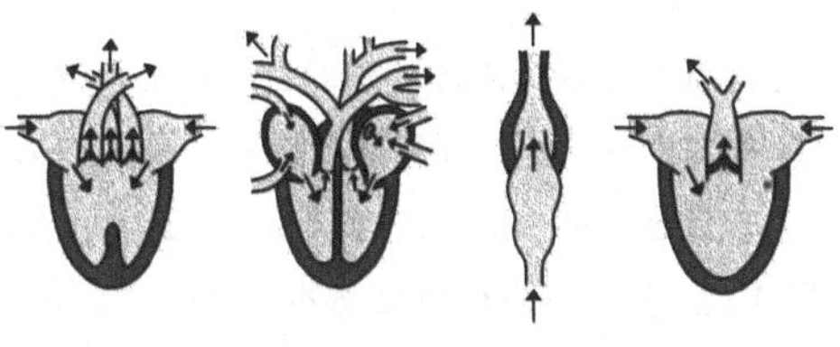

	ヘビ	カエル	ハト
ア	①	②	③
イ	②	③	④
ウ	③	④	①
エ	①	④	②
オ	①	③	④
カ	④	①	②

3　**図１**は，ＡからＥの液体を加熱したときの加熱時間と温度の関係を表したグラフで，**図２**は，物質の状態変化をモデルで表したものである。あとの問いに答えなさい。

図１

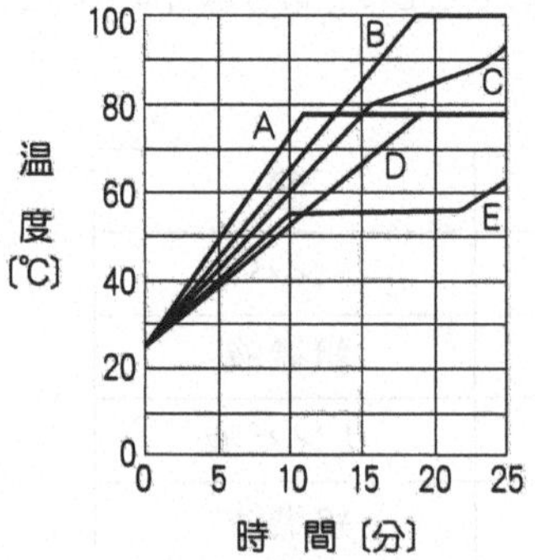

図２

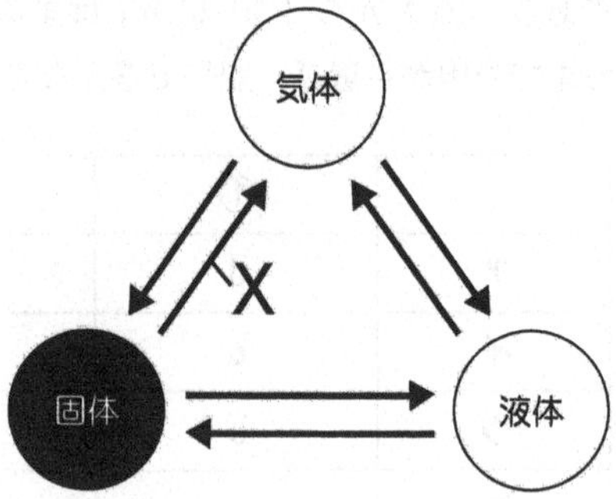

⑴　**図１**において，同じ物質を加熱したときの加熱時間と温度の関係を表しているものとして最も適当なものを，ＡからＥまでの中から**２つ**選び，記号で答えなさい。ただし，混合物を加熱したものは除く。

⑵　**図１**において，水とエタノールを１：１の体積比で混合した液体を加熱したときの加熱時間と温度の関係を表しているものとして最も適当なものを，ＡからＥまでの中から選び，記号で答えなさい。

⑶　液体を沸騰させ，出てくる気体を冷やして再び液体にしてとり出す操作を何というか，**漢字２字**で書きなさい。

⑷　気温25℃で**図２**のＸのような変化をする物質として，最も適当なものを，次の**ア**から**オ**までの中から選び，記号で答えなさい。

ア　エタノール　　**イ**　塩化ナトリウム　　**ウ**　砂糖　　**エ**　ドライアイス　　**オ**　パラフィン

⑸　３％過酸化水素水５ml中に含まれる過酸化水素の質量を計算しなさい。
この水溶液の密度は，１g/mlとする。

4　地球の表面は，大小十数枚のプレートと呼ばれる硬い岩盤《がんばん》で覆われている。プレートは，その下の比較的柔らかい層の上を，年間数cmの速さで相互に水平運動している。そのため，プレートの周辺部には圧縮されたり，引っ張られたりする力がはたらく。このプレート運動が生み出す巨大な力が，地震を引き起こす主な原因となる。**図１**は，日本列島付近にある４つのプレートを表しており，**図２**は日本列島付近の地下のようすを表したものである。日本列島付近にあるプレートやそれによって発生する地震について，あとの問いに答えなさい。

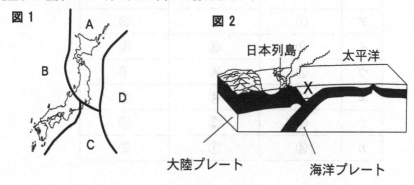

図１

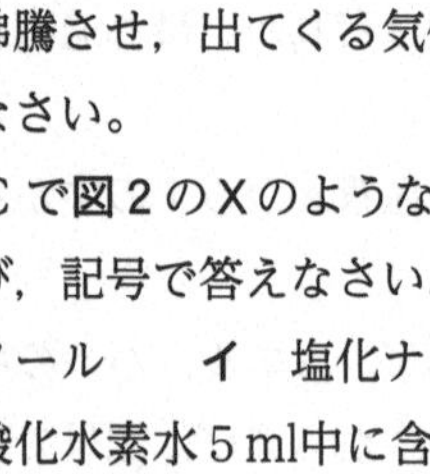

図２

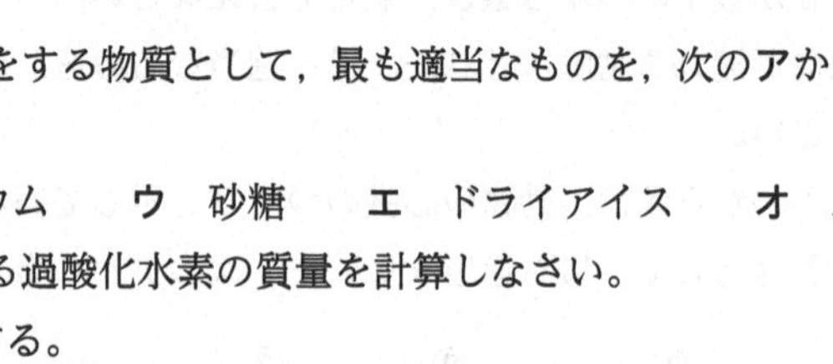

(1) **図1**の各プレートの名称の組合せとして最も適当なものを，次の**ア**から**ク**までの中から選び，記号で答えなさい。

	A	B	C	D
ア	ユーラシアプレート	フィリピン海プレート	太平洋プレート	北アメリカプレート
イ	北アメリカプレート	ユーラシアプレート	フィリピン海プレート	太平洋プレート
ウ	太平洋プレート	北アメリカプレート	ユーラシアプレート	フィリピン海プレート
エ	フィリピン海プレート	北アメリカプレート	ユーラシアプレート	太平洋プレート
オ	ユーラシアプレート	太平洋プレート	フィリピン海プレート	北アメリカプレート
カ	北アメリカプレート	ユーラシアプレート	太平洋プレート	フィリピン海プレート
キ	太平洋プレート	フィリピン海プレート	北アメリカプレート	ユーラシアプレート
ク	フィリピン海プレート	太平洋プレート	北アメリカプレート	ユーラシアプレート

(2) **図2**の**X**の地形を何というか，**漢字2字**で書きなさい。

(3) 近い将来，発生が予測されている南海地震は，大陸プレートと海洋プレートの境界付近で起こると考えられている。この地震が起こるしくみを述べた文として最も適当なものを，次の**ア**から**エ**までの中から選び，記号で答えなさい。

ア 大陸プレートが海洋プレートの上に乗り上げて，海洋プレートを引きずり上げ，引きずり上げられた海洋プレートがたえきれず，反発してもどるため。

イ 大陸プレートが海洋プレートの上に乗り上げて，海洋プレートを押し下げ，押し下げられた海洋プレートがたえきれず，反発してもどるため。

ウ 海洋プレートが大陸プレートの下にもぐりこんで，大陸プレートを押し上げ，押し上げられた大陸プレートがたえきれず，反発してもどるため。

エ 海洋プレートが大陸プレートの下にもぐりこんで，大陸プレートを引きずりこみ，引きずりこまれた大陸プレートがたえきれず，反発してもどるため。

(4) 次の**表**は，千葉県を震源地とした地震の記録である。同じ震度ではあるが，マグニチュードが異なっている。2020年に起こった地震のエネルギーは，2019年に起こった地震のエネルギーの約何倍か。最も適当なものを，次の**ア**から**エ**までの中から選び，記号で答えなさい。

表

西暦	日にち	震度	マグニチュード	震源地
2020年	6月25日	5弱	6.1	千葉県東方沖
2019年	5月25日	5弱	5.1	千葉県南部

ア 約3倍　**イ** 約5倍　**ウ** 約10倍　**エ** 約30倍

(5) ある地震が起きたとき，観測地点によって数値が変わる可能性があるものは① 震度，② マグニチュードのどちらか，記号で答えなさい。

5 音の性質について，あとの問いに答えなさい。

⑴ 身のまわりには，気体，液体，固体の状態の物質がある。次の文章のうち，物質の状態と音の伝わり方について述べたものとして，最も適当なものを，次の**ア**から**エ**までの中から選び，記号で答えなさい。

ア 音は，気体の中のみ伝わる。

イ 音は，気体と液体の中のみ伝わる。

ウ 音は，気体と固体の中のみ伝わる。

エ 音は，気体，液体，固体の中を伝わる。

⑵ **図**のように，校舎，Aさん，Bさん，Cさんは一直線上に並んでいる。Aさんがピストルを鳴らしてから音が聞こえるまでの時間は，Bさんが0.4秒，Cさんが1.0秒だった。このときの音の速さは何m/sか。

図

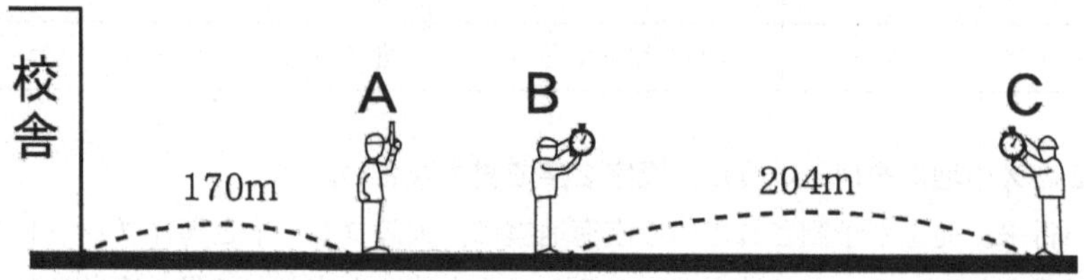

⑶ AさんとBさんは何m離れて立っていたか。

⑷ Cさんが，校舎にはね返ったピストルの音を聞くのは，Aさんがピストルを鳴らしてから何秒後か。

⑸ 月面に立っているAさんとBさんが**図**と同じ距離だけ離れて，Aさんがピストルを鳴らした。このとき，どのような結果になるか。最も適当なものを，次の**ア**から**オ**までの中から選び，記号で答えなさい。

ア Bさんには，地球上での音よりも早く聞こえる。

イ Bさんには，地球上での音よりも遅く聞こえる。

ウ Bさんには，地球上での音よりも高い音が聞こえる。

エ Bさんには，地球上での音よりも低い音が聞こえる。

オ Bさんには，音は全く聞こえない。

【社　会】（40分）　＜満点：100点＞

1　次の文章を読み，以下の問いに答えなさい。

> 2020年7月22日から8月9日の日程で開催される予定であった2020年東京(a)オリンピック。ところが新型コロナウイルス感染症の世界的な感染拡大に伴い，各地で国際大会が中止となった。特に出場枠をめぐる予選大会が開催できないケースも多く，世界保健機関（WHO）が新型コロナウイルス感染症の「パンデミックが加速している」との見方を示すなど，状況は極めて深刻化した。3月22日にIOC会長と日本の総理大臣による電話会談が行われ，(b)3月24日にIOCと東京2020組織委員会は，東京2020大会の延期を発表した。また，(c)マラソンと競歩の開催地について，東京での開催を推す東京都と，札幌での開催を希望するIOCで意見が対立したが，札幌での開催が決定された。

問1　**下線(a)**に関して，以下の**図A**から**C**は，過去に開催地となったローマ（イタリア）・東京（日本）・リオデジャネイロ（ブラジル）のそれぞれの都市の雨温図である。都市と雨温図の組み合わせとして正しいものを以下の**ア**から**カ**までの中から選び，記号で答えなさい。

図A

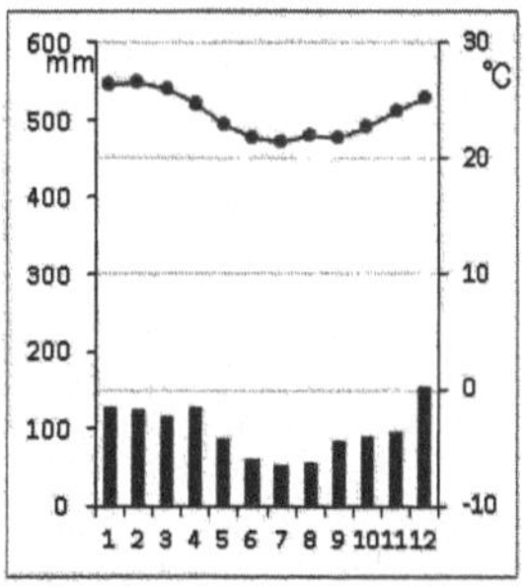

図B

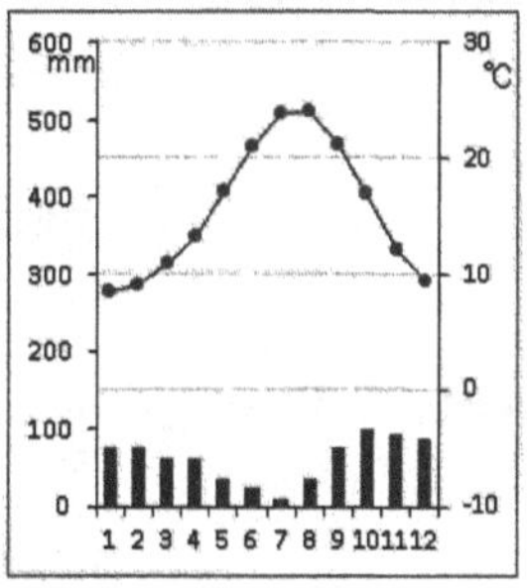

図C

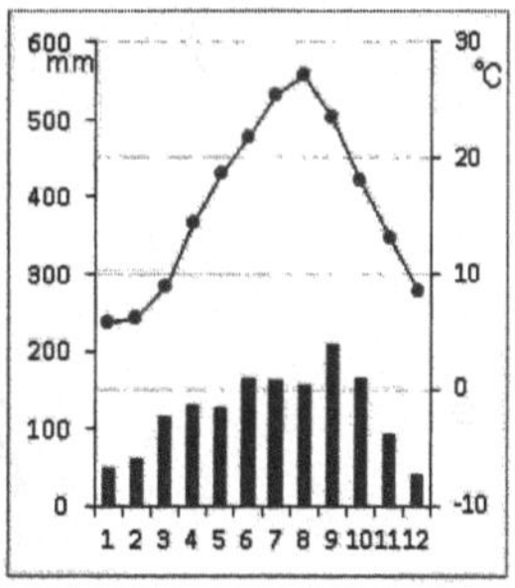

ア	A－ローマ	B－東京	C－リオデジャネイロ
イ	A－ローマ	B－リオデジャネイロ	C－東京
ウ	A－東京	B－ローマ	C－リオデジャネイロ
エ	A－東京	B－リオデジャネイロ	C－ローマ
オ	A－リオデジャネイロ	B－ローマ	C－東京
カ	A－リオデジャネイロ	B－東京	C－ローマ

問2　**下線(b)**に関して，大会延期の発表は3月24日の午後10時に行われた。次のページの**資料Ⅰ**を参考にし，アメリカのニューヨーク（〇地点）に住んでいる人は，何日の何時に知ったことになるか，解答用紙の午前か午後に〇をつけた上で答えなさい。ただし，サマータイムは考慮しないものとし，ニューヨークは西経75度とする。

資料Ⅰ

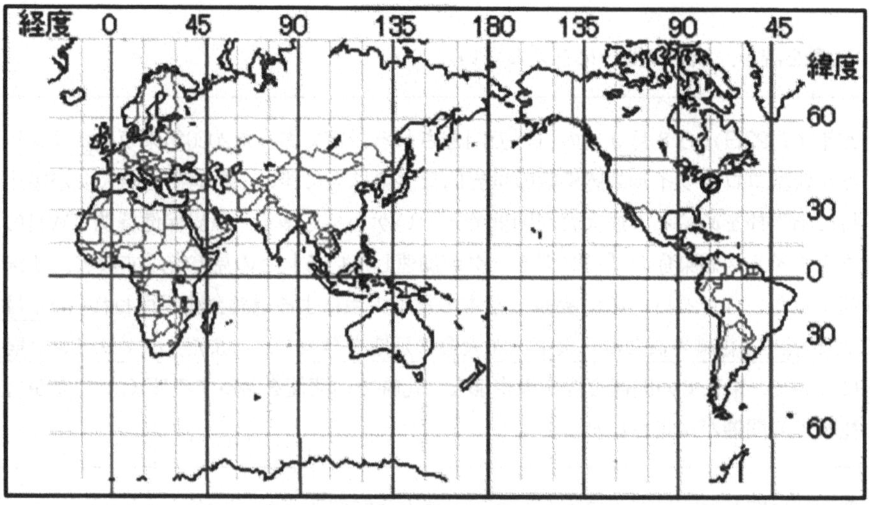

問3　**下線(c)**に関して，以下の**資料Ⅱ**はマラソンと競歩のコースとなる札幌周辺を表したものである。地図中に示された**記号A**は何を表しているか答えなさい。

資料Ⅱ　札幌市街図

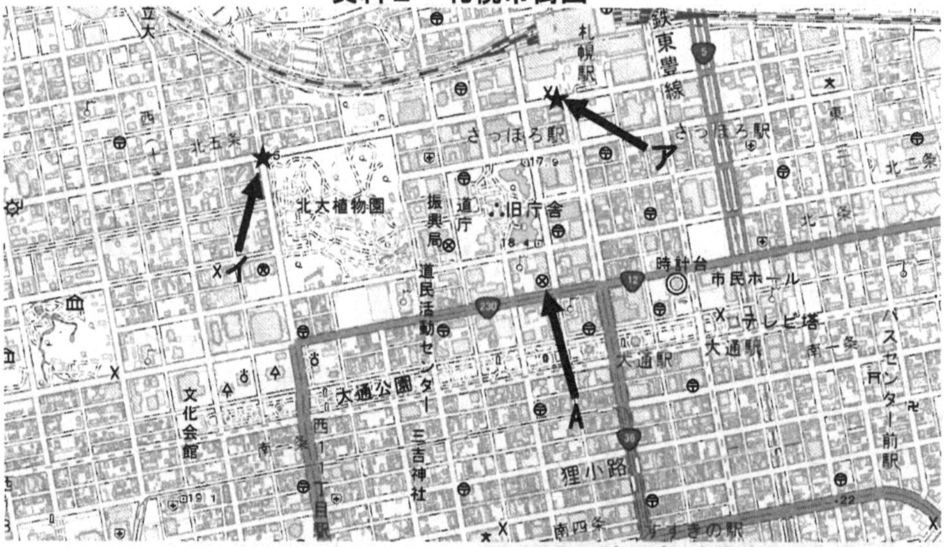

国土地理院国勢地図(25000分の1)

問4　**資料Ⅱ**の札幌駅前交番（**地点ア**）から北大植物園前の交差点（**地点イ**）までの距離を地図上で測定したところ，長さは3.6㎝であった。**地点ア**から**地点イ**までの実際の距離は何mになるか答えなさい。

2　以下に示す**カードA，B**は２つの地域の特徴をまとめたものである。

《カードA》
九州のほぼ中心には大きなくぼ地が見られる。これは阿蘇山の噴火で火山灰や溶岩がふき出したあとがくぼんでできたものである。このような地形を（　　　）という。江戸時代には，キリスト教徒への迫害や，重い年貢の取り立てに苦しんだ人々が天草四郎を大将に一揆を起こした。

《カードB》
関東地方は，日本の総人口の約３分の１が生活している。日本の中枢機能が集中する東京大都市圏では，特に第三次産業が発達している。東京，神奈川，埼玉，千葉の４都県は，第三次産業人口の割合が７割をこえている。関東地方は工業も盛んで，工業生産額は日本全体の３割近くをしめており，埼玉，群馬，栃木，茨城にも工業団地が点在している。

問１　**カードA**の文中（　）に入る適切な語句を答えなさい。

問２　**カードA**の示す都道府県名を答えなさい。また，右の**地図Ⅰ**よりその位置を**W**から**Z**までの中から選び，記号で答えなさい。

地図Ⅰ

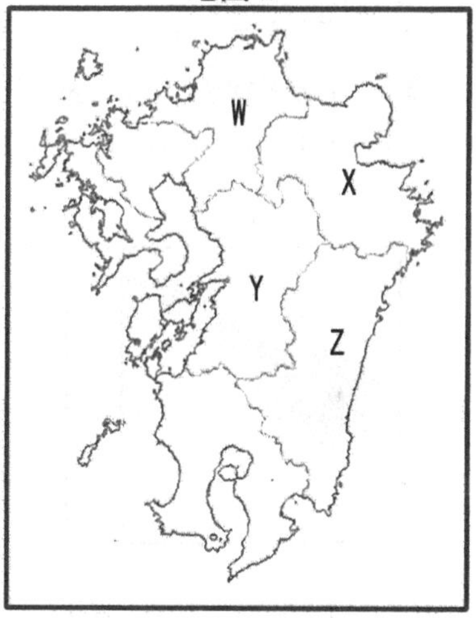

問３　**カードB**の下線部に関して，関東の工業地域について述べたものを以下の**ア**から**エ**までの中から１つ選び，記号で答えなさい。

ア　この地域は，鉄鋼・金属・化学などの重化学工業を中心に発展した。また，内陸部では輸送機械や先端技術（ハイテク）産業が盛んであり，工業団地が点在している。

イ　この地域は，重化学工業が盛んに行われ，倉敷市や周南市などに石油化学コンビナートが建設され，関連する工場が集まっている。

ウ　姫路から堺にかけたこの地域は，戦前から繊維などの軽工業を中心に発展し，戦後は鉄鋼，石油化学などの重工業が発展した。

エ　この地域では，自動車・二輪車などの輸送機械，自動車に使用する鉄鋼や情報通信機器などの生産・輸出で，全国の企業をリードしている。

3　太郎くんのクラスでは，日本の歴史のまとめとして，外国との関わりや，文化，産業の発達などに着目し，時代ごとに簡潔にまとめた。以下の４つのパネルをもとに，あとの問いに答えなさい。

古代
・遣唐使の派遣 ・仏教の伝来 ・**(a)** シルクロードを通じて，西アジアやインドの文化が伝来 ・平安時代に藤原氏中心の政治

中世
・武士の登場（源氏と平氏） ・北条氏による政治 ・**(b)** 鎌倉仏教の広がり ・二度にわたり，元軍が襲来 ・**(c)** 日明貿易の開始

近世
・鉄砲やキリスト教の伝来 ・織田信長，**(d)** 豊臣秀吉による統一事業 ・江戸幕府の成立 ・**(e)** 鎖国政策

近代
・ペリーが来航し，**(f)** 開国を要求 ・江戸幕府の滅亡と新政府の成立 ・立憲制国家の成立 ・二度の世界大戦 ・世界恐慌

問１　下線(a)の特徴がよく表されているものに，正倉院宝庫に残されていたものがある。以下の**ア**から**エ**までの中から，関係のないものを１つ選び，記号で答えなさい。

ア

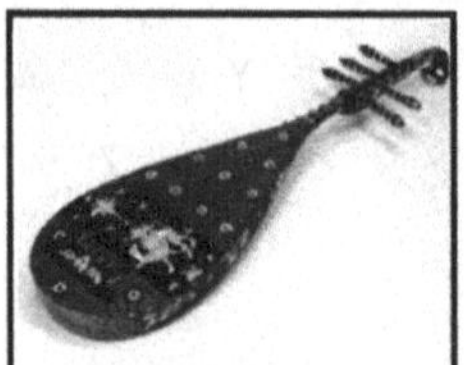

琵琶

イ

ペルシャ風水さし

ウ

金印

エ

貝細工の八角鏡

問２　下線(b)に関して，以下の**表Ⅰ**は鎌倉仏教をまとめたものである。**表Ⅰ**中の（X）から（Z）に入る組み合わせとして正しいものを，以下の**ア**から**カ**までの中から選び，記号で答えなさい。

表Ⅰ

開祖	（ X ）	（ Y ）	（ Z ）	日蓮
宗派	浄土宗	浄土真宗	時宗	日蓮宗
主な寺院	知恩院	本願寺	清浄光寺	久遠寺
特徴	一心に「南無阿弥陀仏」と念仏を唱える。	阿弥陀如来を信じて念仏を唱える。	踊念仏や念仏の札によって布教する。	「南無妙法蓮華経」と題目を唱える。

ア　（X）－親鸞　（Y）－法然　（Z）－一遍

イ　(X)－親鸞　(Y)－一遍　(Z)－法然
ウ　(X)－法然　(Y)－親鸞　(Z)－一遍
エ　(X)－法然　(Y)－一遍　(Z)－親鸞
オ　(X)－一遍　(Y)－親鸞　(Z)－法然
カ　(X)－一遍　(Y)－法然　(Z)－親鸞

問３　**下線(c)**の影響による，この時代のようすとして正しいものを，以下の**ア**から**エ**までの中から１つ選び，記号で答えなさい。

ア　しょうゆを運ぶ菱垣廻船，酒を運ぶ樽廻船が定期的に往復するようになった。
イ　土倉や酒屋，商人や手工業者は，同業者ごとに座を結成し，武士や貴族，寺社に税を納め，営業を独占する権利を認められた。
ウ　長崎の貿易を活発にするため，印旛沼の干拓で耕地を増やし，蝦夷地を開拓するための調査が行われた。
エ　輸出の中心であった生糸の増産や品質の向上を図るため，群馬県の富岡製糸場などの官営模範工場が造られた。

問４　以下の**資料Ｉ**は**下線(d)**豊臣秀吉が出した命令書の一部である。豊臣秀吉がおこなったこの政策を何というか答えなさい。

資料Ｉ

(部分要約)
諸国の百姓が刀やわきざし，弓，やり，鉄砲，そのほかの武具など持つことは，かたく禁止する。不必要な武具をたくわえ，年貢その他の税をなかなか納めず，ついには一揆をくわだてたりして，領主に対してよからぬ行為をする者は，もちろん処罰する。

問５　**下線(e)鎖国**と**下線(f)開国**に関して，それぞれの時代のようすをＡ群とＢ群にわけてまとめた。以下のＡ群とＢ群の中から，誤っているものをそれぞれ１つずつ選び，記号で答えなさい

	A群：鎖国
ア	徳川家光は朱印船貿易を停止し，日本人の出国と帰国を一切禁止した。
イ	鹿児島の海に出島を築き，ポルトガル人を移して，日本人との交流を制限した。
ウ	島原・天草一揆を鎮圧した幕府は，ポルトガル船の来航を禁止した。
エ	鎖国政策がとられたが，中国船とオランダ船の来港は許可された。

	B群：開国
ア	ペリーは最初，４隻の軍艦を率いて浦賀(神奈川県)に来港した。
イ	幕府は，ペリー２度目の来港の際に，日米和親条約を結び，下田(静岡県)と函館(北海道)を開港した。
ウ	開国後，横浜港を中心に自由な貿易が行われ，武器・艦船なども輸入された。
エ	幕府の政策に反対する，第一次護憲運動が起こった。

4 次の文章は，戦後75年の長崎原爆犠牲者慰霊平和祈念式典で長崎市の田上富久市長が読み上げた「長崎平和宣言」の一部である。以下の問いに答えなさい。

私たちのまちに原子爆弾が襲いかかったあの日から，ちょうど75年。４分の３世紀がたった今も，私たちは「核兵器のある世界」に暮らしています。(中略)

被爆から75年，(a)国連創設から75年という節目を迎えた今こそ，核兵器廃絶は，人類が自らに課した約束“国連総会決議第一号”であることを，私たちは思い出すべきです。(中略)

長崎は，広島，沖縄，そして戦争で多くの命を失った体験を持つまちや平和を求めるすべての人々と連帯して，核兵器廃絶と(b)恒久平和の実現に力を尽くし続けることを，ここに宣言します。

問１　第二次世界大戦のできごとを以下の**ア**から**オ**までの５つにまとめた。できごとを古いものから順に並べたとき，**２番目**と**４番目**に該当するものを記号で答えなさい。

ア　日本軍はミッドウェー海戦で敗北し，大戦は長期戦に入った。

イ　連合国はポツダム宣言を発表し，日本に対し無条件降伏を求めた。

ウ　日本軍は，アメリカ軍基地がある真珠湾を攻撃した。

エ　アメリカは原子爆弾を広島，長崎に投下した。

オ　東京大空襲により，８万人以上の市民が死亡した。

問２　下線(a)に関して，日本は1992年に初めて国連平和維持活動に参加した。国連平和維持活動をアルファベット３字で何というか答えなさい。

問３　下線(b)に関して，1951年に吉田茂内閣がアメリカと結んだ条約により，占領終結後もアメリカ軍基地が日本国内に残されることになった。この条約の名称を答えなさい。

5 次の文章を読み，以下の問いに答えなさい。

2016年６月に公職選挙法が一部改正され，選挙権年齢が18歳以上に引き下げられた。国政選挙では，同年７月10日の参議院議員通常選挙から適用された。

これに合わせて，高校生用副教材「私たちが拓く日本の未来」を政府が作成するなど，(a)若者に政治参加を促す官民挙げてのキャンペーンが繰り広げられた。ところが，はたして今回の参議院(b)選挙における18歳から19歳までの投票率は，有権者全体の投票率を大きく下回った。2013年の(c)参議院議員選挙から解禁され，当時は大いに注目を集めながら，いまでは後景に退いた感があるインターネット選挙運動と同様，若者の政治参加も，人々の関心から遠のいてしまうのだろうか。

答えは否である。より厳密にいえば，否でなければならない。６月にイギリスで行われた(d)ヨーロッパ連合離脱の是非を問う国民投票では，若者のあいだでは残留派が圧倒的であったにもかかわらず，結果はヨーロッパ連合離脱派が多数を占めた。もし，若年層の投票率がもう少し高ければ，あるいは高年齢層が若者の声にもう少し聴く耳をもっていたら，同国の進路は違うものになっていたはずだ。

谷口将紀「十八歳選挙権の次なるステップに向けた提言」『NIRAわたしの構想』NIRA総合研究開発機構

※問題の都合上，一部表現を改めた。

資料Ⅰ

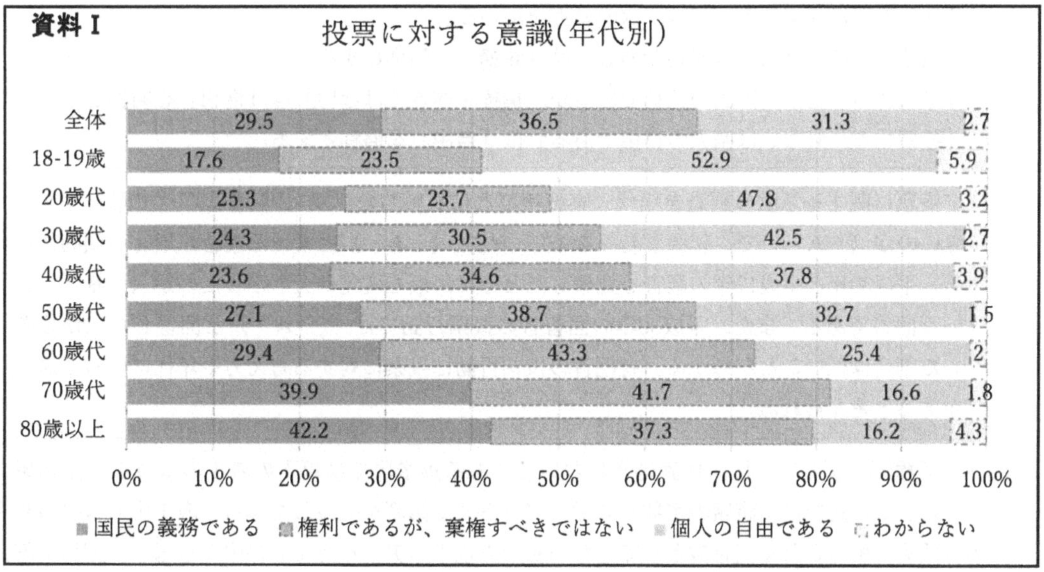

資料Ⅱ

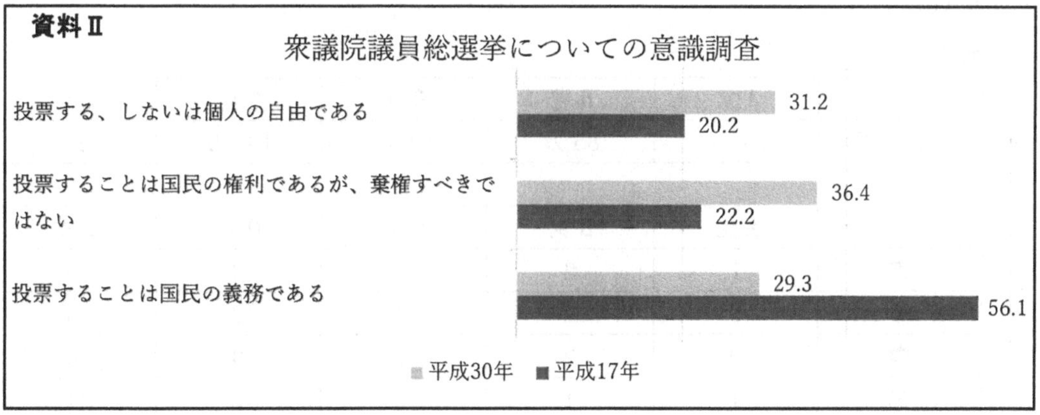

資料Ⅲ

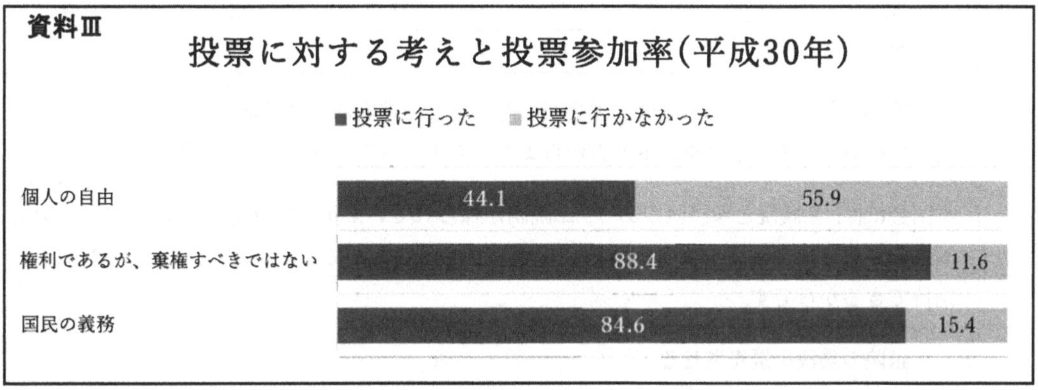

明るい選挙推進協会「衆議院議員総選挙全国意識調査」より作成

問1　**下線(a)**に関して，**資料Ⅰから Ⅲ**は有権者に対して実施された調査データである。資料より読み取ったことを次のページの条件に従ってあとの文のようにまとめた。（A）と（B）に適する語句を条件で定める「**義務**」「**権利**」「**自由**」の略称で答えなさい。

＜条件＞投票に対する考え方は，次の略称を用いる。

○「投票することは国民の義務である」は「**義務**」を略称とする。

○「投票することは，国民の権利であるが，棄権すべきではない」は「**権利**」を略称とする。

○「投票する，しないは個人の自由である」は「**自由**」を略称とする。

投票に関する意識の調査を年代，実施年ごとに比較した。18-19歳と80歳代で最も差が大きいのが（　Ａ　）で，年齢が若くなるにつれて（　Ａ　）と考える割合が増える傾向にある。平成30年と平成17年の調査を比較したときに，最も変化が大きかったのが（　Ｂ　）という回答である。また，平成30年の回答者の投票行動では，（　Ａ　）と回答した人が投票した割合は低いことがわかる。有権者の投票行動は投票に対する考え方や年代によって違いがあると考えられる。

問２　**下線(b)**に関して，比例代表選挙において，ある選挙区では以下の**表Ⅰ**のような投票結果になった。この選挙区の議席の定数が６で，ドント式で議席を配分した場合，**表Ⅰ**中のＡからＥ党の各政党に配分される議席数として正しいものを以下の**ア**から**カ**までの中から選び，記号で答えなさい。

表Ⅰ

	A党	B党	C党	D党	E党
得票数(票)	27万	85万	61万	100万	11万

	A党	B党	C党	D党	E党
ア	1	2	1	2	0
イ	0	2	2	2	0
ウ	0	2	1	3	0
エ	1	1	1	2	1
オ	0	3	0	3	0
カ	1	1	1	3	0

問３　**下線(c)**に関して，以下の文は，国会が二院制をとる理由についてまとめたものである。文中の（　）にあてはまるものを以下の**ア**から**エ**までの中から１つ選び，記号で答えなさい。

国会には，衆議院と参議院があり，二院制が採られています。参議院が置かれているのは，国民のさまざまな意見をより広く国会に反映させることができ，また，（　　　）ことが期待できるからです。

ア　衆議院の議決を優先させる

イ　国会と内閣がたがいに抑制し合い，均衡を図る

ウ　内閣の仕事が信頼できなければ内閣不信任の決議を行う

エ　慎重な審議によって衆議院の行きすぎをおさえる

問４　**下線(d)**に関して，ヨーロッパ連合をアルファベット２字で何というか答えなさい。

6 次の文章を読み，以下の問いに答えなさい。

> この7年8か月，様々な課題にチャレンジしてまいりました。残された課題も残念ながら多々ありますが，同時に，様々な課題に挑戦する中で，達成できたこと，実現できたこともあります。全ては国政選挙の度に力強い信任を与えてくださった，背中を押していただいた国民の皆様のおかげであります。本当にありがとうございました。
>
> そうした御支援を頂いたにもかかわらず，任期をあと1年，まだ1年を残し，他の様々な政策が実現途上にある中，コロナ禍の中，職を辞することとなったことについて，国民の皆様に心よりお詫びを申し上げます。
>
> 拉致問題をこの手で解決できなかったことは痛恨の極みであります。ロシアとの平和条約，また，(a)憲法改正，志半ばで職を去ることは断腸の思いであります。しかし，いずれも自民党として国民の皆様にお約束をした政策であり，新たな強力な体制の下，更なる政策推進力を得て，実現に向けて進んでいくものと確信しております。もとより，次の(b)総理が任命されるまでの間，最後までしっかりとその責任を果たしてまいります。そして，治療によって何とか体調を万全とし，新体制を一議員として支えてまいりたいと考えております。
>
> 国民の皆様，8年近くにわたりまして，本当にありがとうございました。
>
> 安倍内閣総理大臣記者会見　2020年8月28日

問1　下線(a)に関して，以下の日本国憲法を説明したAからDの文を読み，日本国憲法で定められた内容として，正誤の組み合わせが正しいものを，アからオまでの中から選び，記号で答えなさい。

A　戦争を放棄し，戦力を持たず，交戦権を認めないと定めている。

B　天皇の権能の限界について「国会の定める国事行為のみを行う」と定めている。

C　国会を国権の最高機関，国の唯一の立法機関と定めている。

D　内閣は，行政権の行使について，国会に対して連帯して責任を負うことを定めている。

	A	B	C	D
ア	正	正	誤	誤
イ	正	誤	正	誤
ウ	誤	正	誤	正
エ	誤	正	正	誤
オ	正	誤	正	正

問2　下線(b)に関して，内閣総理大臣は国会議員の中から指名され，内閣は最高裁判所長官の指名を行うなど，国の権力をそれぞれ独立した機関に担当させる三権分立を採っている。次のページの文は，三権分立のどのような仕組みの事例であるか，次のページ資料Ⅰ中のアからカまでの中から1つ選び，記号で答えなさい。ただし，アからカには「衆議院の内閣不信任決議，最高裁判所長官の指名，違憲立法審査権，弾劾裁判所の設置，衆議院の解散，命名・規則・処分の違法性の審査」のいずれかの語句があてはまる。

> 2012年，迷惑防止条例違反罪で，裁判官が罰金刑を受けるという事件があった。その後，裁判官は国会の裁判官訴追委員会から罷免《ひめん》を求められ，訴追事実を認めた。最高裁は事件を受け，国会の裁判官訴追委員会に罷免を求める訴追を請求。同年11月，同委員会が，同裁判官を弾劾裁判所に訴追していた。
>
> 弾劾裁判は，裁判官の罷免の是非を国会議員が審理する裁判で，罷免判決が出ると，法曹資格を失い，弁護士になることもできない。裁判官の罷免は，7人目となった。
>
> 日本経済新聞2013年３月13日より作成

資料Ⅰ

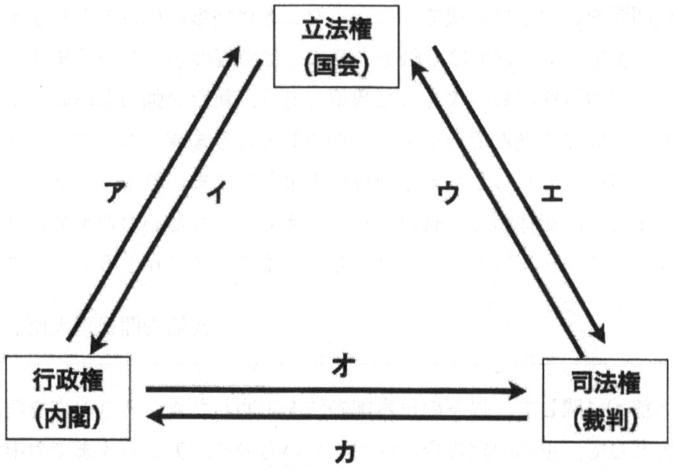

7　以下の問いに答えなさい。

問１　日本国憲法において保障されている人権についての以下の文アからエまでを読み，誤っているものを１つ選び，記号で答えなさい。

ア　日本国憲法では，「すべて国民は，法の下に平等」であるとしており，男女雇用機会均等法や障害基本法などの制定により，男女間の雇用機会格差の解消や障がいのある人の社会参画支援がすすめられている。

イ　日本国憲法が定める自由権には，勤労の権利や労働基本権が含まれている。使用者に対して弱い立場にある労働者の権利を保障するため，使用者と交渉する権利や，要求実現のためのストライキなどが認められている。

ウ　人々に人間らしい豊かな生活を保障するのが社会権である。社会権の中で基本となるのが，「すべて国民は，健康で文化的な最低限度の生活を営む権利を有する」とする生存権である。これを保障するため，日本では，生活保護法に基づいて生活に必要な費用を支給する制度がとられている。

エ　日本国憲法は，自由や権利の濫用《らんよう》を認めず，国民は常にそれらを公共の福祉のために利用する責任があると定めている。

問２　法律の制定について述べた次のページのＡからＥまでの文を，衆議院が先議で，参議院で否決された場合の法律ができるまでの順番に並べ加えたものとして，正しいものを次のページのアから**オ**までの中から選び，記号で答えなさい。

A　数十人の国会議員からなる委員会で審査される。

B　衆議院に法律案が提出される。

C　議員全員で構成される本会議で議決される。

D　参議院で法律案が否決される。

E　衆議院で出席議員の３分の２以上の多数で再可決される。

ア	A → B → C → D → E
イ	B → A → C → D → E
ウ	A → C → B → D → E
エ	B → C → A → E → D
オ	A → D → C → B → E

問３　日本では2009年から裁判員制度がはじまっている。裁判員制度について述べた以下のAからDまでの文の正誤の組み合わせとして，正しいものを**ア**から**オ**までの中から選び，記号で答えなさい。

A　裁判員裁判は民事裁判で適用され，私人の間の争いを解決に導く。

B　裁判員裁判は刑事事件で適用され，すべての刑事事件が対象となる。

C　裁判員は，満20歳以上の国民の中からくじなどによって選ばれる。

D　裁判員裁判は原則として，裁判官３人と，国民から選ばれた裁判員６人が参加するものである。

	A	B	C	D
ア	正	正	誤	誤
イ	正	誤	正	誤
ウ	誤	正	誤	正
エ	誤	正	正	誤
オ	誤	誤	正	正

とあなたが鳴きまねをしたのですね。中国のお話に出てくる孟嘗君のように門番をだまして帰ったのですね」と返事を出したら、行成様からの返事に、「孟嘗君は函谷関を開けて逃げましたが、私が開けたいのは逢坂の関です（関を開けてあなたに会いたい）」とあるので、

「夜の深いうちにニワトリのうそ鳴きを仕掛けても、決して逢坂の関は
　許しませんよ

鳴きまねにはだまされない賢い門番がいるので絶対に開きません」とお返事した。
またその返事の手紙に、

「逢坂の関は簡単に開くものです。本当はあなたも会いたいと思って、
　開けて待っているのでしょう」

とあった。これらの行成様の手紙は字が上手でとてもきれいなので、僧都の君がどうしても欲しいと頼み込んで一部を持って行ってしまった。残った手紙は中宮様に差し上げた。

※1　頭の弁…藤原行成のこと。字をとても上手に書くことで有名な人物。
※2　物忌み…神事などのために飲食や外出を控えること。
※3　孟嘗君…中国の歴史書の『史記』に出てくる人物。部下が鶏の鳴きまねをしたことで函谷関を開けた故事がある。
※4　逢坂の関…男女が逢うことにかけて和歌によく詠まれる場所。
※5　僧都の君…中宮の弟。隆円。

問一　傍線部①「明日、御物忌みなるに、籠るべければ、丑になりなばあしかりなむ」の発言者として、最も適当なものを次の**ア**から**エ**までの中から選び、記号で答えなさい。

ア　作者　　**イ**　頭の弁　　**ウ**　御前　　**エ**　孟嘗君

問二　傍線部②「夜をこめて鶏の虚音ははかるともよに逢坂の関は許さじ」の和歌に込められた意味として、最も適当なものを次の**ア**から**エ**までの中から選び、記号で答えなさい。

ア　関守は許さなくても、気持ちを通わせたいということ。
イ　夜中にやってきても、あなたとは会わないということ。
ウ　上手に鶏の鳴きまねができたら、願いが叶うということ。
エ　中宮に許されなくても、あなたと結婚したいということ。

問三　傍線部③「文」の読み方を現代仮名づかい・ひらがなで書きなさい。

問四　本文の内容として、**適当でないもの**を次の**ア**から**エ**までの中から一つ選び、記号で答えなさい。

ア　行成は、中宮のところに来たその日のうちに、作者に言い訳する手紙を出している。
イ　行成は函谷関を開けたように逢坂の関も開けて、作者に会いたいという返事を書いた。
ウ　行成は、作者が「関は許さじ」と言っていても快く会ってくれるものだと思っている。
エ　行成から送られてきた文は、僧都の君と中宮が欲しがるほど美しく立派なものだった。

問五　この文章の作者を次の**ア**から**エ**までの中から一つ選び、記号で答えなさい。

ア　藤原道長　　**イ**　清少納言　　**ウ**　紫式部　　**エ**　松尾芭蕉

エ　サイトウの感情の変化を表現している。

問八　傍線部⑥「そう言って」とあるが、「ポンちゃん」の発言の要約として、最も適当なものを次の**ア**から**エ**までの中から選び、記号で答えなさい。

ア　約八十万人の中学生が「義務教育というものがある」ことは知っている。しかし、それが法律で決められているということを知っている者は意外と少ないので、まずはその事実を分かりやすく教えてほしかった。

イ　約八十万人の中学生が不登校になった理由は、約八十万通りある。しかし、大半の元中学生が今あるような中学校は必要だと思っている状況で、中学生の不登校についての意見を答えてほしかった。

ウ　約八十万人の中学生が「義務教育というものがある」ことを知らない。その状況を踏まえた上で、義務教育の歴史や重要さについて、説得力のある理由を答えてほしかった。

エ　約八十万人の中学生が不登校になった理由は、約八十万通りある。また、大半の元中学生が今あるような中学校は必要ないと思っている状況で、それでも中学校が必要だと考える理由を答えてほしかった。

問九　本文からは次の一文が省略されている。省略された一文を補うのに、最も適当な箇所を本文中の1から4までの中から選び、番号で答えなさい。

アナウンサーはとまどったような表情でイヤフォンからの指示を聞いている。

三　次の文章を読んで、あとの問いに答えなさい。

※1頭《とう》の弁《べん》の、職《しき》に参り給ひて物語などし給ひしに、夜いたう更けぬ。「①明日、※2御物忌みなるに、籠《こも》るべければ、丑《うし》になりなばあしかりなむ」とて、参り給ひぬ。

早朝《つとめて》、蔵人所《くらうどどころ》の紙屋紙《かうやがみ》引き重ねて、「今日は、残り多かる心地なむする。夜を通して昔物語も聞こえ明かさむとせしを、鶏《にはとり》の声に催《もよほ》されてなむ」と、いみじう言多く書き給へる、いとめでたし。御返りに、「いと夜深く侍りける鶏の声は、※3孟嘗君《まうさうくん》のにや」と聞こえたれば、立ち返り、「孟嘗君の鶏は、函谷関《かんこくくわん》を開きて、三千の客わづかに去れり、とあれども、これは、※4逢坂《あふさか》の関《せき》なり」とあれば、

「②夜をこめて鶏《とり》の虚音《そらね》ははかるともよに逢坂の関は許さじ

心かしこき関守侍《せきもりはべ》り」と聞こゆ。また立ち返り、

「逢坂は人越え易《やす》き関なれば鶏鳴かぬにも開けて待つとか」

とありし③文どもを、初めのは、※5僧都《そうづ》の君、いみじう額《ぬか》をさえつきて取り給ひてき。後々のは御前《おまへ》に。

（『枕草子』第一三一段より）

大意

藤原行成様が、中宮定子様のところにやってきて、おしゃべりしている間に、すっかり夜が遅くなってしまった。「明日は物忌みで外に出てはいけない日なので、日付が変わる前に帰らないといけません」と言って、行成様は帰っていった。

翌朝、行成様が宮中のきれいな紙を使って手紙をくれた。「ずっと話していたかったのに帰ることになって残念です。ニワトリの声に急き立てられて帰ることになってしまいました」とたくさんの言葉で書かれた手紙は、とてもきれいな字で素晴らしく美しかった。私から「夜中にニワトリが鳴くはずはないので、きっ

ら、それはなぜですかとぼくは訊《たず》ねたわけです。義務教育というのがある、みたいなことは、あなたに言われなくても誰だって知ってます」

ポンちゃんが⑥そう言って、サイトウが何か言おうとしたところで、中継の映像がふいに途切れた。

「国会中継の途中ですがいったんスタジオにカメラを切り替えます」というテロップが流れて、NHKのスタジオが映った。アナウンサーが現れて、テロップで流れたのと同じ言葉を繰り返した。

「国会中継の途中ですがいったんスタジオにカメラを切り替えております」 4

（村上龍『希望の国のエクソダス』より）

※ 自民新党…小説内に登場する架空の政党名

問一 二重傍線部a「コン」、b「該当」について、漢字はひらがなに、カタカナは漢字に改めなさい。

問二 傍線部①「ございます」の用法について、正しいものを次の**ア**から**エ**までの中から一つ選び、記号で答えなさい。

ア 尊敬語　**イ** 謙譲語　**ウ** 丁寧語　**エ** 美化語

問三 傍線部②「まるでSF映画を見ているような感じがした」とはどのような感じか。最も適当なものを次の**ア**から**エ**までの中から選び、記号で答えなさい。

ア 有名映画のような感じ　**イ** 興奮するような感じ
ウ とても偉そうな感じ　**エ** 非現実的な感じ

問四 傍線部③「なかなかやるな」とあるが、後藤が「やるな」と感じているのはどのような点か。最も適当なものを次の**ア**から**エ**までの中から選び、記号で答えなさい。

ア ポンちゃんの堂々とした態度
イ 対話における主導権の握り方
ウ 中継映像の持つ臨場感
エ カメラのアングルの巧さ

問五 傍線部④「質問者を替えて下さい」とあるが、「ポンちゃん」はなぜこのような発言をしたのか。最も適当なものを次の**ア**から**エ**までの中から選び、記号で答えなさい。

ア サイトウの無礼な態度に怒りを感じたから。
イ サイトウの回答が答えになっていないから。
ウ サイトウの出した答えに焦りを感じたから。
エ サイトウの発言内容が理解できなかったから。

問六 傍線部⑤「サイトウ」の「顔が真っ赤になった」のはなぜか。**適当でないもの**を次の**ア**から**エ**までの中から一つ選び、記号で答えなさい。

ア 立場をわきまえないポンちゃんの発言を無礼に感じたから。
イ 質問に対して、質問で返されることに苛立ちを感じたから。
ウ 公衆の面前で、年少者に恥をかかされたから。
エ 顔色を変えないポンちゃんの態度に恐怖を感じたから。

問七 点線部X「話してもらえますか?」・Y「行かねばならんのです」・Z「どういうことなんだ」の話法の変化について、作者のねらいとして、最も適当なものを次の**ア**から**エ**までの中から選び、記号で答えなさい。

ア ポンちゃんの体調の変化を表現している。
イ ポンちゃんの感情の変化を表現している。
ウ サイトウの体調の変化を表現している。

二　次の文章を読んで、あとの問いに答えなさい。

　二〇〇二年秋、八十万人の中学生が学校を捨てた。経済の不況が続く中、彼ら中学生はネットビジネスを始め、日本の政治界や経済界にとって無視できない勢力へと成長していく。以下は、彼ら中学生のリーダーである「楠田《くすだ》譲一《じょういち》（ポンちゃん）」が国会の場で国会議員「サイトウ」の質問に答えていく場面である。彼ら中学生の成長をフリーの取材記者として追っている「おれ」と「後藤」もテレビの前でポンちゃんたちが映る国会中継を視聴している。

　一人目の委員が質問をするためにモニターの前に立った。※自民新党の議員で、ＮＨＫのテレビカメラはその議員とポンちゃんが映るモニターの両方を捉《とら》えている。［1］

「自民新党のサイトウで①ございます。これから、いくつか質問をしたいと思います」

　テレビ画面にはサイトウという議員とポンちゃんが交互に映る。

「そうですね。まず君たちがどうして学校に行かなくなったかということについて、Ｘ話してもらえますか？」

　サイトウという五十代の議員は、ａコン色のスーツを着てオレンジ色のネクタイを締めていた。左手に質問をメモした書類を持ち、右手で髪の毛を掻《か》き上げながら話した。楠田譲一君、と委員長がポンちゃんの発言を促《うなが》した。

「ぼくたちがなぜ学校に行かなくなったか、ということでしょうか？」

　ポンちゃんは逆にそう聞いた。そうです、とサイトウが言う。モニターに映るポンちゃんの顔はサイトウの上半身よりはるかに大きくて、②まるでＳＦ映画を見ているような感じがした。

「それでは、どうして中学校というものがこの国に存在しているのか、ちょっとそこのところを教えていただけませんか？」

　ポンちゃんはまたそう聞いた。③なかなかやるなと、後藤が呟《つぶや》いている。［2］

「それはですね。法律で決められている義務教育というものがありまして、ｂ該当する年齢になったら、誰でも中学校にＹ行かねばならんのです」

　サイトウという議員は元大学教授らしい。自分の質問にポンちゃんが答えないことに少し苛立《いらだ》っている。ポンちゃんはその答えを聞いて、しばらく黙ったあと、④質問者を替えて下さい、と言った。どうしてですか？と委員長がポンちゃんに聞く。

「コミュニケーションできません」

　ポンちゃんはまったく顔色を変えずにそう言ったが、サイトウという議員は見る間に⑤顔が真っ赤になった。（中略）

「コミュニケーションが取れないというのはいったいＺどういうことなんだ」

　サイトウは声が大きくなった。［3］

「あなたは、最初に、なんでぼくたちが学校に行かなくなったかと聞いたけど、今、約八十万人の中学生が不登校になっているわけです。それで、学校に行かなくなった理由ですが、約八十万種類あるわけなんです。やってることは同じだけど、その理由はみんなそれぞれ違うんですね。それで、ほとんどの元中学生が、今あるような中学校なんか要《い》らないと思っているわけです。で、あなたはどうも必要だと思っているようだか

問二　傍線部①「その点」とは、どのような点か。本文中から一文を抜き出し、**最初の三字**を書きなさい。（記号・句読点を含む）

問三　傍線部②「そんなに分けられるものと思わぬほうがよい」とあるが、それはなぜか。次の**ア**から**エ**までの中から一つ選び、記号で答えなさい。

ア　「できる子」「だめな子」の基準も教科によって違い、評価の内容も変化するから。

イ　「できる子」「だめな子」という分け方自体が、完全に間違ったものであるから。

ウ　時代の移りかわりによって世間の考え方は変わり、高校の授業内容も変化するから。

エ　出題内容や採点法によってテストの点数は変わり、高校の三年間でも学力は上下するから。

問四　空欄 [A] にあてはまる接続詞を、次の**ア**から**エ**までの中から一つ選び、記号で答えなさい。

ア　そして　**イ**　たとえば　**ウ**　しかし　**エ**　つまり

問五　空欄 [B] 、空欄 [C] それぞれに当てはまる言葉を、次の**ア**から**エ**までの中から一つ選び、記号で答えなさい。

[B]　**ア**　印象的　**イ**　消極的　**ウ**　生理的　**エ**　心理的

[C]　**ア**　本格的　**イ**　実質的　**ウ**　常識的　**エ**　積極的

問六　傍線部③「それは、蛙のなく日はふることが多い、という程度の関係であって、蛙が雨をよびよせることはない」とはどのようなことか。最も適当なものを次の**ア**から**エ**までの中から選び、記号で答えなさい。

ア　「有名校」から「有名大学」に進学する生徒は多い。が、そこには因果関係が成り立つということがまったくない。

イ　「有名校」から「有名大学」に進学する生徒は多い。が、「有名校」に入ったら「有名大学」に進学できるわけではない。

ウ　「有名校」から「有名大学」に進学する生徒は少ない。が、中には「有名校」から「有名大学」に進学する者もいる。

エ　「有名校」から「有名大学」に進学する生徒は少ない。その理由は「有名校」の中で多様な進路が紹介されるからである。

問七　太線部「合否」は反対の意味を表す字を重ねた熟語である。熟語の構成として**異なるもの**を、次の**ア**から**エ**までの中から一つ選び、記号で答えなさい。

ア　愛憎　**イ**　伸縮　**ウ**　勝負　**エ**　影響

問八　傍線部④「それ」が示すものは何か。次の**ア**から**エ**までの中から一つ選び、記号で答えなさい。

ア　どんな高校からでも、あるいは高校へ行かなくとも、大学受験はまた別だということ

イ　思い切って自分を信頼して、やはり普通に、いい高校に入りたいと考えること

ウ　受験が深刻なものであっても、それを気楽にいなしていけるかどうかということ

エ　気をはれやかにしていたほうが、運命の女神もほほえんでくれるということ

【国　語】（四〇分）〈満点：一〇〇点〉

一　次の文章を読んで、あとの問いに答えなさい。

このごろでは、受験を、ずいぶんと問題にする。本当のところは、長い人生からすれば、たかが受験で人生が左右されるはずもないのだが、このごろのようでは、自分でそう思おうとしても、まわりがほっておかない。

ぼくの知っているのは、大学受験だが、そこで五十点の受験生が、五十五点の受験生よりも、学力がおとるかというと、それほどはっきりは言えない。そのときのテストの、そのときの採点法で、たまたま五点の差が出たという程度で、本質的な差とは言えまい。しかしながら、その五点の間に、合否スレスレの受験生がひしめいているのだ。

①その点では、合格線スレスレにひしめいている受験生の間で、合格したのができる子で、不合格がだめ、というほどのこともない。これは大学受験だが、高校受験だって同じことと思う。まして、高校の三年間に、学力だって上下する。高校に入れたらよくて、落ちたらだめ、というようなものであるはずがない。世間では、入ったのは「できる子」、落ちたのは「だめな子」と見がちなものだが、実際はそれほど違うものではない。世間はともかく、少なくともきみたちは、②そんなに分けられるものと思わぬほうがよい。

京大あたりだって、高校を途中でやめて、あとから気が変わって検定で入ってきたりしているのもある。べつに、有名校へ入らなくてもどうということないし、どんな高校からでも、あるいは高校へ行かなくとも、大学受験はまた別の話だ。

それに、高校や大学へ行かなくて、りっぱな人はいくらもある。[A]、そうは言っても、そうした道をえらぶというのは、相当に思いきって、自分を信頼しなければならないので、やはり普通に、いい高校に入りたいと考えるだろう。しかし、かりに落ちても、いくらでも道はあることだけは、心にとどめておいたほうがよい。

本当のところは、うまく合格できると、そのことが自信になったり、失敗すると、自分がだめのように思いこんだり、そうした[B]効果のほうが、あとの生活に影響を残す。合格か不合格か、そのこと自体は、たいして[C]でない。

たしかに、「有名校」に入ると、「有名大学」に入るのが多いが、それは、そのことで入りやすくなったわけではない。③それは、蛙《かえる》のなく日はふることが多い、という程度の関係であって、蛙が雨をよびよせることはない。（中略）

ともかく、かたくならずに、たかが受験なんてどうということないさ、ぐらいの気分になったほうが、受験というものは、うまくいく。a深刻になるほど、通りにくくなる。それにまた、それほど深刻になることもない。落ちたら落ちたで、人生まっくらというものでは、断じてない。ただ、まわりがまっくらと思わせたがるのに、きみがどれだけbテイコウできるかだ。かりに、それが深刻なものであってさえ、それを気楽にいなしていけるかどうか、④それが勝負どころでもある。そして、気をはれやかにしていたほうが、運命の女神もほほえんでくれる。

（森毅「受験は気楽に」より）

問一　二重傍線部a「深刻」、b「テイコウ」について、漢字はひらがなに、カタカナは漢字に改めなさい。

MEMO

大切なことはメモしておこうネ！

2021年度

解 答 と 解 説

《2021年度の配点は解答欄に掲載してあります。》

＜数学解答＞

1 (1) -3 (2) $\frac{x+2}{6}$ (3) $\frac{9\sqrt{2}}{2}$ (4) $(x+4)(x-3)$ (5) $x=2,\ y=5$

(6) $n=10$ (7) $\frac{1}{3}$ (8) 16円 (9) 8% (10) $x=145$度

2 (1) $a=65$(点) (2) 64点

3 (1) $y=-x+5$ (2) C(10, 0)

4 (1) 25個 (2) $4n+4$(個) (3) 81個

5 (1) $\frac{75}{2}\pi$(m) (2) C (3) 74分

○推定配点○

各5点×20 計100点

＜数学解説＞

基本 **1** (数・式の計算，平方根，因数分解，連立方程式，確率，割合，濃度，角度)

(1) $(-1)^3-2^2\times3\div6=-1-4\times3\div6=-1-2=-3$

(2) $\frac{1}{3}x-\frac{x-2}{6}=\frac{2x-(x-2)}{6}=\frac{2x-x+2}{6}=\frac{x+2}{6}$

(3) $2\sqrt{2}+\sqrt{32}-\frac{3}{\sqrt{2}}=2\sqrt{2}+4\sqrt{2}-\frac{3\sqrt{2}}{2}=\left(6-\frac{3}{2}\right)\sqrt{2}=\left(\frac{12}{2}-\frac{3}{2}\right)\sqrt{2}=\frac{9\sqrt{2}}{2}$

(4) $(x+3)^2-5(x+4)-1=x^2+6x+9-5x-20-1=x^2+x-12=(x+4)(x-3)$

(5) $0.5x+0.3y=2.5$ 両辺を10倍して，$5x+3y=25$…① $\frac{3}{2}y=4x-\frac{1}{2}$ 両辺を2倍して，$3y=8x-1$…② ②を①に代入して，$5x+8x-1=25$ $13x=26$ $x=2$ これを②に代入して，$3y=8\times2-1=15$ $y=5$

(6) $\sqrt{360\times n}=6\sqrt{10\times n}$ よって，$n=10$

(7) 2個のさいころの目の出方は全部で，$6\times6=36$(通り) そのうち，目の和が3の倍数になる場合は，(1, 2)，(1, 5)，(2, 1)，(2, 4)，(3, 3)，(3, 6)，(4, 2)，(4, 5)，(5, 1)，(5, 4)，(6, 3)，(6, 6)の12通り よって，求める確率は，$\frac{12}{36}=\frac{1}{3}$

(8) $800\times1.1-800\times1.08=800(1.1-1.08)=800\times0.02=16$(円)

(9) 6%の食塩水は，$400\times\frac{3}{4}=300$ 14%の食塩水は，$400\times\frac{1}{4}=100$ 混ぜた食塩水の食塩の量は，$300\times\frac{6}{100}+100\times\frac{14}{100}=18+14=32$ よって，求める濃度は，$\frac{32}{400}\times100=8$(%)

(10) xを一つの角とする四角形の内角の和の関係から，$(90^\circ+50^\circ)+(180^\circ-60^\circ-90^\circ)+(180^\circ-90^\circ-45^\circ)+x=360^\circ$ $x=360^\circ-(140^\circ+30^\circ+45^\circ)=360^\circ-215^\circ=145^\circ$

2 (統計)

基本　(1)　$\frac{59+74+66+63+82+38+45+41+67+a}{10}=60$　$535+a=600$　$a=600-535=65$(点)

(2)　点数の低い順に並べると，38，41，45，59，63，65，66，67，74，82　中央値は，5番目と6番目の平均値になるから，$\frac{63+65}{2}=64$(点)

3 (図形と関数・グラフの融合問題)

(1)　$y=\frac{4}{x}$…①　①に$x=1$，4を代入して，$y=\frac{4}{1}=4$，$y=\frac{4}{4}=1$　よって，A(1，4)，B(4，1)　直線ABの傾きは，$\frac{1-4}{4-1}=\frac{-3}{3}=-1$　直線ABの式を$y=-x+b$として点Aの座標を代入すると，$4=-1+b$　$b=5$　よって，直線ABの式は，$y=-x+5$

重要　(2)　直線ABとx軸，y軸との交点をそれぞれD，Eとすると，D(5，0)，E(0，5)　△OAB＝△ODE－△OEA－△ODB＝$\frac{1}{2}\times5\times5-\frac{1}{2}\times5\times1-\frac{1}{2}\times5\times1=\frac{15}{2}$　点Cの座標を$(c,\ 0)$とすると，△ABC＝△ACD－△BCD＝$\frac{1}{2}\times(c-5)\times4-\frac{1}{2}\times(c-5)\times1=\frac{3}{2}(c-5)$　△ABC＝△OABから，$\frac{3}{2}(c-5)=\frac{15}{2}$　$c-5=\frac{15}{2}\times\frac{2}{3}=5$　$c=10$　よって，C(10，0)

4 (規則性)

基本　(1)　白の石の個数は，1^2，2^2，3^2，…となっているから，5番目の正方形の白の個数は，$5^2=25$(個)

(2)　n番目の正方形の石の個数は，$(n+2)^2$になっているから，n番目の正方形の黒の個数は，$(n+2)^2-n^2=n^2+4n+4-n^2=4n+4$(個)

(3)　$n^2=4n+4+41$から，$n^2-4n-45=0$　$(n+5)(n-9)=0$　$n>0$から，$n=9$　よって，求める白の個数は，$9^2=81$(個)

5 (平面図形の動点の問題)

基本　(1)　$2\pi\times30\times\frac{10}{16}=\frac{75}{2}\pi$(m)

(2)　$\frac{60}{16}=3\frac{12}{16}=3\frac{3}{4}$から，1時間でゴンドラは$3\frac{3}{4}$回転する。1時間後，Aは図のCの位置にいるので，このとき頂上にあるゴンドラはC

重要　(3)　一番最初のゴンドラに乗った人たちは16分後に降りる。16÷8＝2から，2分おきにゴンドラは図のAの位置に着く。120÷4＝30から，30番目のゴンドラが図のAの位置に着くのは，$16+2\times(30-1)=16+58=74$から，74分後

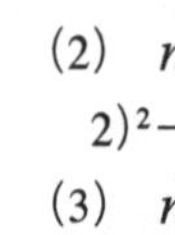

★ワンポイントアドバイス★

5(3)は，1人目の客が降りてから，120人目の客が降りるまでの時間にしないように気をつけよう。

＜英語解答＞

1 (1) エ (2) ウ 2 (1) ウ (2) ア
3 (1) ア (2) エ (3) ウ
4 (1) mine (2) To, cut (3) aren't
5 (1) 3番目 ウ 6番目 ア (2) 3番目 イ 6番目 ア
(3) 3番目 ア 6番目 オ
6 (1) Many students in our class (2) イ，ウ (3) done (4) エ (5) ウ
7 (1) ア (2) イ (3) ウ，オ (4) ウ，エ

○推定配点○
各4点×25(5各完答) 計100点

＜英語解説＞

1 (発音)
(1) エのみ[æ] それ以外は[ei]
(2) ウのみ[ou] それ以外は[ʌ]

2 (アクセント)
(1) ウのみ第2音節にアクセントがある。それ以外は第1音節。
(2) アのみ第3音節にアクセントがある。それ以外は第1音節。

3 (適語選択：不定詞，助動詞，受動態)
(1) Can you ～?「～してくれませんか」
(2) to sit は前の名詞を修飾する不定詞の形容詞的用法である。
(3) 〈be ＋過去分詞〉で「～される」という受動態になる。

4 (書き換え：代名詞，不定詞，付加疑問文)
(1) 「私のペン」は，所有代名詞 mine「私のもの」で書き換えできる。
(2) 「切ること」 cutting ＝ To cut(不定詞の名詞的用法)
(3) 前が肯定の場合，付加疑問は否定疑問の形になる。

5 (語句整序問題：不定詞，分詞，接続詞)
(1) Do you know where to go in (an emergency?) where to ～「どこへ～したらいいか」
やや難 (2) (The) man reading a book over there is Mr. Takagi(.) reading a book over there は前の名詞を修飾する分詞の形容詞的用法である。
(3) (I) was so tired that I went home early(.) so ～ that …「とても～ので…」

6 (長文読解・会話文：指示語，語句補充，内容吟味，要旨把握)
(大意) ジョン：ねえ，マキ，何してるの？
マキ ：今は，文化祭で何をするのか考えているのよ。
ジョン：9月に開かれるんだよね。何か考えはあるの？
マキ ：舞台で劇をするのは，いい考えだと思うの。文化祭では，創造的なことをするのが大切よ。もし劇をするのなら，たくさんの準備が必要だわ。A例えば，劇の台本を作り，配役を決める必要があるの。もちろん，劇のさまざまな登場人物を演じる生徒もいれば，舞台を設定しなければならない生徒もいるわ。
ジョン：面白そうだね。
マキ ：Bでも，問題があるの。クラスの多くの生徒は運動部員なの。①彼らは忙しいから，準備す

るのに十分な時間がないかもしれない。

ジョン：C実際に大きな問題だね。でも大丈夫！②いい考えがあるよ。リサイクル可能なものを販売するのはどう？君はクラスメートから物を集めることができるよね。この考え方には良い点があるよ。第一に，リサイクルは環境に良いよ。第二に，準備するのにそれほど時間はかからないんだ。マキ，どう思う？

マキ　：うーん，あなたの考えはとても良いし，私たちのクラスで行うのは簡単なんだけど，文化祭はクラスで何を③したかを見せる良い機会だと思うの。だから，私たちの協力と友情が最も重要なことよ。もし私たちがそれらを持っていないなら，私たちが成功することは④難しいわ。成功するには苦労があるかもしれない。でも劇をすることはワクワクする計画だわ。

ジョン：そうだね。その考えをすぐにクラスメートに伝えてね。

(1)　前の文の「クラスの多くの生徒」を指している。

重要　(2)　「よい考え」の理由は，First, ～. Second, …. となっている部分に書かれている。

(3)　〈have ＋過去分詞〉で現在完了の文になる。

(4)　「もしそれら(＝協力と友情)がなければ，成功することは難しい」となる。

重要　(5)　A　for example「たとえば」　B　however「しかしながら」　C　in fact「実際に」

7　**(長文読解・物語文：指示語，語句補充，要旨把握，内容吟味)**

(大意)　ジャスティンへ

メリークリスマス！あなたは15歳の少年で，スマートフォンを持っている。でも，あなたにはいくつかのルールがある。「ルール」を読んでほしい。ルールに従えない場合は，スマートフォンを失う。私はあなたを愛し，あなたから多くのメッセージを得ることを楽しみにしている。

ルール

1.　ママは常にパスワードを知っている。

2.　ママやパパにスマートフォンを学校がある日の午後7時半と毎週末の夜9時に預ける。夜は電源オフになり，午前7時30分に再び電源オンになる。

3.　学校にもって行かない。お友達と対面してコミュニケーションを取ってほしい。それは人生の技術だ。

4.　トイレに落としたり，地面に落としたり，なくした場合は，修理費用を支払う必要がある。そのために皿を洗う，洗濯をする，誕生日のお金を節約しなさい。それは起こるだろうから，準備すべきだ。

5.　嘘をついたり，友人を悲しませたりするために，この技術を使用しないでほしい。良い人になり，争ってはいけない。

6.　人と一緒にいるとき，特にレストランや，映画館で，または他の人との時間の間に使用しないでほしい。あなたにはマナーがある。スマートフォンはそれを変更することはできない。

7.　写真やビデオをたくさん取らない。すべてを心の中に置いておこうとしてはいけない。経験はあなたの宝物だ。それらはあなたの心の中に保たれている。

8.　音楽の多くの種類をダウンロードしなさい。あなたは，友人から新しい，クラシックや異なる音楽を聴くことができる。世界を大きくするチャンスを使用してほしい。

9.　視線を上げていなさい。周りで起こっている世界を見てほしい。窓の外を見なさい。鳥の声を聞きなさい。散歩をしなさい。人と話しなさい。①インターネットなしで考えなさい。

10.　あなたが失敗した場合，私はあなたの携帯電話を取り上げるつもりだ。私たちは座ってそれについて話し合う。私たちは再び始めようとする。あなたと私，私たちは常に学んでいる。②私はいつもあなたのチームにいることを覚えておいてほしい。

ママより

(1) 「窓の外を見て，鳥の声を聞いて，散歩をして，人と話しなさい」とあることから，「インターネット」なしで考えなさいと判断できる。

(2) 前の文で，「私たちはいつも学んでいる」とあることから判断する。

(3) ウ　ルール3参照。友達と対面してコミュニケーションを取ってほしいとある。

オ　ルール6参照。スマートフォンはそれ(マナー)を変更することはできないとある。

重要 (4) ア 「ジャスティンは自分の目で本物の世界を見なければならない」 ルール9参照。「世界を見てほしい」とあるので適切。

イ 「ジャスティンは公共の場所でスマートフォンを使ってはいけない」 ルール6参照。「レストランや映画館で使ってはいけない」とあるので適切。

ウ 「ジャスティンは，友だちを悲しませるためにスマートフォンを使う」 ルール5参照。「友人を悲しませたりするために，使用しないでほしい」とあるので不適切。

エ 「ジャスティンは，写真が宝物なので，多くの写真を撮るべきだ」 ルール7参照。「写真やビデオをたくさん取らない」とあるので不適切。

オ 「ジャスティンは毎晩，ママかパパにスマートフォンを預けなければならない」 ルール2参照。「学校がある日の午後7時半と毎週末の夜9時に預ける」とあるので適切。

★ワンポイントアドバイス★

語彙に関する問題，文法問題，長文問題とさまざまな知識が問われている。過去問を解いて，傾向をつかもう。そして，過去問や問題集を用いて，数多くの問題を解こう。

＜理科解答＞

1	(1) イ	(2) エ	(3) 75%	(4) イ	(5) ウ
2	(1) カ	(2) 尿素	(3) f	(4) a	(5) エ
3	(1) A，D	(2) C	(3) 蒸留	(4) エ	(5) 0.15(g)
4	(1) イ	(2) 海溝	(3) エ	(4) エ	(5) ①
5	(1) エ	(2) 340(m/s)	(3) 136(m)	(4) 2秒後	(5) オ

○推定配点○

各4点×25　　計100点

＜理科解説＞

1 (総合問題―小問集合)

重要 (1) 図1は草食動物の頭がい骨で，Aが犬歯，Bが臼歯である。草食動物は草をすりつぶすのに臼歯が発達しており，図2の肉食動物では肉を引きちぎるために犬歯が発達している。

基本 (2) 鉄の粉末が空気中の酸素と反応し，ペットボトル内の酸素が減少したため圧力が低下しペットボトルがへこんだ。ペットボトルをふると中の物質がよく混ざり合い，反応が活発に起こるようになる。そのために温度が速く上がる。

基本 (3) 湿度は実際の水蒸気量を，その温度の飽和水蒸気量で割ったものである。(11.55÷15.40)×100＝75(％)になる。

基本 (4) 同じストローどうしでは，表面に帯びる電気が同じ符号になるため反発しあう。ストローとティッシュペーパーは，反対符号の電気を帯びるため引き付けあう。

(5) 2020年のノーベル化学賞は，「遺伝子を改変するゲノム技術の開発」に対して贈られた。

2 (ヒトの体のしくみ―血液循環)

重要 (1) ブドウ糖などの栄養分は，血液中の液体成分である血しょうに溶け込んで体内に運ばれる。図では，血しょうはdで示されている。血しょうの一部が血液からしみ出したものが組織液である。

基本 (2) 体に有害なアンモニアは，肝臓で無害な尿素に変えられて体外に排出される。

基本 (3) 小腸で吸収された栄養素は，肝門脈を通って肝臓に運ばれる。fが肝門脈である。

重要 (4) 二酸化炭素の濃度の多い血液を静脈血という。また，心臓から送り出される血液が通るのが動脈である。体の各部から戻ってきた二酸化炭素の多い静脈血は，右心室，右心房を通り，肺動脈を通って肺に送られる。この肺動脈がaである。

(5) ハ虫類の心臓は2心房1心室である。心室には壁ができはじめている。両生類は2心房1心室で，鳥類は2心房2心室である。

3 (物質とその変化―状態変化)

(1) 1気圧のもとで液体が沸とうする温度を沸点といい，純粋な物質ではこの温度は一定である。図では，AとDがともに沸点が78℃あたりで同じなので，同じ物質とわかる。

(2) 混合物の沸点は，一方の物質が沸とうし始めると徐々にその割合が変化するので，混合溶液の沸点も徐々に変化する。グラフのCがこれに相当する。

(3) 物質の沸点の違いを利用し，沸点の低いものを沸とうさせて気体にし，これを冷却して再び液体に戻すことで混合物を分離する方法を蒸留という。

重要 (4) 固体から直接気体に変化することを昇華という。ドライアイスは二酸化炭素の固体で，昇華をする。

(5) 5mLの過酸化水素水の質量は，密度が1.0(g/cm^3)なので5gになる。このうち3％が溶けている過酸化水素なので，5×0.03＝0.15(g)である。

4 (大地の動き・地震―地震)

重要 (1) Aは北アメリカプレート，Bはユーラシアプレート，Cはフィリピン海プレート，Dは太平洋プレートである。。

(2) プレートの境目は，地下からマグマが吹き出して盛り上がっている部分と，プレートが押し合い一方が他方の下にもぐりこむ部分がある。前者は海嶺と呼ばれ，後者は海溝と呼ばれる。

重要 (3) 日本列島の太平洋側では，海洋プレートが大陸プレートの下にもぐりこんで，これに引きずられた大陸プレートのひずみが限界に達するとはじけるように元に戻り，このとき巨大地震が発生する。

重要 (4) マグニチュードが1違うと，地震のエネルギーは約32倍異なる。

基本 (5) 震度は各地点における揺れの大きさを示す。地震の規模が同じでも，場所によって揺れの大きさは異なる。

5 (光と音の性質―音の速さ)

基本 (1) 音は振動によって伝わる。振動する物質があれば音は伝わるので，気体，液体，固体中で伝わる。

重要 (2) Bさんが音を聞いてからCさんが音を聞くまでに0.6秒かかる。この間の距離が204mなので，音の速さは204÷0.6＝340(m/s)である。

(3)　340m/sの音が0.4秒でBさんに伝わるので，その間の距離は340×0.4＝136(m)である。

(4)　校舎に跳ね返った音がCさんに届くまでに音の移動した距離は，170＋170＋136＋204＝680(m)なので，この間にかかった時間は680÷340＝2(秒)であった。

重要 (5)　月には空気がないので，音の振動が伝わらず音が聞こえない。

★ワンポイントアドバイス★

基本問題が大半である。理科全般の教科書レベルの基礎的な知識をしっかりと理解し，計算問題の演習なども練習しておこう。

<社会解答>

1　問1　オ　問2　3(月)24(日)午前8(時)　問3　警察署　問4　900m

2　問1　カルデラ　問2　熊本(県)，Y　問3　ア

3　問1　ウ　問2　ウ　問3　イ　問4　刀狩[刀狩り](令)　問5　A群　イ　B群　エ

4　問1　2番目　ア　4番目　イ　問2　PKO　問3　日米安全保障条約[日米安保条約]

5　問1　(A)　自由　(B)　義務　問2　ウ　問3　エ　問4　EU

6　問1　オ　問2　エ

7　問1　イ　問2　イ　問3　オ

○推定配点○

各4点×25(2問2，3問5，4問1各完答)　計100点

<社会解説>

1　(地理─地形図，日本と世界の気候)

重要 問1　東京とリオデジャネイロは，ともに温暖湿潤気候であるが，リオデジャネイロは南半球にあるため，北半球と夏と冬が逆になっている。したがって，図Aにあたる。東京は図Cである。ローマは，冬に雨が多く，夏は極端に少ない地中海性気候であり，図Bにあたる。

問2　東京とニューヨークの経度差は，135＋75＝210(度)である。15度で1時間の時差があるので，東京とニューヨークの時差は210÷15＝14(時間)である。大会延期の発表が，東京で3月24日午後10時に行われたとき，ニューヨークでは，それより14時間前であるから，同じ日の3月24日午前8時である。

問3　Aは警察署の地図記号である。

問4　縮尺が25000分の1の地形図上で3.6cmの長さは，実際には，25000×3.6＝90000cm＝900mとなる。

2　(日本の地理─日本の諸地域の特色：九州地方，関東地方，産業，その他)

問1　カルデラとは，火山活動によってできた大きな凹地のことである。阿蘇カルデラは，東西18km，南北が25kmと世界でも有数の規模を誇っている。このカルデラは，九州中・北部を覆い尽くす4回にわたる巨大噴火の結果生じたものである。

問2　阿蘇山は，熊本県にある。熊本県はYにあたる。Wは福岡県，Xは大分県，Zは宮崎県である。

問3　関東地方には，京浜工業地帯や北関東工業地域などがある。京浜工業地帯は，戦後急速に発

展して，鉄鋼・機械・金属などの大規模な工場が建設された。内陸部の北関東工業地域では輸送機械や先端技術産業が発展している。イは瀬戸内工業地域，ウは阪神工業地帯，エは中京工業地帯，それぞれを説明した文章である。

3（日本の歴史―政治・外交史，社会・経済史）

問1　ウの金印は弥生時代のものである。

基本　問2　鎌倉仏教の中で，念仏の教えを説いたものには，法然の浄土宗，親鸞の浄土真宗，一遍の時宗がある。

問3　日明貿易は室町時代に足利義満が始めたものである。この時代には土倉や酒屋がさかえ，同業者ごとに座が結成された。ア，ウは江戸時代，エは明治時代の説明である。

問4　この資料は秀吉の刀狩令のものである。これは，一揆を防止するためにだされたものである。

問5　A群のイは，鹿児島が，長崎の誤りである。B群のエは，第一次護憲運動は，大正時代に起きているので，誤りとなる。

4（日本の歴史―政治・外交史，日本史と世界史の関連，その他）

問1　ウ：真珠湾攻撃（1941年12月）→ア：ミッドウェー海戦（1942年6月）→オ：東京大空襲（1945年3月）→イ：ポツダム宣言発表（1945年7月）→エ：原子爆弾投下（1945年8月）。

問2　国連平和維持活動は，国連憲章でうたわれた集団安全保障を実現し，紛争において平和的解決の基盤を築くことにより，紛争当事者に間接的に平和的解決を促す国連の活動である。日本ではPKOと称されることが多い。

重要　問3　日米安全保障条約は，「日本における安全保障のため，アメリカ合衆国が関与し，米軍を日本国内に駐留させることなどを定めた二国間条約である。

5（公民―政治のしくみ，国際政治）

やや難　問1　「投票する，しないは個人の自由である」という考えは若年層に多い。18歳以上選挙権の時代に，この点を改善していくために，主権者教育が必要なのである。

やや難　問2　ドント式の計算方法は，①各政党の得票数を1，2，3の整数で割る（100万÷1，85万÷1，61万÷1----）。②①で得た商を大きな順に，定数（ここでは6）まで各政党に配分する。この方法で得票数の多い政党順に割っていくと，÷1＝（D100，B85，C61，A27，E11），÷2＝（D50，B42.5，C30.5，A13.5，E5.5），÷3＝（D33.3，B28.3，C20.3，A9，E3.6）となり，D党が3議席，B党が2議席，C党が1議席となる。A，Eは議席獲得には至らなかった。

問3　参議院は解散制度もなく，慎重に審議を進めることができ，国民のために様々な意見をよりよくまとめることができると期待されている。

基本　問4　ヨーロッパ連合は欧州連合ともいい，European Unionの略称としてEUといわれている。

6（公民―政治のしくみ，憲法）

問1　天皇は内閣の助言と承認をえて，すべての国事行為を行うのであるから，Bは誤りとなる。

問2　三権分立を示した資料Ⅰの中で，文章に示してある弾劾裁判はエにあたる。アは衆議院の解散，イは衆議院の内閣不信任決議，ウは違憲立法審査権，オは最高裁判所長官の指名，カは命令・規則・処分の違法性の審査，である。

7（公民―政治のしくみ，憲法）

問1　イは社会権についての説明である。

問2　衆議院の優越の1つに法律案の議決がある。参議院が衆議院と異なった議決をした場合→衆議院が出席議員の3分の2以上の多数で再可決したときに，法律として成立する。

問3　裁判員裁判は，民事裁判では行われないので，Aは誤り。裁判員制度の対象となるのは重大な犯罪事件で第一審のみであるので，Bも誤りとなる。

★ワンポイントアドバイス★

1問2　日付変更線の東にある東京の方が，西にあるニューヨークよりも時刻が早いことを覚えておこう。4問2　PKOに基づき派遣される各国軍部隊を，国際連合平和維持軍という。日本ではPKFとも略される。

＜国語解答＞

一　問一　a　しんこく　　b　抵抗　　問二　そのと　　問三　エ　　問四　ウ
　　問五　B　エ　　C　イ　　問六　イ　　問七　エ　　問八　ウ

二　問一　a　紺　　b　がいとう　　問二　ウ　　問三　エ　　問四　イ　　問五　イ
　　問六　エ　　問七　エ　　問八　エ　　問九　4

三　問一　イ　　問二　イ　　問三　ふみ　　問四　ア　　問五　イ

○推定配点○

一　問一　各2点×2　　問四・問七　各3点×2　　他　各5点×6

二　問一　各2点×2　　問二・問七　各3点×2　　問九　4点　　他　各5点×5

三　問三・問五　各3点×2　　他　各5点×3　　計100点

＜国語解説＞

一　（論説文―漢字の読み書き，指示語の問題，文脈把握，接続語の問題，脱文・脱語補充，熟語）

問一　a「深刻」は「考えや表現が深いところまで達していること，また事態を重大に受けとめて，深く思いわずらうこと」。　b「低抗」としないように注意。

問二　傍線部①直後「合格線スレスレに…というほどのこともない。」より，合格／不合格で優秀さが決まらないということから，傍線部①が指すのは前段落の「そのときの…言えまい。」である。

問三　第三段落の内容をもとに解答する。受験において，合格したから「できる子」，不合格だったから「だめな子」とは言い切れないということをおさえておく。アは「教科」は本文中で言及されておらず，無関係なので不適当。イは「分け方自体が，完全に間違ったものである」とは言い切れず不適当。合格／不合格における話なので，分け方自体については言及されていない。ウは「時代」や「授業内容」は本文中で言及されておらず，無関係なので不適当。

問四　空欄A直前では「高校や大学へ…いくらもある。」と，学歴だけが重要でないことを示し，直後では「そうは言っても…いい高校に入りたいと考えるだろう。」としていることから，逆接のウ「しかし」が適当。

やや難　問五　Bは直前の「自信になったり」，「自分がだめのように思いこんだり」という記述から，心情にかかわるエが適当。イでは「自信になったり」という要素が反映されず，不適当。Cは「問題」「重要」などもあてはめることができるため，イが適当。ア「本格的」は「本来あるべき方式に従う，本調子になる」という意味なので，「たいして問題ではない」という文脈から外れる。

問六　まず，傍線部③直前「たしかに，…入るのが多いが」から，ウ・エは不適当。アは「まったく」が不適当。「多い」だけで必ずではないということであり，「まったく」とは言い切れない。

問七　エ「影響」は，「影と響き」という何か他のものごとから生まれるものという点で同じ種類のものを表す字を重ねた熟語である。

重要 問八　「それが勝負どころでもある。」とあることから，本文の「かりに，…かどうか。」と，分かれ目が明示されている部分を反映したウが適当。

二　**（小説－漢字の読み書き，敬語，文脈把握，情景・心情，脱文・脱語補充，大意・要旨，段落・文章構成）**

問一　a「紺」は「甘」の横棒を2本にしないよう注意。　b「該当」とは「ある条件にあてはまる」という意味。

問二　「ございます」は「あります」のより丁寧な言い方。イの「謙譲語」とする誤答が多いと思われるが，謙譲語は「見る」を「拝見する」と言うなど，自分や身内の行為をへりくだる場合の敬語である。

問三　SFとは「サイエンス・フィクション」の略で，一般には未来や宇宙を舞台にする空想の物語である。アは有名かどうかは無関係なので不適当。イは誤答が多いと思われるが，SF映画全般が興奮するようなものとは限らないうえ，ここではポンちゃんとサイトウの映され方の違いに注目しているのみで，「おれ」や「後藤」の心情については言及がないため不適当。ウはSF映画と「偉そう」が結びつかないため不適当。

重要 問四　アは誤答が多いと思われるが，堂々とした態度に加えてサイトウに質問返しをして会話をリードしたという点が反映されていないため不適当。ウ・エは映像のことに言及しているが，語頭が傍線部③のように言ったのはポンちゃんが質問返しをしたのを聞いてのことであり，映像の様子とは無関係なので不適当。

問五　委員長の「どうしてですか？」に対し，ポンちゃんは「『コミュニケーションできません』」，またそれについて「『あなたは，最初に，…誰だって知ってます』」としていることから，サイトウの返答は既に皆が知っていることであり，あまりに当然なので答えになっていないと感じていることがわかるため，イが適当。

問六　「顔が真っ赤になる」は一般的に「怒り，恥，照れ」の感情を表すため，それに該当しないエが正答。

基本 問七　X，Y，Zはいずれもサイトウの発言であるため，ア・イは不適当。　XからZにかけて段々とサイトウから丁寧さが失われていることから，エが適当。ウの「体調」はこの語気の変化からは読み取れない。

問八　アは「法律で…教えてほしかった」が不適当。ポンちゃんは発言を「『誰だって知ってます』」としめくくっていることから，法律で決まっていることも皆知っていて，教えてほしいとも思っていないことがわかる。イは「不登校についての意見を答えてほしかった」が不適当。ポンちゃんのした質問は，中学校がなぜこの国に存在するのかということである。ウはアの解説同様，「知らない」が不適当。

問九　「アナウンサー」とあることから，中継が中断して「アナウンサーが現れ」た後のことなので，4が適当。それまでは中継映像のみが映され，アナウンサーは登場していないことが「アナウンサーが現れて」から読み取れる。

三　**（古文－文脈把握，和歌，仮名遣い，内容吟味，文学史）**

問一　大意より，発言内容は「帰らないといけません」ということなので，これは中宮定子のもとにやってきた頭の弁の発言である。

重要 問二　大意より，「逢坂の関は許しませんよ」ということなので，「会いたい」という頭の弁の気持ちを拒絶するイが適当。

問三　古文では「文」は「ふみ」と読み，主に「手紙」という意味を表す。

問四　大意より「翌朝，」頭の弁が手紙をくれたということなので，「その日のうちに」としているアが不適当。

基本 問五　『枕草子』は清少納言の作である。ウの「紫式部」は『源氏物語』の作者なので混同しないようにしよう。アの「藤原道長」は平安時代に権力を持っていた人物で，『御堂関白記』という日記作品を残しているが，有名ではない。エの「松尾芭蕉」は『奥の細道』の作者である。

★ワンポイントアドバイス★

論説文は，何について述べられているのか，筆者はどのような主張をなぜしているのか，正確に読み取ろう。小説は，地の文で使われている表現にも注目しながら，登場人物の心情を把握しよう。古文は，述べられていることがどのような意味を表すのか，文脈から判断する力をつけておこう。

MEMO

大切なことはメモしておこうネ！

2020年度

★★★★★★★★★★★★★★★★★★★★★★★★

入　試　問　題

2020年度

同朋高等学校入試問題

【数　学】（40分）　＜満点：100点＞

1　次の(1)から(10)の問いに答えなさい。

(1)　$-2-8\div6\times5$　を計算しなさい。

(2)　$\dfrac{7x-3}{8}-\dfrac{5x+2}{6}$　を計算しなさい。

(3)　$\sqrt{18}+\dfrac{4}{\sqrt{2}}-2\sqrt{2}$　を計算しなさい。

(4)　$-9ab^3\div(-2ab)^2\times3a^2$　を計算しなさい。

(5)　$(x-2)^2-4(x-2)-5$　を因数分解しなさい。

(6)　2次方程式　$2x-x^2=6(2x-3)$　を解きなさい。

(7)　連立方程式　$\begin{cases}9x-2y=-11\\3x+4y=1\end{cases}$　を解きなさい。

(8)　968を素因数分解しなさい。

(9)　$x=\sqrt{3}-1$　のとき，x^2+2x+7　の値を求めなさい。

(10)　正五角形の1つの外角の大きさを求めなさい。

2　**図1**のように，3つの長方形ABCD，EFGH，PQRSがある。

長方形の頂点C，D，G，H，R，Sは直線ℓ上にあり，AD＝6㎝，CD＝12㎝，RS＝24㎝，CH＝a㎝，AD＜QR で，点Dと点Rは同じ位置にある。

図2（次のページ）のように，2つの長方形ABCD，EFGHを CH＝a㎝ を保ったまま，直線ℓ上を矢印の方向に毎秒1㎝の速さで，点Gが点Sに重なるまで移動させる。移動させ始めてからx秒後に，2つの長方形が長方形PQRSと重なっている部分の面積の和をy㎠とする。

図3（次のページ）は，xとyの関係を表したグラフである。次の(1)から(3)の問いに答えなさい。

(1)　**図3**の**ア**，**イ**にあてはまる数をそれぞれ求めなさい。

(2)　aの値を求めなさい。

(3)　辺GH，EHの長さはそれぞれ何㎝か求めなさい。

図1

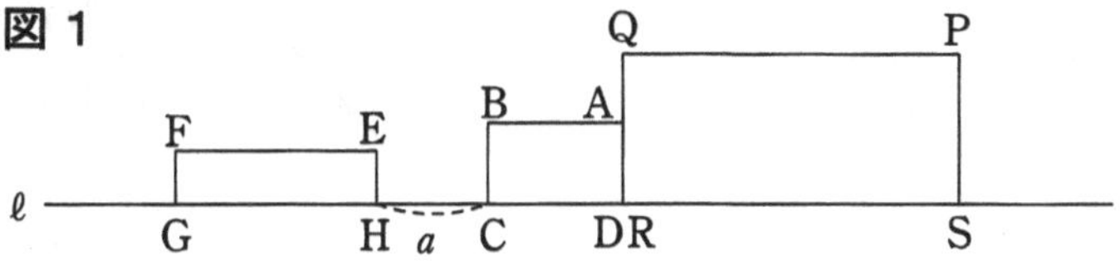

図 2

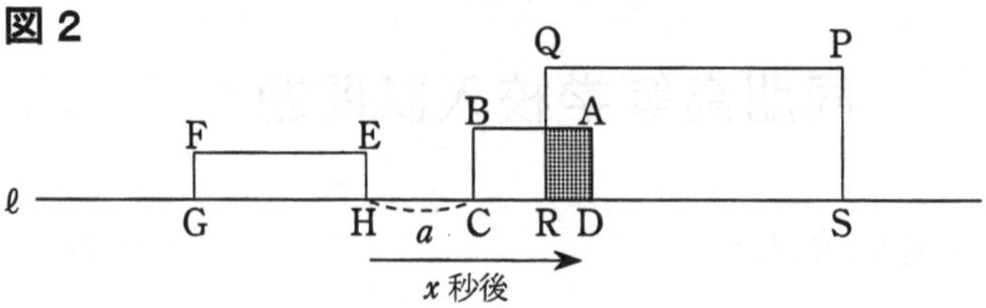

図 3

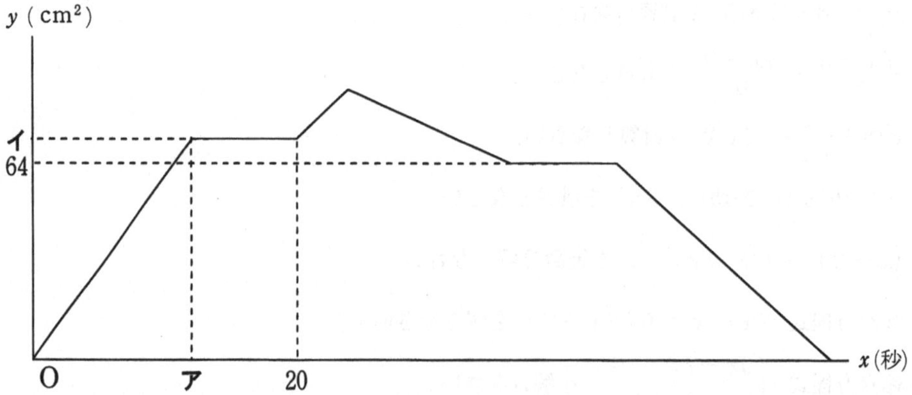

3　6つの面に○が3つ，△が2つ，×が1つ描かれているさいころがある。このさいころを2つ同時に投げるとき，次の⑴から⑵の問いに答えなさい。

⑴　最も低い確率で出る面の組み合わせを，次のアからカの中から選び，記号で答えなさい。

ア　○と○　　**イ**　△と△　　**ウ**　×と×　　**エ**　○と△　　**オ**　○と×　　**カ**　△と×

⑵　最も高い確率で出る面の組み合わせを，次のアからカの中から選び，記号で答えなさい。

ア　○と○　　**イ**　△と△　　**ウ**　×と×　　**エ**　○と△　　**オ**　○と×　　**カ**　△と×

4　右の図のように，点A(－3，3) を通る放物線 $y = ax^2$ のグラフがある。また，直線 $y = 2x$ と放物線 $y = ax^2$ との交点のうち原点Oでない点をBとする。このとき，次の⑴から⑶の問いに答えなさい。

⑴　a の値を求めなさい。

⑵　直線ABの式を求めなさい。

⑶　△OABの面積を求めなさい。

図

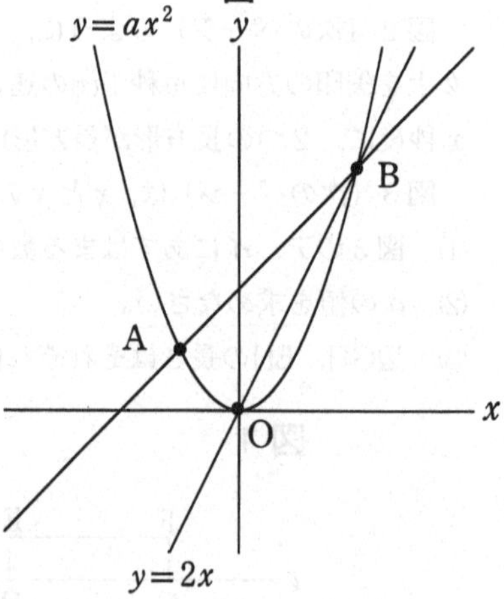

【英　語】（40分）　＜満点：100点＞

1　次の各組のうち，下線部の発音が他と異なるものを，アからエまでの中から選び，記号で答えなさい。

(1)　ア　under　　イ　Russia　　ウ　student　　エ　luck

(2)　ア　rabbit　　イ　actually　　ウ　pamphlet　　エ　area

2　次の各組で，最も強く発音する位置が他と異なるものを，アからエまでの中から選び，記号で答えなさい。

(1)　ア　cul-ture　　イ　sup-port　　ウ　per-fect　　エ　eve-ning

(2)　ア　im-port-ant　　イ　ex-pen-sive　　ウ　ex-am-ple　　エ　fa-vor-ite

3　次の各文の（　）の中から最も適切なものを，アからエまでの中から選び，記号で答えなさい。

(1)　These songs（ア　gave　　イ　got　　ウ　told　　エ　made）me happy when I was a child.

(2)　The movie（ア　which　　イ　who　　ウ　when　　エ　where）I watched yesterday was interesting.

(3)　Do you know the boy（ア　stand　　イ　to stand　　ウ　stood　　エ　standing）over there?

4　次の各組の英文がほぼ同じ内容になるように，（　）に適切な語を入れなさい。

(1)　Jack broke this coffee cup.
　　＝ This coffee cup（　　）（　　）by Jack.

(2)　He must get up at 5 o'clock.
　　＝ He（　　）（　　）get up at 5 o'clock.

(3)　My house is larger than yours.
　　＝ Your house is（　　）than mine.

5　日本語の意味に合うように｛　｝内の語句を並べかえたとき，｛　｝内で**3番目**と**6番目**にくるものを，アから**キ**までの中から選び，記号で答えなさい。文頭にくる語も小文字になっています。

(1)　私はこの機械の使い方が分かりません。
　　｛ア　to / イ　don't / ウ　this machine / エ　I / オ　use / カ　how / キ　know｝.

(2)　私は彼にこの部屋を掃除してほしい。
　　｛ア　room / イ　want / ウ　I / エ　to / オ　this / カ　him / キ　clean｝.

(3)　このホテルにはどれくらい泊まるつもりですか。
　　｛ア　stay / イ　are / ウ　how / エ　going / オ　long / カ　to / キ　you｝at this hotel?

6　「東京オリンピックにおけるボランティア」をテーマとして，ある高校のボランティア部で行われたやり取りの一部を読み，あとの(1)から(6)までの問いに答えなさい。

Teacher: Today, we are going to talk about volunteer activities in the 2020 Olympic Games* in Tokyo. Many foreign people will come to Tokyo to watch the games, but most of them don't understand Japanese. So volunteers are needed to support them when they go sightseeing or enjoy the games.

Sho: What should I do to be a volunteer?

Teacher: You have to study English to talk with foreign people. In Tokyo, ①{ ア who / イ be volunteers / ウ English lessons / エ take / オ want to / カ people }. How about taking the lessons and joining the volunteer activities?

Sho: I want to join them because I want to make my English skills better. We have been studying* English for 5 years but there are not enough chances* to use ② it here in Japan. It is easy ③ to study English in foreign countries but it costs too much. I think it is important to have the chance to talk with foreign people here in Japan. It is the best way to learn English.

Teacher: I see. Sho, you want to say that [④]. What do you think, Rei?

Rei: When we talk with them, our English gets better. However*, it is not easy for us to join the volunteer activities because we don't have enough time ⑤ to do it. We have a lot of homework and club activities, so we are busy. If I have enough time, I would like to be a volunteer.

Teacher: Thank you. You say that [⑥]. Well, how can we solve this problem?

Mei: I have a good idea. You don't give us homework next summer. Instead of that, we will join the volunteer activities as our homework. What do you think about that?

Teacher: That's nice, Mei. Let's study English hard to be helpful volunteers.

*(注)　Olympic Games　オリンピック　　have been studying　勉強し続けている　　chance　機会
however　しかしながら

(1)　文中の下線部①を「ボランティアをやりたい人々は，英語の授業を受ける」という意味になるように｛　｝内の語句を並べ替えたとき，｛　｝内で**3番目**と**5番目**にくるものを，アから**カ**までの中から選び，記号で答えなさい。

(2)　文中の下線部②が表す語句として最も適切なものを，あとのアからエの中から選び記号で答えなさい。

ア　volunteer activity　　イ　chance　　ウ　English　　エ　the best way

(3)　文中の下線部③と**同じ用法で使用されているもの**を，あとのアからエの中から選び記号で答えなさい。

ア　I study English to go to America.　　イ　I want something to drink.

ウ　I like to study Japanese.　　エ　I was happy to hear the news.

⑷　空欄④に入れるのに最も適切な英文を，あとのアからエから選び記号で答えなさい。

ア　you want to join the Olympic Games as a player

イ　you shouldn’t do volunteer work

ウ　you must not study English for 5 years

エ　you will join the volunteer activities to get better English skills

⑸　文中の下線部⑤の表す内容を，あとのアからエから選び記号で答えなさい。

ア　ボランティア活動に参加すること　　イ　外国で英語を学ぶこと

ウ　たくさんの宿題をすること　　エ　部活動に参加すること

⑹　空欄⑥に入れるのに最も適切な英文を，あとのアからエから選び記号で答えなさい。

ア　you are busy talking with foreign people

イ　you want to join the volunteer activities but you don’t have enough time

ウ　you don’t have enough time to do club activities

エ　you don’t want to be a volunteer

7　次の英文を読んで，あとの⑴から⑹までの問いに答えなさい。

There is a small island country in the South Pacific*. It is called Tuvalu*. People who live there catch many kinds of fish in the sea and grow plants in their fields. Tuvalu is a country which people and animals live in together, but now, it is disappearing slowly. Scientists say that the island will be under water in the future. The seawater* will cover the grounds and come into the house. Then, the people will not be able to grow food. Many people think that it is difficult to live in this island anymore. Some people have already ①(start) to leave this island and moved to New Zealand. But, one old woman said, “We will stay in this country until we die. Tuvalu is my home. Can you imagine losing your hometown forever?” Many scientists think that the cause of this problem is global warming*.

②Venice* in Italy has almost { ア as / イ same / ウ the / エ problem / オ Tuvalu }. Venice is a famous beautiful city and many people visit it every year. It often rains in spring and. fall. The ground level* is (③), so, when it rains, water covers the roads all over the city. Many shops and museums sometimes have to be closed. We watch the sad news of global warming on TV almost every day. What can we do to stop it?

④Greta Thunberg*, 16 years old, thought that global warming is a serious problem of the earth. She wanted to stop global warming. She said, “Everyone is worried about it. We have a lot of things to do to save people, animals and the earth, but we are not doing our best.” One day in August, 2018, Greta didn’t go to school. She decided to give her message to her country and go on a demonstration* every Friday in front of the Diet of Swedish*. “The earth is dying, but we can change the world. Don’t stop thinking about ⑤that, please do something. Global warming is our problem."

*(注) the South Pacific 南太平洋 Tuvalu ツバル seawater 海水
global warming 地球温暖化 Venice ヴェニス level 高さ
Greta Thunberg グレタ・サンバーグ(スウェーデンの環境活動家)
go on a demonstration デモ活動をする the Diet of Swedish スウェーデン国会

(1) 文中の①の( )内の動詞を正しい形に変えなさい。

(2) 文中の下線部②を「イタリアのヴェニスはツバルと同じような問題を抱えている。」という意味になるように{ }内の語を並べ替えたとき,{ }内で**2番目**と**4番目**に来るものを,**ア**から**オ**までの中から選び,記号で答えなさい。

(3) 文中の(③)に入る適切な語を**ア**から**エ**までの中から選び,記号で答えなさい。

ア big **イ** small **ウ** low **エ** high

(4) 文中の下線部④ Greta Thunberg について**正しくないもの**を,**ア**から**エ**の中から1つ選び,記号で答えなさい。

ア 地球温暖化は地球にとって深刻な問題だと思っていた。

イ 誰も地球温暖化について考えていないと述べている。

ウ スウェーデン国会の前でデモを行った。

エ 地球温暖化について実際に何か行動を起こそうと言った。

(5) 文中の下線部⑤ that がさす内容を,本文中から4語で抜き出しなさい。

(6) 次の文のうち,本文の内容とあっているものを,**ア**から**カ**までの中から2つ選び,記号で答えなさい。

ア Tuvalu is a country which has disappeared under water.

イ Many people who live in Tuvalu are glad to move to New Zealand.

ウ Many people always go to shops and museums when it rains in Venice.

エ We often watch the sad news of global warming on TV.

オ Greta Thunberg didn't go to school on Fridays.

カ People always do their best to stop global warming.

【理　科】（40分）　＜満点：100点＞

1　次の(1)から(5)までの問いに答えなさい。

(1)　**図**のように薄いゴム膜を張った筒を水槽に入れた。そのときのようすを説明した文章として最も適当なものを，下の**ア**から**エ**までの中から一つ選び，記号で答えなさい。

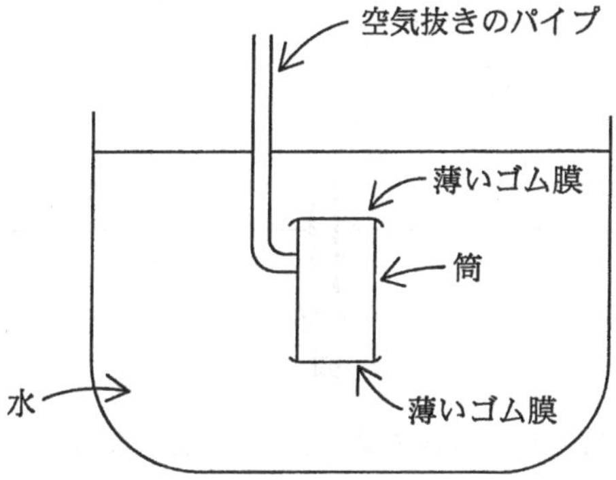

図

ア　水圧は水深に比例するので，下の膜のほうが上の膜よりも大きくへこむ。

イ　水圧は水深に比例するので，上の膜のほうが下の膜よりも大きくへこむ。

ウ　水圧は水深に反比例するので，上の膜のほうが下の膜よりも大きくへこむ。

エ　水圧は水深に反比例するので，下の膜のほうが上の膜よりも大きくへこむ。

(2)　今から151年前の1869年に，ロシアの化学者メンデレーエフは，当時知られていた約60種類の原子を質量順に並べ，性質の似た原子が周期的にあらわれることを見つけて。このような規則性をもとにしてつくった表を何というか。**漢字**で答えなさい。

(3)　生物は進化の歴史の中で様々な種が生まれ，一部の種が現在まで生き残っている。セキツイ動物の５つのグループについて，地球上に最初に現れたものから順番に並べたとき，３番目になるグループは何か。下の**ア**から**オ**までの中から一つ選び，記号で答えなさい。

ア　ハチュウ類　　**イ**　ホニュウ類　　**ウ**　魚類　　**エ**　鳥類　　**オ**　両生類

(4)　地球の自転について説明している文章として**誤っているもの**を，下の**ア**から**エ**までの中から一つ選び，記号で答えなさい。

ア　地軸を中心として一日に１回転している。

イ　地軸は約23.4°傾斜している。

ウ　地球は北極側から見て時計回りに回転している。

エ　日本では北の地平線に近い場所の星は，自転によって西から東へと動いて見える。

(5)　環境中に存在する微小なプラスチック粒子は，特に海洋環境において極めて大きな問題になっている。最近の研究では，海洋生物がプラスチックそのものと，それに付着した有害物質を摂取し，生物濃縮によって海鳥や人間の健康にも影響することが懸念されている。プラスチック類の廃棄量を減らすためにストローを紙製にしたり，レジ袋を有料化するなどの対策が各国でも取られるようになってきた。この微小なプラスチックのことを何というか。

2　図のように，抵抗R_1，R_2，R_3と電源，スイッチSを接続した。あとの問いに答えなさい。

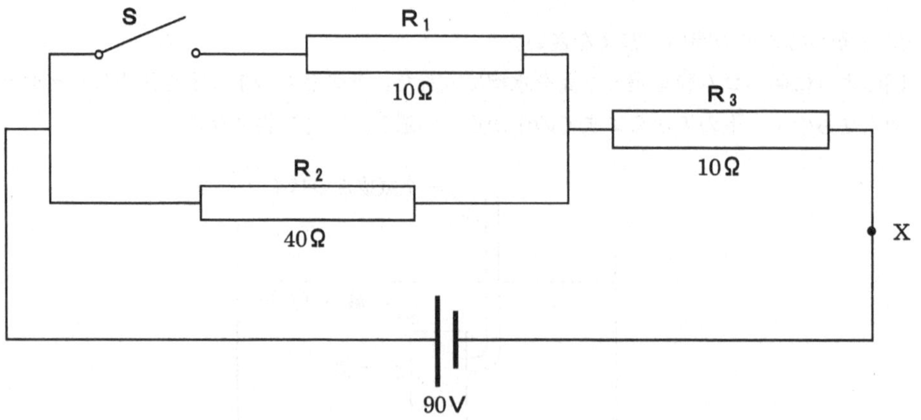

図

⑴　オームの法則について説明している文章として最も適当なものを，下のアからエまでの中から一つ選び，記号で答えなさい。

ア　電圧Vが一定の場合，抵抗Rは電流Iに比例する。

イ　抵抗Rが一定の場合，抵抗Rを流れる電流Iは電圧Vに比例する。

ウ　電流Iが一定の場合，抵抗Rは電圧Vに反比例する。

エ　抵抗Rが一定の場合，抵抗Rを流れる電流Iは電圧Vに反比例する。

⑵　スイッチSを切っているときにX点に流れる電流と，スイッチSを入れているときにX点に流れる電流の差は何Aか。

⑶　スイッチSを入れているとき，抵抗R_2には何Vの電圧がかかっているか。

⑷　電力の大きさと一定時間の電熱線の発熱量について説明している文章として最も適当なものを，下のアからエまでの中から一つ選び，記号で答えなさい。

ア　電力の大きさと一定時間の電熱線の発熱量は比例の関係にある。

イ　電力の大きさと一定時間の電熱線の発熱量には関係性がない。

ウ　電力の大きさと一定時間の電熱線の発熱量は反比例の関係にある。

エ　一定時間の電熱線の発熱量は電力の大きさの２乗に比例する。

⑸　スイッチSを入れているとき，抵抗R_1，R_2，R_3の発熱量を計測した。すべて同じ時間だけ発熱させたとすると，最も発熱量の大きいのは抵抗R_1，R_2，R_3のうちどれか。

3　次のページの表を見て，あとの問いに答えなさい。

⑴　水素を発生させる方法として最も適当なものを，下のアからエまでの中から一つ選び，記号で答えなさい。

ア　試験管に入れた塩酸に石灰石を入れて発生させる。

イ　鉄と硫黄を混ぜたものを試験管に入れて上の方を加熱して発生させる。

ウ　水に水酸化ナトリウムを溶かし，電流を流して電気分解を行い，負極に発生させる。

エ　試験管に入れた亜鉛にオキシドールを入れて発生させる。

	アンモニア	塩素	水素	酸素
水に対する溶けやすさ	X	溶けやすい	Y	溶けにくい
におい	特有の刺激臭	特有の刺激臭	なし	なし
色	なし	黄緑色	なし	なし
密度〔g/L〕	0.72	3.00	0.08	1.33
その他の性質	有毒 水溶液はアルカリ性	有毒 漂白作用 殺菌作用	火を近づけると爆発して水ができる	ものを燃やす作用がある
用途	肥料の原料など	水道水の消毒など	燃料電池など	溶接など

⑵　アンモニアがアルカリ性であることを確認する方法を，リトマス試験紙で確認する方法以外で一つ答えなさい。

⑶　この４種類の気体を捕集する組み合わせとして，最も適当なものを下の**ア**から**エ**までの中から一つ選び，記号で答えなさい。ただし，空気の密度は1.28 g / L とする。

	アンモニア	塩素	水素	酸素
ア	上方置換法	下方置換法	上方置換法	下方置換法
イ	上方置換法	下方置換法	水上置換法	水上置換法
ウ	上方置換法	上方置換法	水上置換法	水上置換法
エ	水上置換法	水上置換法	上方置換法	下方置換法

⑷　還元の説明とその例として最も適当なものを，下の**ア**から**エ**までの中から一つ選び，記号で答えなさい。

ア　化合物が２種類以上の物質に分解することである。

（例）　炭酸水素ナトリウム→炭酸ナトリウム＋二酸化炭素＋水

イ　酸素と化合することである。

（例）　鉄＋酸素→酸化鉄

ウ　２種類以上の物質が結びついて別の物質が生成することである。

（例）　鉄＋硫黄→硫化鉄

エ　酸化物から酸素をうばうことである。

（例）　酸化鉄＋炭素→鉄＋二酸化炭素

⑸　この４種類の気体を捕集した試験管を，A君が誤って取り違え，どの試験管がどの気体なのかわからなくなった。そこでA君はB先生と一緒に試験管の気体の種類を特定することにした。次のA君とB先生との会話中の下線部**ア**から**エ**のうち，**誤っているものを一つ選び，正しく訂正しなさい**。

A君　　B先生，この試験管①だけ黄緑色をしていますね。だから①は<u>ア塩素</u>ですね。

B先生　そのとおりですね。ではこの試験管②はどうですか。色もにおいもないので，このままではわかりませんね。

A君　でも先生，残りの３本のうち１本はアンモニアなのでにおいで判断できますよね。だからこの②はにおいがないのでイ酸素か水素と判断できます。酸素と水素なら火のついた線香を近づければ判断できますね。

B先生　なるほど。ではやってみよう……　線香の炎が大きくなったから……

A君　ウ水素ですね。

B先生　残りの試験管③と④は？

A君　試験管③は特有の刺激臭があるからエアンモニアで決まりですよ。そして最後の試験管④が残りの気体ですね。

B先生　A君，完ぺきですね。すばらしい！

4　生物のふえ方や遺伝について，あとの問いに答えなさい。

⑴　植物のふえ方について，イネ，スギナのふえ方としてあてはまるものはどれか。下の**ア**から**カ**までの中から一つ選び，記号で答えなさい。

ふえ方**A**　種子をつくらず，胞子でふえていく。

ふえ方**B**　種子をつくり，胚珠はむき出しである。

ふえ方**C**　種子をつくり，胚珠は子房の中にある。

	イネ	スギナ
ア	ふえ方**A**	ふえ方**B**
イ	ふえ方**A**	ふえ方**C**
ウ	ふえ方**B**	ふえ方**A**
エ	ふえ方**B**	ふえ方**C**
オ	ふえ方**C**	ふえ方**A**
カ	ふえ方**C**	ふえ方**B**

⑵　単細胞生物や一部の動植物では受精を行わない無性生殖が行われる。無性生殖に**あてはまらないもの**を下の**ア**から**エ**までの中から一つ選び，記号で答えなさい。

ア　サツマイモのいもを土に植えると根や茎を出す。

イ　ゾウリムシが体細胞分裂によって二つに分かれる。

ウ　ジャガイモが花を咲かせて種子をつくる。

エ　タケが地下茎（地中にのびている根のような茎）によってふえる。

⑶　植物の有性生殖では卵細胞と精細胞の受精によって受精卵がつくられる。また動物では卵と精子の受精によって受精卵がつくられる。このような生殖細胞をつくる時に行われる細胞分裂を何というか。

⑷　ヒトの染色体の数は46本である。卵，精子，受精卵における染色体の数として正しいものを右の**ア**から**カ**までの中から一つ選び，記号で答えなさい。

	卵	精子	受精卵
ア	0本	46本	46本
イ	46本	0本	46本
ウ	23本	23本	23本
エ	23本	23本	46本
オ	46本	46本	46本
カ	46本	46本	92本

⑸　染色体の中にある遺伝子の本体を何というか。その略称を３文字で答えよ。

5　10月のある日，太郎君は家の中から台風が接近する様子を観察していた。台風による風が強く吹き始めた時の風向きは北寄りであった。その後，風向きは西寄りに変化したのちに弱くなっていった。あとの問いに答えなさい。

(1)　台風の通過ルートと太郎君の家の位置関係をあらわした文章として最も適当なものを，下の**ア**から**エ**までの中から一つ選び，記号で答えなさい。

ア　台風は太郎君の家の西の地域から北の地域へと通過していった。

イ　台風は太郎君の家の南西の地域から太郎君の家の真上を通過し，北東の地域へと通過していった。

ウ　台風は太郎君の家の南東の地域から北東の地域へと通過していった。

エ　台風は太郎君の家の北の地域から西の地域へと通過していった。

(2)　このように風が変化したのは，台風の風がどのように吹いているからか。最も適当なものを，下の**ア**から**エ**までの中から一つ選び，記号で答えなさい。

ア　台風の中心に向かって時計回りに吹き込んでいる。

イ　台風の中心から時計回りに吹き出している。

ウ　台風の中心に向かって反時計回りに吹き込んでいる。

エ　台風の中心から反時計回りに吹き出している。

6　ある冬の日に暖房をつけた部屋の中の温度と湿度を計測したところ，室温が20℃，湿度は70％であった。夜になり暖房を切って十分な時間がたった時に，室温は５℃になっていた。この時，窓ガラスに水滴がついていた。

朝になり窓ガラスなどの水滴をすべてふき取り，再び暖房をつけて室温を16℃にした。あとの問いに答えなさい。

(1)　室温が下がって水滴ができ始める現象を何というか答えなさい。

(2)　(1)の現象が起こり始める温度のことを何というか答えなさい。

(3)　再び暖房をつけて16℃にしたとき，部屋の中の湿度は何％となるか答えなさい。ただし，気温と飽和水蒸気量の関係は下の表のとおりとする。

気温〔℃〕	飽和水蒸気量〔g/m^3〕
20	17.3
16	13.6
5	6.8

【社　会】（40分）　＜満点：100点＞

1　次の文章を読み，以下の問いに答えなさい。

問1　日本とフランスを最短距離で結ぶ際，通過する地域の名前とその説明として適当なものを**ア**から**エ**までの中から１つ選び，記号で答えなさい。なお，以下の文は，**アジア州**，**オセアニア州**，**北アメリカ州**，**アフリカ州**のいずれかの説明文である。

	説明
ア	世界の約６割の人々が住んでおり，1㎢あたりの人口密度が高くなっている地域も多くある。ASEAN 諸国では，アメリカや日本などの企業による工業化が進められた。
イ	大陸には，ロッキー山脈などの山脈がそびえ，広大な平原が広がり，ミシシッピ川などの大きな河川が流れている。新しい工業分野で最先端に位置し，シリコンバレーには多くの企業が集まっている。
ウ	19 世紀末までに，ほぼ全域がヨーロッパ諸国の植民地となった。独立後の現在でも，英語やフランス語など植民地時代の旧本国の言語を公用語としている国が多くある。各国の首都の人口増加率が非常に高くなっている一方で，スラムと呼ばれる居住地区が増加していることが問題となっている。
エ	16 世紀以後のヨーロッパ諸国の進出によって，伝統的な宗教よりもキリスト教徒が多数を占めるようになった。しかし現在では，先住民のアボリジニの美術や，マオリのおどりなどを守ったり，復活させようという動きが活発である。

問2　東京から真北の方向に直進して地球を一周すると，最後から２番目に通過する大陸を答えなさい。

問3　フランスのパリに向かう日本からの飛行機は，成田国際空港を８月８日午後８時に出発し，乗り換えのために２つの国を経由し，現地時間の８月９日午前７時にパリのオルリー空港に到着した。成田国際空港からオルリー空港までの所要時間は何時間か。なお，日本とフランスの時差は８時間であり，サマータイムは考慮しないものとする。

2　次のページの**図Ⅰ**は，京都市中京区の２万5000分の１の地形図である。**図Ⅰ**を参考にして以下の問いに答えなさい。（「国土地理院電子地形図25000」を掲載）

問1　日本で発行されている地形図において，**図Ⅰ**中の**A**で示した地図記号が表しているものは何か。次の**ア**から**エ**までの中から選びなさい。

ア　図書館　　**イ**　博物館
ウ　城跡　　**エ**　官公署

問2　**図Ⅰ**中の**B**は，京都市役所の場所を示している。**図Ⅰ**中の**A**と**B**の間の長さは地形図の約5.0㎝である。実際の距離はおよそどれくらいか。次の**ア**から**エ**までの中から選びなさい。

ア　500m　　**イ**　1250m
ウ　5000m　　**エ**　12500m

図Ⅰ

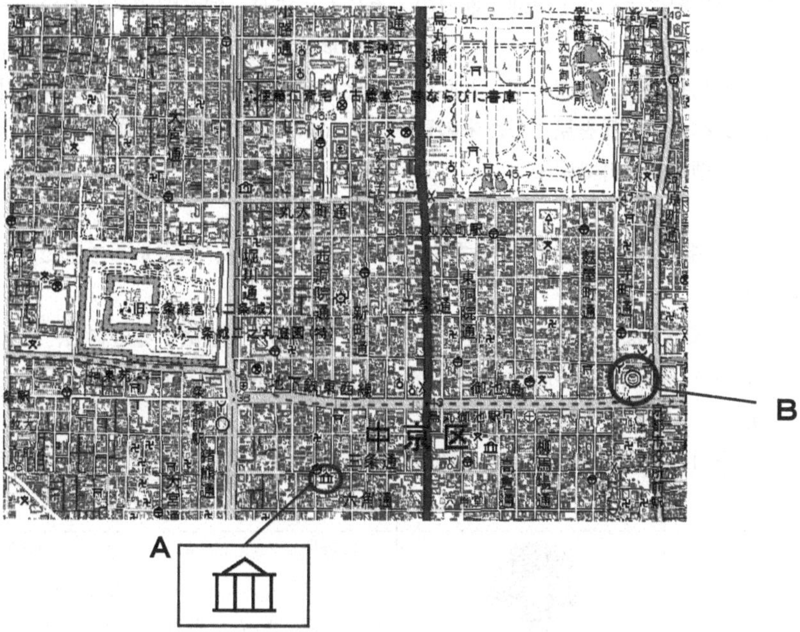

3　次の（A）から（F）のカードは，日本の諸地域の中からいくつかの都道府県を取り上げ，それぞれにかかわることがらについてまとめたものである。以下の問いに答えなさい。また，（A）から（F）は，**北海道**，**富山県**，**大阪府**，**愛知県**，**長崎県**，**沖縄県**のいずれかである。

（『全国市町村要覧平成30年版』より作成）

（A）
【面積】　1905 ㎢
【人口】　885 万人
江戸時代には，「天下の台所」と呼ばれた。

（B）
【面積】8 万 3424 ㎢
【人口】　534 万人
もともとアイヌの人たちが住んでいた。

（C）
【面積】　5173 ㎢
【人口】　755 万人
中京工業地帯を形成している。

（D）
【面積】　4131 ㎢
【人口】　137 万人
鎖国期に，貿易が続けられた出島がある。

（E）
【面積】　4248 ㎢
【人口】　107 万人
売薬などの地場産業が見られる。

（F）
【面積】　2281 ㎢
【人口】　147 万人
さんごしょうが発達している。

問１　カード（A）から（F）の都道府県のうち，人口密度が２番目に高いのはどれか。１つ選び，都道府県名で答えなさい。

問２　カード（E）の地域で起こったできごとについて述べた文として適当なものを，次のアからエまでの中から選び，記号で答えなさい。

ア　源頼朝は，1185年に国ごとに守護を，荘園や公領ごとに地頭を置くことを認めさせ，鎌倉の地に本格的な武士の政権である鎌倉幕府を開いた。

イ　11世紀には，浄土信仰が地方の人々にも広まり，阿弥陀如来の像や，それを納めた阿弥陀堂が各地に造られた。宇治の平等院鳳凰堂は，このころに造られた阿弥陀堂である。

ウ　足利義満は，貴族の文化と武士の文化を合わせた金閣寺を，北山の別荘に建てた。

エ　シベリア出兵を見こした米の買いしめから，米の値段が大幅に上がり，米の安売りを求める騒動が魚津町で始まった。

4　3年B組のクラスは，グループ別に日本の歴史を調べ，発表することになった。以下の問いに答えなさい。

問1　以下の表は，Aグループが作成した表で，歴史を象徴する資料と，その説明文をまとめたものである。時代の古い順番に並べ替えたとき，2番目と5番目になる記号を**ア**から**カ**までの中から選び，記号で答えなさい。

1番目＿＿＿＿→**2番目**＿＿＿＿→3番目＿＿＿＿→4番目＿＿＿＿→**5番目**＿＿＿＿→6番目＿＿＿＿

	写真	説明
ア		この貨幣が主に流通していたときの都は平城京で，およそ10万人が住んでいたとされている。唐の都長安の遺跡からもこの貨幣が発掘されている。
イ		厚手で，低温で焼かれたため黒褐色をしたこの土器は，表面に縄目のような文様が付けられている。同時期には土偶も作られた。
ウ		薄手でかたく，やや高温で焼かれたため赤褐色をした土器である。同時期には，大陸から稲作や金属器が伝わってきた。
エ		武士の領地は石高で示され，年貢を徴収するようになった。年貢米を量るますの大きさを統一するために京ますが作られた。
オ		外国船に対する軍備を強化し，反射炉を建設した。火炎を反射させることで高温を出し，質の良い鉄を製造できた。
カ		動物をとらえて食べたり，猛獣から身を守ったりするために，石を打ち欠いてするどい刃を持つ石器を作りだした。

問2　Bグループは，日本と外国との関わりの歴史について調べた。次の説明文は，**地図Ⅰ**中の**A**から**D**のいずれかの国について述べたものである。説明文に適する国名と記号をそれぞれ答えなさい。

> 朝鮮半島では，唐と新羅が結んで，この国を滅ぼした。663年，日本はこの国の復興を助けるために大軍を送ったが，唐と新羅の連合軍に敗れた。この戦いを白村江の戦いという。

地図Ⅰ

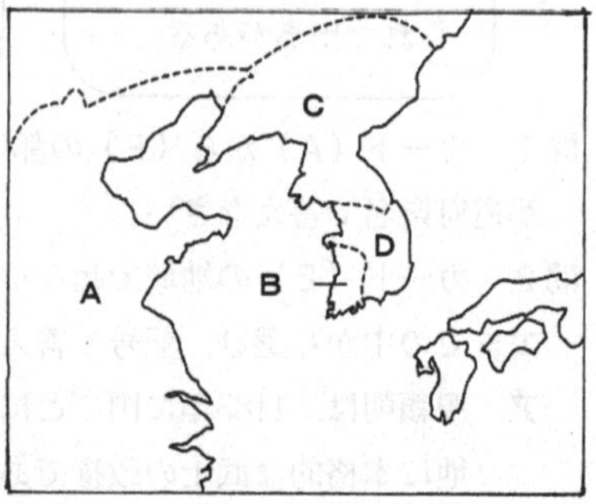

問3　Cグループは平安時代についてのレポートを作成した。以下はCグループのレポート文である。空欄（A），（B），（C）に適する語句の組合せとして適当なものを**ア**から**カ**までの中から選び，記号で答えなさい。

> 貴族たちは，日本の風土や生活，日本人の感情に合った国風文化を生み出した。9世紀には，**資料Ⅰ**のように漢字を変形させて日本語の発音を表せるように工夫した，（　A　）がつくられた。この時代の文学作品として，（　B　）の「源氏物語」が生み出された。この時代の背景には，藤原氏の栄華があり，その権力の強さは「この世をば　わが世とぞ思う　望月のかけたることも　無しと思えば」という（　C　）の歌に物語られている。

資料Ⅰ

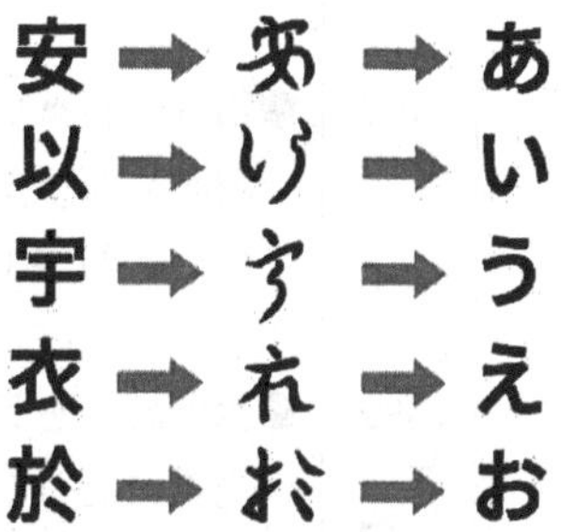

	A	B	C
ア	仮名文字	紫式部	藤原道長
イ	象形文字	紫式部	藤原頼通
ウ	仮名文字	紫式部	藤原頼通
エ	象形文字	清少納言	藤原道長
オ	仮名文字	清少納言	藤原道長
カ	象形文字	清少納言	藤原頼通

問4　Dグループは，鎌倉時代に多くの人の心をとらえた新しい仏教について調べた。以下の文は，Dグループが，ある宗派の開祖の立場になって書いたものである。この人物の名前と，宗派を答えなさい。

> 私は，平安時代から鎌倉時代にかけて，90年の生涯をおくりました。9歳で出家し，20年間比叡山で厳しい修行を積みましたが，迷いの霧が晴れることはなく，山を下りる決心をし，法然上人をたずねました。そして，「どのような人であれ念仏ひとつで救われる」という本願念仏の教えに出あい，一心に「南無阿弥陀仏」と念仏を唱えることで誰でも極楽浄土に生まれ変わるという教えをうけました。
>
> その後，私も法然上人も流罪となりましたが，私は，阿弥陀如来の救いを信じて念仏を唱える教えを農村に広めました。

問5　Eグループは鎌倉時代から江戸時代にかけての戦乱を**年表Ⅰ**にまとめた。**資料Ⅱ**の文章は，**年表Ⅰ**の**ア**から**オ**の時期のうち，どの時期に出されたものか記号で答えなさい。

（**年表Ⅰ**，**資料Ⅱ**は次のページにあります。）

年表Ⅰ

西暦	主な戦乱
1274	●フビライは高麗を従え，日本に攻めてきた。集団戦法と火薬を使った武器で幕府を苦しめた。
↕ア	
1467	●第８代将軍足利義政のときに将軍のあとつぎ問題をめぐって，守護大名の細川氏と山名氏が対立し，11 年にわたる戦乱が始まった。
↕イ	
1582	●全国統一を目前にした織田信長は，家臣の明智光秀にそむかれて本能寺(京都府)で自害した。
↕ウ	
1600	●豊臣秀吉の死後，全国の大名が，それぞれ石田三成と徳川家康を中心とする西軍と東軍とに分かれて戦った。
↕エ	
1637	●キリスト教への迫害や年貢の取り立てに苦しんだ人々が，天草四郎という少年を大将にして一揆を起こした。
↕オ	

資料Ⅱ

バテレン追放令

一　日本は神国であるから，キリスト教国から邪教(キリスト教)を伝え広められるのは，たいへんよろしくない。

一　ポルトガルの貿易船は，商売のために来ているので，バテレン追放とは別である。今後とも長い年月にわたっていろいろと売買するように。

問６　Ｆグループは，日本の憲法について調査した。以下の戦後の文部省が作成した中学生向けの憲法の教科書を参考にして，新憲法についての説明文を考えた。新憲法の説明として適当でないものを**ア**から**エ**までの中から選び，記号で答えなさい。

あたらしい憲法のはなし（部分）

そこでこんどの憲法では，日本の国が，けっして二度と戦争をしないように，二つのことをきめました。その一つは，兵隊も軍隊も飛行機も，およそ戦争をするためのものは，いっさいもたないということです。これからさき日本は，陸軍も海軍もないのです。これを戦力の放棄といいます。「放棄」とはすててしまうということです。しかしみなさんは，けっして心ぼそく思うことはありません。日本は正しいことを，ほかの国よりさきに行ったのです。世の中に，正しいことぐらい強いものはありません。

ア　天皇は統治権を失い，国と国民統合の象徴になった。
イ　日本国民は，法律の定めるところに従い，兵役の義務がある。
ウ　国民が定める民定憲法の形式で，　1946年11月３日に公布された。
エ　平和主義を基本原理の１つとし，戦力を放棄した。

問７　次のページの表は，Ｇグループが太平洋戦争後のできごとについて発表したときの資料である。（Ａ）から（Ｃ）に適する語句の組み合わせとして適当なものを**ア**から**カ**までの中から選び，記号で答えなさい。

> 日本の本土は，アメリカ軍を主力とする連合国軍によって占領された。そして（　A　）の指令に従って戦後改革が行われた。経済の面では，日本経済を支配してきた（　B　）が行われ，農村では，多くの自作農を生み出した農地改革が行われた。
> 連合国は，二度の世界大戦への反省から，（　C　）を創り，世界の平和と安全を維持する機関として安全保障理事会が設けられた。

	A	B	C
ア	天皇	財閥の解体	国際連盟
イ	天皇	東京裁判	国際連合
ウ	天皇	東京裁判	国際連盟
エ	GHQ	財閥の解体	国際連合
オ	GHQ	財閥の解体	国際連盟
カ	GHQ	東京裁判	国際連合

5　次の文章を読み，以下の問いに答えなさい。

> 2019年９月23日にニューヨークで開催された国連気候行動サミットで，スウェーデンの環境活動家グレタ・トゥーンベリさん（16）が演説し，各国首脳らに(a)地球温暖化対策の行動を促した。グレタさんらはその後，主要国が十分な対策をとらず，子どもたちの(b)権利を侵害していると正式に申し立てた。
> グレタさんはサミットでの(c)演説で首脳らに対し，「皆さんは口先だけの発言によって私から夢と子ども時代を取り上げた」と怒りをあらわにし，今も苦しみ，死んでいく人々がいると訴えた。その後の記者会見では，危機感に欠ける首脳らの対応を「もうたくさんだ」と非難。1989年に採択された国連(d)子どもの権利条約を批准しながら人権を守る義務を果たさず，温暖化ガスを排出し続ける国を名指しした。
> また，このサミットに日本からは，2019年９月11日に発足した(e)内閣で環境大臣として新入閣した小泉進次郎氏が出席をした。

問１　下線(a)に関する文章としてもっとも適当なものを**ア**から**エ**までの中から選び，記号で答えなさい。

ア　原因に，温室効果ガスが減少し，大気中での濃度が低くなったことが挙げられる。

イ　パリ協定で，すべての国と地域に温室効果ガスの削減が義務付けられている。

ウ　問題解決のために，将来の世代の幸福と現在の世代の幸福とが両立できる社会の意味である，「持続可能な社会」という考え方が打ち出された。

エ　日本は対策として，火力発電を停止し，原子力や自然エネルギーを利用した発電を行うように各都道府県に呼びかけている。

問２　下線(b)に関して，次のページの憲法条文の空欄（**A**）から（**D**）に当てはまる語句をそれぞれ答えなさい。

第12条　この憲法が国民に保障する自由及び権利は，国民の不断の（　A　）によって，これを保持しなければならない。又，国民は，これを濫用してはならないのであって，常に（　B　）のためにこれを利用する責任を負う。

第13条　すべて国民は，個人として尊重される。生命，自由及び（　C　）に対する国民の権利については，（　B　）に反しない限り，立法その他の国政の上で，最大の尊重を必要とする。

第25条　すべて国民は，（　D　）な最低限度の生活を営む権利を有する。

問３　下線(c)「演説」に関して，次の**演説Ａ**から**Ｃ**と，**資料Ⅰ**から**Ⅴ**に関して述べた文章として正しいものを次のページの**ア**から**カ**までの中から２つ選び，記号で答えなさい。

演説Ａ	…government of the people, by the people, for the people… (…人民の人民による人民のための政治…) リンカン
演説Ｂ	あなたの言うことには，一言も賛成できるところはないが，あなたにそれを言う権利があることは命をかけても私は守るつもりです。 フランスの思想家　ボルテール
演説Ｃ	私は，自分たちの権利のためにたたかっている声なき人々のために，声をあげます。(略)１人の子ども，１人の教師，１冊の本，そして１本のペン，それで世界は変えられます。 2014年ノーベル平和賞受賞者　マララ・ユスフザイ

資料Ⅰ

我々は以下のことを自明の真理であると信じる。人間はみな平等に創られ，ゆずりわたすことのできない権利を神によって与えられていること，その中には，生命，自由，幸福の追求がふくまれていること，である。

資料Ⅱ

第１条　人間は，生まれながらにして自由で平等な権利をもっている。社会的な差別は公共の利益に基づく場合以外設けることはできない。

第２条　あらゆる政治的結合の目的は，不可侵の人権を維持することである。この権利というのは，自由，財産，安全，および圧制(圧政)への抵抗である。

資料Ⅲ

資料Ⅳ

第15条　経済生活の秩序は，全ての人に人間に値する生存を保障することを目指す，正義の諸原則にかなうものでなければならない。(略)

資料Ⅴ

そもそも国政は，国民の厳粛な信託によるものであって，その権威は国民に由来し，その権力は国民の代表者がこれを行使し，その福利は国民がこれを享受する。

ア　演説**A**の人物はアメリカ大統領で，アメリカでは，彼の演説を基に［**資料Ⅴ**］の憲法を採択した。

イ　演説**A**でリンカン大統領は民主主義を訴え，［**資料Ⅲ**］のように現在でも彼の国では，住民が集まって多数決を行う，直接民主制が採用されている。

ウ　演説**B**は自由権について訴えており，彼の国フランスでは，［**資料Ⅱ**］の人権宣言ですべての人間は生まれながらにして人権を持つと宣言された。

エ　演説**B**によって表現の自由という考え方が生まれ，［**資料Ⅱ**］の憲法で，表現の自由の権利が初めて保障された。

オ　演説**C**のような「教育を受ける権利」は自由権であり，自由権は［**資料Ⅰ**］の独立宣言で確立された。

カ　演説**C**のような「教育を受ける権利」は社会権であり，社会権を保障した最初の憲法は，［**資料Ⅳ**］のワイマール憲法である。

問4　下線(d)「子どもの権利条約」のような国際的な人権保護条約のうち，日本が批准していないものを**ア**から**エ**までの中から１つ選び，記号で答えなさい。

ア　人種差別撤廃条約　　イ　難民条約　　ウ　死刑廃止条約　　エ　女子差別撤廃条約

問5　下線(e)「内閣」について述べた文章としてもっとも適当なものを**ア**から**エ**までの中から選び，記号で答えなさい。

ア　内閣は，内閣不信任案が衆議院で可決された場合には，ただちに総辞職し，同時に衆議院の解散を行わなければならない。

イ　内閣の方針は，内閣総理大臣とすべての国務大臣が参加する公聴会において決定される。

ウ　内閣の首長である内閣総理大臣は，国会議員の中から天皇によって指名され，国会が任命する。

エ　内閣の構成員である国務大臣は，内閣総理大臣によって任命され，その過半数は，国会議員でなければならない。

6　次の文章を読み，以下の問いに答えなさい。

(a)日本国憲法及び皇室典範(b)特例法の定めるところにより，ここに皇位を継承しました。

この身に負った重責を思うと粛然《しゅくぜん》たる思いがします。

顧《かえり》みれば，上皇陛下には御即位より，三十年以上の長きにわたり，世界の(c)平和と国民の幸せを願われ，いかなる時も国民と苦楽を共にされながら，その強い御心を御自身のお姿でお示しになりつつ，一つ一つのお務めに真摯《しんし》に取り組んでこられました。上皇陛下がお示しになった象徴としてのお姿に心からの敬意と感謝を申し上げます。

ここに，皇位を継承するに当たり，上皇陛下のこれまでの歩みに深く思いを致し，また，歴代の天皇のなさりようを心にとどめ，自己の研鑽《けんさん》に励むとともに，常に国民を思い，国民に寄り添いながら，憲法にのっとり，日本国及び日本国民統合の象徴としての責務を果たすことを誓い，国民の幸せと国の一層の発展，そして世界の平和を切に希望します。

即位後朝見の儀の天皇のおことば　2019年５月１日

問１　下線(a)に関して，憲法の改正について述べた以下の文章中の空欄（A）から（C）に当てはまる語句の組み合わせとして正しいものをアからエまでの中からそれぞれ選び，記号で答えなさい。

憲法改正原案が国会に提出されると，衆議院と参議院で審議されます。それぞれ総議員の（　A　）の賛成で可決されると，国会は国民に対して憲法改正の発議をします。その後，その改正案について，満18歳以上の国民による（　B　）が行われ，有効投票の（　C　）の賛成を得ると，憲法が改正されます。

	A	B	C
ア	過半数	国民投票	3分の2以上
イ	過半数	国民審査	3分の2以上
ウ	3分の2以上	国民投票	過半数
エ	3分の2以上	国民審査	過半数

問２　下線(b)に関して，法について述べた文章としてもっとも適当なものをアからエまでの中から選び，記号で答えなさい。

ア　日本において唯一の立法機関は司法権を持つ裁判所である。

イ　法の中で最高法規である憲法に反する法律や命令は効力を持たない。

ウ　憲法も法に含まれるため，国民が守らなければならないものである。

エ　立憲主義の考えにおいて，政治は人の支配に基づくことが重要であるとされる。

問３　下線(c)に関する以下の文章①から⑤を読み，その正誤の組み合わせとして正しいものをアからオまでの中から選び，記号で答えなさい。

①　日本は，核兵器を「持たず，作らず，持ちこませず」という非核三原則をかかげている。

②　自衛隊は日米安全保障条約に基づいて，カンボジアや東ティモールなどでの国連平和維持活動に参加するなど，国際貢献活動を行っている。

③　日本にあるアメリカ軍基地は沖縄県に集中しており，基地の移転や返還，騒音などの基地問題が現在も続いている。

④　日本における自衛隊の最高指揮権は自衛官ではなく，天皇にある。

⑤　集団的自衛権とは，同盟関係にある国が攻撃を受けた場合，自国は攻撃を受けていなくても，その国の防衛活動に参加する権利のことである。

	①	②	③	④	⑤
ア	正	正	誤	誤	正
イ	正	誤	正	誤	正
ウ	正	誤	正	正	誤
エ	誤	正	正	誤	誤
オ	誤	正	誤	正	誤

7　以下の問いに答えなさい。

問1　消費生活と経済について述べた文章としてもっとも適当なものをアからエまでの中から選び，記号で答えなさい。

ア　訪問販売や電話勧誘などで商品を購入した場合に，購入後1か月以内であれば消費者側から無条件で契約を解除できる制度をクーリング・オフという。

イ　売り手が消費者に対して不利な立場にあることが原因で，健康被害や欠陥住宅，詐欺などの消費者問題が起きている。

ウ　消費者の権利を守るために，欠陥商品で消費者が被害を受けたときの企業の責任について定めた製造物責任法や，契約上のトラブルから消費者を保護する消費者契約法などの法も整備されている。

エ　生産された商品が卸売業者を経て，小売業者に届くまでの流れを，商品の流通と呼ぶ。

問2　以下のグラフⅠとⅡを見て，読み取れることを次のページのアからエまでの中から選び，記号で答えなさい。

グラフⅠ　「正規，非正規の職員・従業員の推移」

正規の雇用・従業員　　**非正規の職員・従業員**

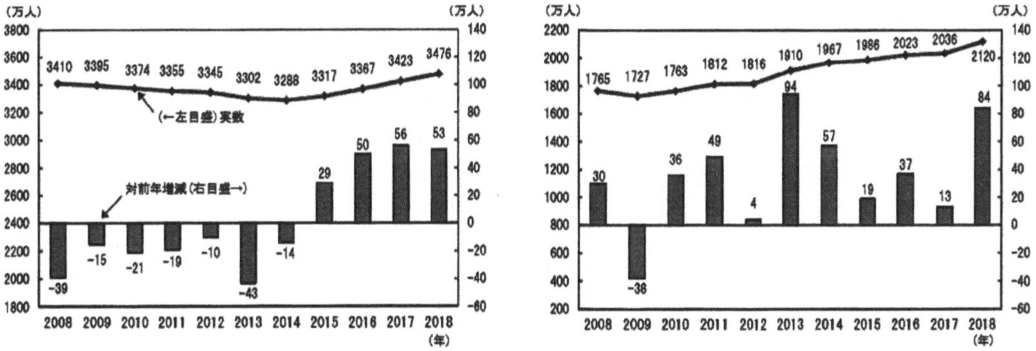

総務省統計局「労働力調査 2018 年平均」より抜粋

グラフⅡ　「雇用形態，性，年齢階級別賃金」

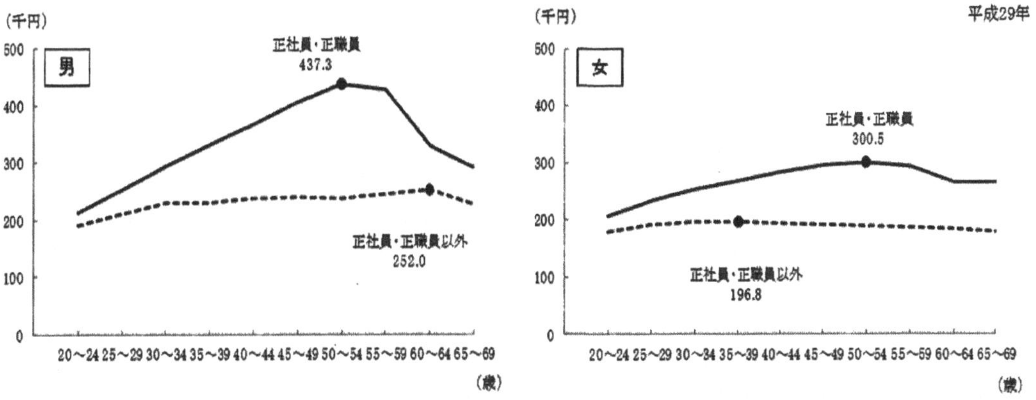

厚生労働省「平成 29 年賃金構造基本統計調査の概況」より抜粋

ア　近年，減少傾向にある正規労働者の賃金は男女間でいまだ格差がある。

イ　必要性が高まったことで，非正規労働者の割合は増加し，正規労働者との賃金差はほとんどなくなっている。

ウ　年齢が上がっても収入が上がりにくい非正規労働者は増加傾向にある。

エ　非正規労働者は正規労働者に比べ，賃金が低いため非正規労働者の人数は年々減少している。

長く替へてやみにけり。三位失せてのち、帝、この笛を召して、時の笛吹きどもに吹かせらるれど、②その音を吹きあらはす人なかりけり。

（訳）

博雅の三位が、月が明るかった夜、直衣姿で、朱雀門の前で管弦を楽しんで、一晩中笛を吹きなさったところ、同じ姿で、直衣を着ている男が、笛を吹いたので、誰であろうかと思ううちに、その笛の音は、この世で比べるものがなくすばらしく聞こえたので、□、近寄って見たところ、今まで見たことのない人であった。自分も一言も言わず、その人も声をかけることがない。このようにして、月の（明るい）夜のたびに行き合って（笛を）吹くことが、幾夜にもなった。

その人の笛の音が、格別に素晴らしかったので、試しに、それを取り替えて吹いたところ、この世のものとは思えないほどの笛である。その後、やはり同様に何か月にもわたって、行き合って笛を吹いたが、「もとの笛を返してもらおう。」とも言わなかったので、長い間取り替えてそのままになってしまった。三位が亡くなってから、帝が、この笛を取り寄せなさり、当時の笛の名手に吹かせなさるが、その笛の持つ音色を吹いて出せる人はいなかった。

（『十訓抄』より）

問一　二重傍線部「帝」の読みを現代かなづかいで書きなさい。

問二　空欄□に入る訳文として適当なものを、次の**ア**から**エ**までの中から一つ選び、記号で答えなさい。

ア　怪しいと思って　　**イ**　気になって

ウ　みすぼらしく思って　　**エ**　不思議に思って

問三　傍線部①「近寄りて見ければ」とあるが、近寄って見たのはだれか、次の**ア**から**エ**までの中から一つ選び、記号で答えなさい。

ア　博雅の三位　　**イ**　いまだ見ぬ男

ウ　直衣着たる男　　**エ**　帝

問四　傍線部②「その音を吹きあらはす人なかりけり」とあるが、なぜいなかったのか。次の**ア**から**エ**までの中から一つ選び、記号で答えなさい。

ア　博雅が亡くなってしまったから。

イ　笛を取り替えてしまったから。

ウ　朱雀門で笛を吹かなかったから。

エ　月の明るい夜ではなかったから。

問五　『十訓抄』は鎌倉時代に成立した説話集である。同じ時代に成立した作品を次の**ア**から**エ**までの中から一つ選び、記号で答えなさい。

ア　竹取物語　　**イ**　源氏物語　　**ウ**　平家物語　　**エ**　伊勢物語

ア　山内さんが、自分よりも「岡野」のことをひいきしていたこと。

イ　山内さんが、自分よりも負けた原因の「岡野」をキャプテンに選んだこと。

ウ　山内さんが、自分よりも「岡野」の方がバスケに熱意があると思ったこと。

エ　山内さんが、自分のかかえている膝の痛みに気付いていたこと。

問六　傍線部⑤「岡野はつまらなそうに笑い」とあるが、この時の「岡野」の気持ちとしてもっとも適当なものを次の**ア**から**エ**までの中から一つ選び、記号で答えなさい。

ア　バスケットボールが嫌いになってしまったという投げやりな気持ち。

イ　キャプテンという立場上、部員に強くあたらなければならないことへの苦しさ。

ウ　勝つためにやっていることを仲間から理解されないことへの残念な気持ち。

エ　全くのかんちがいをしている「ぼく」に対する冷やかしの気持ち。

問七　傍線部⑥「負い目」とは、どのようなものか。次の**ア**から**エ**までの中から一つ選び、記号で答えなさい。

ア　自分のせいで先輩達の最後の大会に負けてしまったのを謝っていないこと。

イ　足の痛みをいいわけにして、練習をちょっとサボってしまったりしていたこと。

ウ　キャプテンとして頑張っている「岡野」に対して、冷たい言葉を発してしまったこと。

エ　膝の痛みが練習にも支障をきたすほど強くなっていたことをきちんと伝えていないこと。

問八　傍線部⑦「られ」と、文法的に同じ意味を持つものを次の**ア**から**エ**までの中から一つ選び、記号で答えなさい。

ア　仲間から声援をかけられる。

イ　年を重ねると一日一日が短く感じられる。

ウ　この程度の課題なら、簡単に覚えられる。

エ　引退した先輩が練習を見に来られた。

問九　傍線部⑧「でも、ぼくは、もっと違う言葉を、違う風に聞きたかったのだ。」とあるが、どういう言葉を聞きたかったのか。次の空欄にあう言葉を考えて、それぞれ漢字二字で書きなさい。

　キャプテンとして当然の言葉ではなく、［X］として「ぼく」を［Y］する言葉を聞きたかった。

［三］　次の文章を読んで、あとの問いに答えなさい。

博雅《ひろまさ》の三位《さんみ》、月の明かかりける夜、直衣《のうし》にて、朱雀門《すざくもん》の前に遊びて、夜もすがら笛を吹かれけるに、同じさまに、直衣着たる男の、笛吹きければ、誰ならむと思ふほどに、その笛の音、この世にたぐひなくめでたく聞こえければ、あやしくて、①近寄りて見ければ、いまだ見ぬ人なりけり。我もものをも言はず、かれも言ふことなし。かくのごとく、月の夜ごとに行きあひて吹くこと、夜ごろになりぬ。

　かの人の笛の音、ことにめでたかりければ、試みに、かれを取り替へて吹きければ、世になきほどの笛なり。そののち、なほ月ごろになれば、行きあひて吹きけれど、「もとの笛を返し取らむ。」とも言はざりければ、

③まわり見えなくなるタイプだから。」オレだってそうですよ――と、なぜだろう、④そのとき少し悔しくて、山内さんに言い返したかった。

でも、山内さんの言っていたことは正しかった。岡野は急に性格がキツくなった。いままでは自分一人で黙々と練習していたのが、ぼくらがちょっとサボっただけで、「なにやってんだよ！」と文句を言うようになった。部活のロッカーの使い方や一年生の言葉づかいにもうるさくなり、高校生の使うような複雑なフォーメーションを練習に組み入れて、覚えの悪い奴は二年生でも怒鳴りつけた。

「おまえ、権力握ると人間変わるタイプなんだな」とぼくは言った。冗談ぽく、でも半分本音で。

「なにが権力だよ」⑤岡野はつまらなそうに笑い、「試合に勝たなきゃしょうがないだろ」と言った。ちょっと無理してるんじゃないかとぼくは思ったけど、そのときは黙ってうなずいた。

⑥負い目があった。ぼくは一番たいせつなことを岡野に話していなかった。膝の痛みは、その頃はもうがまんできないぐらいになっていた。最初にやられたのはb利き足の右。踏ん張ると膝の下がえぐられるように痛む。右をかばっているうちに左の膝も同じように痛みだした。サポーターをはずすと膝に体重をかけるたびに関節がきしみ、ときどき、スネの骨が膝を突き破ってしまうんじゃないかという気にもなった。

八月は雨がつづき、膝の痛みは日を追ってひどくなった。桜ヶ丘クリニックを訪れたのはお盆休みの前。レントゲンを何枚か撮られ、その日のうちに診断が出て、激しい運動を禁じ⑦られた。

岡野にそのことを告げると、真っ先に言われた。

「新人戦には間に合うんだろ？」

心配した顔と声だった。もちろん驚いていたし、ぼくへの同情もないわけじゃなかった。

でも、その言葉を聞いた瞬間、胸の奥が急に冷え冷えとした。いままでたしかにそこにあったなにかがすうっと消えうせてしまう、そんな感じだ。キャプテンとして当然の言葉だ、と岡野は言うだろう。⑧でも、ぼくは、もっと違う言葉を、違う風に聞きたかったのだ。

（重松清『エイジ』より）

問一　二重傍線部a「トックン」、b「利き」について、カタカナは漢字に、漢字はひらがなに改めなさい。

問二　傍線部①「うまい奴が試合に出る」とあるが、これと異なる考え方を述べた部分を本文中から十字で抜き出しなさい。（記号・句読点は含まない）

問三　傍線部②「そのあたりが性格の違いなんだろう」とあるが、二人の性格の違いが最もよく表れている一文を傍線部②よりも後から探し、最初と最後の五字をそれぞれ抜き出しなさい。（記号・句読点を含む）

問四　傍線部③「まわり見えなくなる」の意味とあきらかに異なるものを次の**ア**から**エ**までの中から一つ選び、記号で答えなさい。

ア　途方にくれる　　**イ**　我を忘れる

ウ　前後の見境がなくなる　　**エ**　分別を失う

問五　傍線部④「そのとき少し悔しくて」とあるが、「ぼく」は何が悔しかったのか。次の**ア**から**エ**までの中から一つ選び、記号で答えなさい。

エ　教師の模範を正確に理解しないと、上達しないという点。

問五　空欄 B にあてはまる接続詞を、次のアからエまでの中から一つ選び、記号で答えなさい。

ア　そして　　イ　あるいは　　ウ　だから　　エ　たとえば

問六　点線部アからエの中で、品詞が異なるものを一つ選び、記号で答えなさい。

問七　太線部「試行錯誤」の意味を、次のアからエまでの中から一つ選び、記号で答えなさい。

ア　さまざまな方法を試みて、正解を探すこと。
イ　間違えを認めず、一つの答えに固執すること。
ウ　色々試してみても、正解が見つからないこと。
エ　苦しみながら、一つの方法を見つけること。

問八　傍線部③「それ」が指すのは何か、本文中から最初の五字を抜き出しなさい。（記号・句読点を含む）

二　次の文章を読んで、あとの問いに答えなさい。

膝《ひざ》に違和感を覚えながら、「ぼく」は、三年生の先輩達に混じって、岡野と共にバスケットボール部で活躍する。七月に入り、都大会のブロック予選に向けての猛練習が始まるなか、「岡野」と「ぼく」は大会に向けて準備をしている。

ぼくたちは部活の練習以外にも二人でaトックンを積んだ。三年生の中には「二年生なんか使うなよ」と山内さんに文句を言う人も何人かいて、その中の中心が、岡野と交代してコートからひっこむことになる富山さんだった。でも、ぼくは思う、①うまい奴が試合に出る、そんなのあたりまえじゃないか。ぼくは「もっとうまくなれば前半の頃から使ってもらえるぜ」と岡野に言い、岡野はぼくに「ミスしたら富山さんに怒られるよなあ」と心配顔で言っていた。②そのあたりが性格の違いなんだろう。

けっきょく、三年生は予選の二回戦で負けて部活を引退した。山内さんの作戦は間違っていなかった。逆転勝ちをおさめた一回戦の決勝のスリーポイントシュートは、自陣からドリブルで攻め上がったぼくのパスをベストポジションで受けた岡野が決めた。二回戦だって、前半で大量のリードされていたのを、ぼくと岡野のコンビが後半残り十分で二点差にまで追い上げたのだ。

オレたちをスタメンで使っていれば二回戦も勝っていた、とぼくは思い、タイムアップ寸前のスリーポイントシュートをはずした岡野は、目に涙を浮かべて先輩一人一人に謝っていた。でも、岡野にはわかっていたはずだ。最後のシュートミスはぼくのパス出しのタイミングがワンテンポ遅れたせいだ。ディフェンスをかわしてターンするとき、右膝がズキッと痛んでバランスを崩し、それでパスが遅れたのだ。

岡野はぼくを責めなかったし、ぼくも謝ったりはしなかった。いままでもべつに謝るつもりはない。ただ、あれが公式戦最後のプレイになるんだったら、もっとうまくやりたかったな、といまになって悔しさがつのる。

新チームは八月から始動した。山内さんが指名したキャプテンは岡野、副キャプテンはぼく。山内さんはぼくにこっそり言った。「岡野をサポートしてやれよ、あいつはおとなしいけど、バスケのことになると

【国　語】（四〇分）〈満点：一〇〇点〉

一　次の文章を読んで、あとの問いに答えなさい。

「国語は、ほかのどの教科と似ていると思うか」、高校に入学したばかりの一年生を前に、まずそう問いかける。これに対する反応で、その生徒が中学校まで国語をどのような教科だと思って学んできたのかが知れる。「社会」と答える者がいる。国語・社会は同じ「文系の科目」という［A］がそういわせることが多い。漢字や語句の意味などたくさん覚えたという印象がそういわせることもある。「英語」と答える者もいる。日本語の学習も、英語の学習も、ともに語学の学習ではないかというわけである。むろん、すべてが間違っているということはない。「数学」、「理科」と答える者には、ほとんど出会わない。①まれに「音楽」などという者もいる。理由を聞くと「感じることを大切にするところと、表現するおもしろさがある点で似ている」という。「文学」を中心に国語を考えてきたのかもしれない。

教師と生徒の関係をいえば、②国語は実技的教科に比較的近い。［B］、「体育」。とび箱をとぶ授業で、教師はとび方を説明するかも知れない。どうやったらより高い箱をより美しく飛ぶことができるかと。あるいは、教師自らがとんでみせることもあろう。ハイレベルの飛び方が生徒のため息を誘うこともある。しかし、その教師の説明や模範演技と、生徒がとべるかどうかということとは、［C］に結びついているわけではアない。どんなにたくみな説明がなされても、それに対する生徒の理解がいかに正確であっても、あるいは、先生がこれ以上ないというとび方をａ披露しようとも、生徒本人がトライしてとぶこと以上の意味はイない。やってみなければ上達は望めウない。試行錯誤のなかから、自らつかむものの価値を知らないで上達していくということはエないと思う。国語も同じである。教師の説明、教師のすぐれた読みなどは、ちょっとしたヒントといった程度のものである。それを記憶することよりは、③それを生かして自ら読むことを大切にした方がよい。試行錯誤するものだけが手助けの意味を知っていくというｂコウゾウがある。表現の場合も、事情は変わらない。また、この知的実技教科の場合も、体育と同じくいろいろな種目もあるが、どの種目においても、この基本と同じである。

（村上慎一『なぜ国語を学ぶのか』より）

問一　二重傍線部ａ「披露」、ｂ「コウゾウ」について、漢字はひらがなに、カタカナは漢字に改めなさい。

問二　空欄［A］、［C］に当てはまる言葉を、それぞれ、次の**ア**から**エ**までの中から一つ選び、記号で答えなさい。

［A］　**ア**　先入観　**イ**　人生観　**ウ**　世界観　**エ**　無常観

［C］　**ア**　客観的　**イ**　主観的　**ウ**　直接的　**エ**　間接的

問三　傍線部①「まれに『音楽』などという者もいる」とあるが、「音楽」と答える者は国語をどのように考えてきたのか。本文中から一文を抜き出し、最初の三字を書きなさい。（記号・句読点を含む）

問四　傍線部②「国語は実技教科に比較的近い」とあるが、どのような点が近いと言えるのか、次の**ア**から**エ**までの中から一つ選び、記号で答えなさい。

ア　教師の模範を参考にしても、苦手な人はできないという点。
イ　教師の模範を参考にして、自ら挑戦してみなければならない点。
ウ　教師の模範が素晴らしくないと、上達しないという点。

MEMO

大切なことはメモしておこうネ！

2020年度

解　答　と　解　説

《2020年度の配点は解答欄に掲載してあります。》

＜数学解答＞

1　(1)　$-\frac{26}{3}$　　(2)　$\frac{x-17}{24}\left[\frac{x}{24}-\frac{17}{24},\ \frac{1}{24}x-\frac{17}{24}\right]$　　(3)　$3\sqrt{2}$

(4)　$-\frac{27}{4}ab\left[-\frac{27ab}{4},\ \frac{-27ab}{4}\right]$　　(5)　$(x-1)(x-7)$ [$(x-7)(x-1)$]

(6)　$-5\pm\sqrt{43}$　　(7)　$x=-1$，$y=1$　　(8)　$968=2^3\times11^2$　　(9)　9　　(10)　72(度)

2　(1)　ア　12　　イ　72　　(2)　$a=8$　　(3)　GH＝16(cm)，EH＝4(cm)

3　(1)　ウ　　(2)　エ

4　(1)　$a=\frac{1}{3}$　　(2)　$y=x+6$　　(3)　27

○推定配点○

1　各5点×10　　2　(1)　6点　　他　各7点×2(各完答)　　3　各6点×2　　4　各6点×3

計100点

＜数学解説＞

1　(数・式の計算，平方根，因数分解，二次方程式，連立方程式，素因数分解，式の値，角度)

(1)　$-2-8\div6\times5=-2-8\times\frac{1}{6}\times5=-\frac{6}{3}-\frac{20}{3}=-\frac{26}{3}$

(2)　$\frac{7x-3}{8}-\frac{5x+2}{6}=\frac{3(7x-3)-4(5x+2)}{24}=\frac{21x-9-20x-8}{24}=\frac{x-17}{24}$

(3)　$\sqrt{18}+\frac{4}{\sqrt{2}}-2\sqrt{2}=3\sqrt{2}+2\sqrt{2}-2\sqrt{2}=3\sqrt{2}$

(4)　$-9ab^3\div(-2ab)^2\times3a^2=-9ab^3\div4a^2b^2\times3a^2=-\frac{9ab^3\times3a^2}{4a^2b^2}=-\frac{27}{4}ab$

(5)　$(x-2)^2-4(x-2)-5$　　$x-2=$Mとおくと，M^2-4M-5　　Mをもとにもどして，$\{(x-2)+1\}\{(x-2)-5\}=(x-1)(x-7)$

(6)　$2x-x^2=6(2x-3)$　　2次方程式の解の公式を用いて，$x^2+10x-18=0$

$x=\frac{-10\pm\sqrt{10^2-4\times1\times(-18)}}{2\times1}=\frac{-10\pm\sqrt{100+72}}{2}=\frac{-10\pm\sqrt{172}}{2}=\frac{-10\pm2\sqrt{43}}{2}=-5\pm\sqrt{43}$

(7)　$9x-2y=-11$…①　　$3x+4y=1$…②とする。①×2＋②より，$21x=-21$　　$x=-1$　　これを②に代入して，$3\times(-1)+4y=1$　　$4y=4$　　$y=1$

基本　(8)　$968=2^3\times11^2$(右図参照)

```
  2) 9 6 8
  2) 4 8 4
  2) 2 4 2
 11) 1 2 1
       1 1
```

(9)　$x=\sqrt{3}-1$　　$x+1=\sqrt{3}$　　$x^2+2x+7=(x+1)^2-1+7=(x+1)^2+6$　　よって，$(\sqrt{3})^2+6=9$

(10)　多角形の外角の和は360°だから，正五角形の1つの外角の大きさは，360°÷5＝72°

やや難 **2** (関数とグラフ，図形の移動)

(1) 右図はxの各値における3つの長方形の位置関係を示したものである。これより，アは移動させ始めてから，点Cが点Rの位置まで移動するのにかかる時間だから，ア＝12÷1＝12(秒)　また，イは長方形ABCDの面積に相当するから，イ＝6×12＝72(cm^2)

(2) aは，長方形EFGHが12～20秒の間に移動した距離に等しいから，$a=1\times(20-12)=8$(cm)

(3) 右図のx＝エのときの図より，GH＝RS－CH＝24－8＝16(cm)　また，このとき，$y=64$であることから，GH×EH＝64(cm^2)　よって，EH＝64÷16＝4(cm)

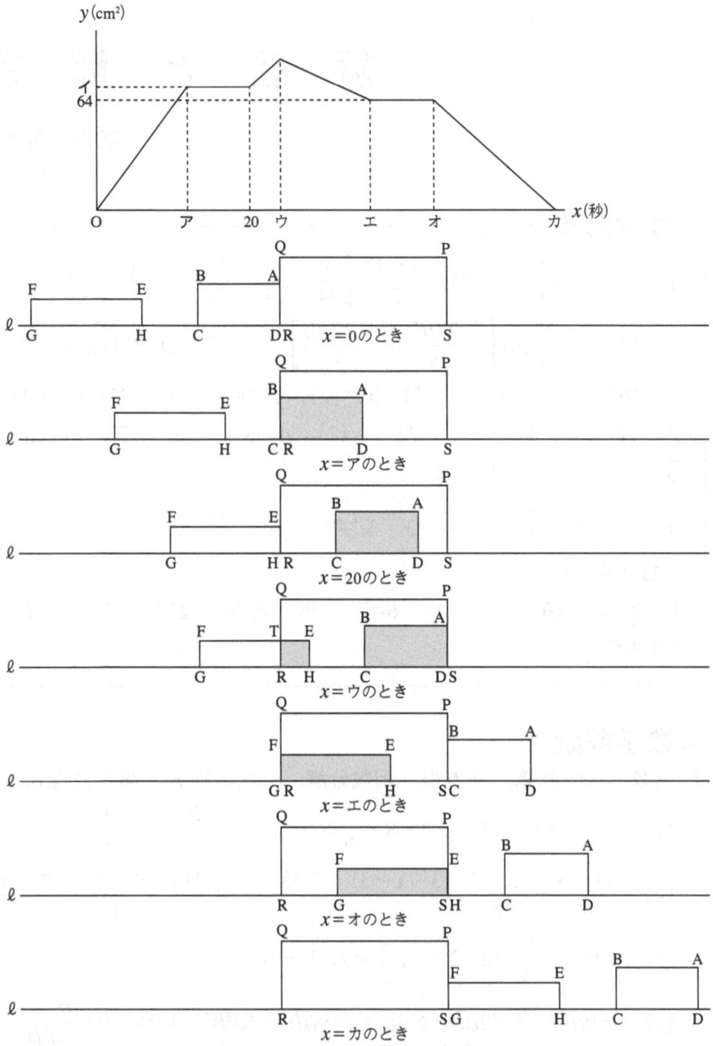

重要 **3** (確率)

(1) このさいころを2つ同時に投げるとき，出る面の組み合わせは右図の36通り。このうち，最も低い確率で出る面の組み合わせは，×と×の1通り。

(2) 最も高い確率で出る面の組み合わせは，○と△の12通り。

さいころ2 ＼ さいころ1	○	○	○	△	△	×
○	○○	○○	○○	○△	○△	○×
○	○○	○○	○○	○△	○△	○×
○	○○	○○	○○	○△	○△	○×
△	△○	△○	△○	△△	△△	△×
△	△○	△○	△○	△△	△△	△×
×	×○	×○	×○	×△	×△	××

4 (図形と関数・グラフ)

基本 (1) $y=ax^2$は点A$(-3,\ 3)$を通るから，$3=a\times(-3)^2=9a$　$a=\frac{1}{3}$

(2) $y=\frac{1}{3}x^2$と$y=2x$からyを消去して，$\frac{1}{3}x^2=2x$　$x^2-6x=0$　$x(x-6)=0$　$x>0$より，$x=6$　これを$y=2x$に代入して，$y=2\times6=12$より，B$(6,\ 12)$　直線ABの傾きは，$\frac{12-3}{6-(-3)}=1$

直線ABの式を$y=x+b$とおくと，点Aを通るから，$3=-3+b$　$b=6$　よって，直線ABの式は，$y=x+6$

重要　(3)　直線ABとy軸との交点をCとすると，C(0，6)　よって，$\triangle OAB=\triangle OAC+\triangle OBC=\frac{1}{2}\times 6\times 3+\frac{1}{2}\times 6\times 6=27$

★ワンポイントアドバイス★

2は，問題のグラフが変化する各点における3つの長方形の位置関係を正しく理解することがポイントである。4(3)は，△OABの面積を線分OCで2つの三角形に分けて考えてみよう。

＜英語解答＞

1　(1)　ウ　(2)　エ　**2**　(1)　イ　(2)　エ　**3**　(1)　エ　(2)　ア　(3)　エ

4　(1)　was broken　(2)　has to　(3)　smaller

5　(1)　3番目　キ　6番目　オ　(2)　3番目　カ　6番目　オ

(3)　3番目　イ　6番目　カ

6　(1)　3番目　オ　5番目　エ　(2)　ウ　(3)　ウ　(4)　エ　(5)　ア　(6)　イ

7　(1)　started　(2)　2番目　イ　4番目　ア　(3)　ウ　(4)　イ

(5)　The earth is dying.　(6)　エ，オ

○推定配点○

1～3　各3点×7　4，5　各5点×6　6　(1)　5点　他　3点×5

7　(2)・(5)・(6)　各5点×4　他　各3点×3　計100点

＜英語解説＞

やや難　**1**　(発音問題：発音)

(1)　ウのみ[uː]で，他は[ʌ]　(2)　エのみ[eə]で，他は[æ]。

2　(発音問題：アクセント)

基本　(1)　イのみ第2音節(音節：当設問では－による音の区切り)が最も強く発音されて，他は第1音節に強勢が置かれる。

(2)　エのみ第1音節が最も強く発音されて，他は第2音節に強勢が置かれる。

3　(文法問題：語句補充・選択，関係代名詞，分詞)

重要　(1)　「私が子供の頃に，これらの歌により私は幸せな気分になった」 make A B 「AをBの状態にする」

(2)　「昨日私が観た映画は面白かった」 the movie which I watched ← 〈先行詞[もの]＋目的格の関係代名詞[which／that]＋主語＋動詞〉

(3)　「向こうに立っている少年を知っているか」 the boy standing 「立っている少年」← 現在分詞の形容詞的用法〈名詞＋現在分詞＋他の語句〉

4　(文法問題：言い換え・書き換え，受動態，助動詞，比較)

重要　(1)　「ジャックはこのコーヒーカップを割った」＝「このコーヒーカップはジャックによって割ら

れた」 能動態[～する]を受動態[～される]に換える。受動態〈be動詞＋過去分詞＋ by ＋行為者〉「…により～される」 時制が過去で主語は3人称単数なので，be動詞は was。

(2) 「彼は5時に起きなければならない」〈have[has]＋不定詞[to do]〉「～しなければならない／にちがいない」主語が he で3人称単数なので，has to となる。

(3) 「私の家はあなたのものよりも大きい」→「あなたの家は私のものと比べてより小さい」 比較「AはBよりも～」〈A＋動詞＋比較級[通常，原級＋ -er]＋ than B〉

5 **(文法問題：語句整序，不定詞)**

やや難 (1) I don't know how to use this machine(.) 〈how ＋不定詞[to do]〉「～する方法[仕方]」

(2) I want him to clean this room. 〈want ＋人＋不定詞[to do]〉「人に～[不定詞]してほしい」

(3) How long are you going to stay (at this hotel?) How long ～? ものや期間の長さを尋ねる表現。〈be動詞＋ going ＋不定詞[to do]〉「～しようとしている／するつもりだ」

6 **(会話文問題：語句整序，内容吟味，語句補充・選択，語句解釈，関係代名詞，不定詞，比較，助動詞)**

(大意) 先生 ：2020年東京オリンピックにおけるボランティア活動について話しましょう。多くの外国人がオリンピックを見るために東京に来ますが，(彼らの)ほとんどが日本語を理解できません。そこで，このような外国からの人々が観光したり競技を楽しんだりする際に，ボランティアが必要となります。

ショウ：ボランティアになるためには，何をしなければなりませんか？

先生 ：英語を勉強しなければなりません。①東京では，ボランティアをやりたい人々は，英語の授業を受けることになっています。講座を受けて，ボランティア活動に参加してみてはいかがですか？

ショウ：自分の英語の能力をより上達させたいので，参加したいですね。僕たちは英語を5年間勉強してきましたが，日本では②それを使う十分な機会がありません。外国で英語を③勉強することは簡単ですが，費用がかかりすぎます。日本で外国の人々と話をする機会を確保することが重要だと思います。

先生 ：なるほど。あなたは英語の能力を伸ばす目的で，ボランティア活動に参加しようとしている，と言いたいのですね。レイ，あなたはどう思いますか？

レイ ：彼ら[外国の人々]と話せば，私たちの英語は上達しますね。しかし，私たちがボランティア活動に参加することは簡単ではありません。⑤それをするための十分な時間がないからです。私たちはたくさんの宿題やクラブ活動もあるので，忙しいのです。もし時間が十分にあれば，ボランティアになりたいです。

先生 ；ありがとう。⑥あなたはボランティア活動に参加したいけれども，十分な時間がない，ということですね。どうすればこの問題は解決できるでしょうか？

メイ ：今度の夏は，先生が私たちに宿題を出さず，代わりに課題として私たちがボランティア活動に参加する。これはどうでしょうか？

先生 ：それは良いですね。有能なボランティアになるために，英語を一生懸命に勉強しましょう。

重要 (1) (In Tokyo,) people who want to be volunteers take English lesson(.) ここでの who は主格の関係代名詞。〈先行詞[人]＋ who ＋動詞〉「～する…[先行詞]」

基本 (2) 「僕たちは英語を5年間勉強してきましたが，ここ日本では②それを使う十分な機会がない」という文脈より，下線部②は「英語」 English を指すことがわかる。chance to use「～を使う機会」不定詞の形容詞的用法。

重要 (3) 下線部③は不定詞[to do]の名詞的用法「~すること」であり，同じ用法はウ「私は日本語を勉強することが好きだ」。〈It is ＋形容詞＋不定詞[to do]〉「~[不定詞]することは…[形容詞]である」 他の用法は次の通り。ア「私はアメリカへ行くために英語を勉強する」不定詞の副詞的用法(目的)「~するために」 イ「私は飲むための何か[飲み物]が欲しい」不定詞の形容詞的用法「~するための[するべき]…」 エ「私はその知らせを聞いてうれしかった」 原因を表す不定詞の副詞的用法「~して…」

やや難 (4) 先生がショウの発言内容を確認している場面。直前のショウの発言の冒頭で「英語の能力を上達させたくて，ボランティアに参加したい」と述べていることを参考にする。正解は，同趣旨のエ「より良い英語の能力を得るために，ボランテイア活動に参加するつもりである(と言いたいのですね)」。他の選択肢は次の通り。ア「選手としてオリンピックに参加したい」 イ「ボランテイア活動をするべきではない」 ウ「英語を5年間勉強してはいけない」

基本 (5) 下線部⑤を含む英文は「⑤それをするための十分な時間がないから，私たちがボランティア活動に参加することは簡単ではない」の意。したがって，下線部が表す具体的な内容は，ア「ボランティ活動に参加すること」。enough time to do「~する十分な時間」

やや難 (6) 先生がレイの発言内容を確認している場面。直前のレイの発言で「十分な時間がないから，ボランティア活動に参加することは簡単ではない」と語っていることを参考にする。正解は同趣旨のイ「あなたはボランティア活動に参加したいけれども，十分な時間がない(と言っているのですね)」。他の選択肢は次の通り。ア「外国の人々と話をして忙しい」 ウ「クラブ活動をするための十分な時間がない」 エ「ボランテイアになりたくない」

7 **(長文読解問題：語句整序，語句補充・選択，内容吟味，指示語，要旨把握，現在完了，進行形，動名詞，関係代名詞，不定詞，助動詞)**

(大意) 南太平洋に，ツバルと呼ばれる小さな島国がある。ツバルは人々と動物が共存する国だが，今，それが少しずつ失われようとしている。将来，島が水没するであろうと科学者たちは述べているのだ。海水が地面を覆い，家の中に浸水し，そうすると，人々は食べ物を栽培することができなくなるだろう。もはやこの島で生活するのは困難であると多くの人々が考えている。この島をすでに離れ，ニュージーランドへ移住し始めている人々もいる。多くの科学者は，この問題の原因は地球温暖化であると考えている。

②イタリアのヴェニスはツバルと同じような問題を抱えている。春と秋にはよく雨が降る。地上高度が③低いので，雨が降ると，町中の道路が水で覆われてしまうのだ。ほぼ毎日のように，私たちはテレビで地球温暖化の嘆かわしいニュースを目にする。こうした状況を阻止するには私たちは何をすることができるだろうか。

地球温暖化は深刻な問題であると④グレタ・サンバーグは考えた。彼女は地球温暖化を抑制することを望んでいた。彼女は「みんながそのことを気にかけています。人々，動物，そして地球を救うために，私たちがしなければならないことは山積みしているけれど，私たちは最善を尽くしているとは言えません」と述べている。2018年8月のある日に，グレタは通学することをやめた。彼女は，祖国へメッセージを送り，金曜日になるたびにスウェーデン国会の前でデモ活動をすることを決意した。「地球は滅亡しかけているけれど，私たちが世界を変えることは可能です。⑤この件に思いを寄せることをやめてはいけません。どうかできることをしてください。地球温暖化は私たちの問題です」

基本 (1) Some people have already に続けるので，過去分詞の形にして，現在完了にする。ここでは完了の意味で「すでに~している人がいる」という文意になる。

重要 (2) (Venice in Italy has almost) the same problem as Tuvalu(.) 〈the same ＋名詞＋ as

～〉「～と同じくらいの名詞」

基本 (3) 「地面は(　③　)ので，雨が降ると，町中の道路が水で覆われる」 以上の文脈から空所には「低い」 low が当てはまる。all over「～中」

やや難 (4) アは，第3段落の最初の文に一致。イは，第3段落第3文に Everyone is worried about it [global warming]「みんなが地球温暖化のことを気にしている」とあるので，この選択肢は本文に不一致。ウは，第3段落第6文に一致。エは，第3段落の最後と最後から第2文に一致。

やや難 (5) 「地球は滅亡しかけているが，世界を変えることは可能だ。⑤このことを考えるのをやめてはいけない」これより，このこと[that]が指すのは，「地球は滅亡しかけている」[The earth is dying]となる。〈be動詞＋現在分詞〉「～しているところだ」進行形　stop ＋動名詞[doing]「～することをやめる」

やや難 (6) ア「ツバルは水面下に消えてしまった国だ」(×)　第1段落第3文に it is disappearing slowly「ゆっくりと消えかかっている」とあり，完全に水没してしまっているわけではないので，不適。イ「ツバルに住んでいる多くの人々は，喜んでニュージーランドへ移住した」(×)　言及なし。ウ「ヴェニスで雨が降ると，多くの人々がいつも店や美術館・博物館へ行く」(×)　第2段落第3文以降で，「ヴェニスでは春と秋に雨が多く，道が水浸しになると，店舗・博物館を閉めなければならない」と述べられているので，不一致。　エ「テレビで私たちはよく地球温暖化の悲しいニュースを見る」(○)　第2段落最後から第2文に一致。　オ「金曜日にグレタは学校へ行かなかった」(○)　第3段落最後から第4・5文より，金曜日は(学校へ行かず)国会前でデモをしたことがわかる。　カ「人々は地球温暖化を阻止するためにいつも最善を尽くしている」(×)　第3段落第4文に we are not doing our best 最善を尽くしていない，と記述されている。do one's best「最善を尽くす」

★ワンポイントアドバイス★

会話文問題6(2)や長文読解問題7(5)は，指示語が具体的に指す内容を答える問題だ。指示語が指す内容は直前にあることが多い。想定される解答を指示語の代わりに当てはめてみて，解答の正否を確認すると良い。

＜理科解答＞

1　(1)　ア　(2)　周期表　(3)　ア　(4)　ウ　(5)　マイクロプラスチック

2　(1)　イ　(2)　3.2　(3)　40　(4)　ア　(5)　R_3

3　(1)　ウ　(2)　BTB溶液で確認する。フェノールフタレイン液で確認する。など
　(3)　イ　(4)　エ　(5)　(記号)　ウ　(訂正)　酸素

4　(1)　オ　(2)　ウ　(3)　減数分裂　(4)　エ　(5)　DNA

5　(1)　ウ　(2)　ウ

6　(1)　結露　(2)　露点　(3)　50

○推定配点○

1　各4点×25(3(5)完答)　計100点

＜理科解説＞

1 （総合問題一小問集合）

重要 (1)　水圧は水深に比例し，深くなるほど大きくなる。そのため，下側の膜にかかる圧力の方が大きくなるので，上側より大きくへこむ。

基本 (2)　メンデレーエフは原子を原子量の小さい順に並べた周期表を発表した。周期表では縦方向に並ぶ原子の性質が類似する。現在の周期表は原子番号の順に並べられている。

重要 (3)　セキツイ動物の進化は，魚類→両性類→ハチュウ類の順に起こり，ハチュウ類から鳥類とホニュウ類が進化したとされる。

基本 (4)　地球は北極側から見て反時計回りに回転している。

(5)　環境汚染の原因となっている微小なプラスチックを，マイクロプラスチックという。

2 （電流と電圧，電力と熱一オームの法則・電熱線）

基本 (1)　オームの法則では，電圧が一定のとき抵抗と電流は反比例し，抵抗が一定のとき，電流と電圧は比例し，電流が一定のとき，抵抗と電圧は比例する。

(2)　スイッチSを切っているときの全抵抗は50Ωである。Sを入れているときの並列部分の抵抗の合計をx(Ω)とすると，$\frac{1}{10}+\frac{1}{40}=\frac{1}{x}$　$x=8$(Ω)であり全抵抗は8＋10＝18(Ω)である。Sを切っているときのXを流れる電流は90÷50＝1.8(A)であり，Sを入れているときの電流は90÷18＝5(A)なので，その差は5－1.8＝3.2(A)である。

(3)　スイッチSを入れているときR_3にかかる電圧は，回路を流れる電流が5.0Aなので5.0×10＝50(V)となり，R_1，R_2にはそれぞれに90－50＝40(V)の電圧がかかる。

重要 (4)　発熱量(J)は電力(W)×時間(秒)で求められる。よって，電力の大きさと一定時間の発熱量は比例する。

(5)　スイッチSを入れた時R_1には4A，R_2には1Aの電流が流れる。電力は電流×電圧で求められるので，R_1の電力は40W，R_2は40W，R_3は50Wになる。3つの抵抗の電力のうち最大のものはR_3であり，発熱量も最大になる。

3 （気体の発生とその性質一気体の発生とその性質）

基本 (1)　ウでは負極で水素が発生し，陽極で酸素が発生する。

基本 (2)　BTB溶液はアルカリ性で青色になる。フェノールフタレイン液では赤色になる。

重要 (3)　水に溶けない気体は水上置換法で捕集する。水に溶けて空気より軽い気体は上方置換法，重い気体は下方置換法で集める。アンモニアは非常によく水に溶け空気より軽いので上方置換法，塩素は水に溶けて空気より重いので下方置換法，水素と酸素は水に溶けないので水上置換法である。

重要 (4)　還元とは酸素と結びついた物質から酸素を奪うことである。

重要 (5)　線香の炎が大きくなるのは，酸素にものを燃やす性質があるためである。ウが間違いで，水素ではなく酸素である。

4 （生殖と遺伝一生物の増え方・遺伝）

重要 (1)　イネは種子植物で，胚珠が子房の中にある被子植物である。スギナはシダ植物で，種子をつくらず胞子で増える。

(2)　サツマイモは根の部分に栄養分があり，根が大きくなったもの。ジャガイモは茎に栄養分があり，茎が大きくなったもの。どちらも栄養生殖という。栄養生殖は無性生殖である。ジャガイモも花から種子をつくる。これは種芋になる。種子による生殖は有性生殖である。

基本 (3)　生殖細胞ができるときに，染色体の数が半分になる分裂を減数分裂という。

重要 (4)　卵と精子の生殖細胞の染色体数は，体細胞の半分である。これらが受精して体細胞と同じ染色体数になる。

基本 (5)　染色体の中にある遺伝情報を保存しているのがDNAである。

5　**(天気の変化一台風)**

(1)　台風は低気圧であり，反時計回りに風が中心に向けて吹き込む。はじめは北寄りの風が吹いており，その後西寄りに変わったので，台風は太郎君の家の南東の地域から，家の東側を通り北東の地域へ進んだ。

(2)　台風は反時計回りに風が中心に向けて吹き込む。

6　**(天気の変化一湿度)**

基本 (1)　室温が下がって，部屋の中の水蒸気量が飽和水蒸気量に等しくなると水滴が生じる。この現象を結露という。

基本 (2)　結露が起こるときの温度を露点という。

重要 (3)　5℃で結露したので，室内の水蒸気量は$6.8g/m^3$である。温度を16℃に上げたとき飽和水蒸気量は$13.6g/m^3$になるので，このときの湿度は，(6.8÷13.6)×100＝50(％)である。

★ワンポイントアドバイス★

基本問題が大半である。理科全般の教科書レベルの基礎的な知識をしっかりと理解し，計算問題の演習なども練習しておこう。

＜社会解答＞

1　問1　(名前)　アジア州　　(説明)　ア　　問2　南極大陸　　問3　19時間

2　問1　イ　　問2　イ　　**3**　問1　愛知　　問2　エ

4　問1　(2番目)　イ　　(5番目)　エ　　問2　(国名)　百済　　(記号)　B　　問3　ア
問4　(名前)　親鸞　　(宗派)　浄土真宗　　問5　ウ　　問6　イ　　問7　エ

5　問1　イ　　問2　A　努力　　B　公共の福祉　　C　幸福追求　　D　健康で文化的
問3　ウ，カ　　問4　ウ　　問5　エ

6　問1　ウ　　問2　イ　　問3　イ　　**7**　問1　ウ　　問2　ウ

○推定配点○

1　問1　4点(完答)　　他　各4点×2　　2　各4点×2　　3　各4点×2
4　問1，問2　4点×2(各完答)　　問4　各2点×2　　他各4点×4　　5　問3　4点(完答)
問2　各2点×4　　他各4点×3　　6　各4点×3　　7　各4点×2　　計100点

＜社会解説＞

1　**(世界の地理一地理に関する様々な問題)**

問1　ア　アジア州。ASEANは東南アジア諸国連合。世界でも人口が多い国がアジアに集中している。イは北アメリカ州，ウはアフリカ州，エはオセアニア州。

重要 問2　東京から真北に行くとユーラシア大陸→南米大陸陸→南極大陸→オーストラリア大陸と大陸を通る。東京の経度をほぼ東経140度で考えると北極点を過ぎると西経40度線を南下し南極点へと至り，南極点を通過後再び東経140度線を北上する。

問3　日本とフランスの時差が8時間なので，パリのオルリー空港の到着時間を日本時間に換算すると8月9日午後3時となる。この時間と出発時間の8月8日の午後8時の間の時間を計算すれば所要時間が19時間とわかる。

2 （日本の地理―地形図の読図の問題）

問1　図書館は ，城跡は ，官公署は 。

問2　縮尺が25000分の1なので，5cm×25000＝125000cm＝1250mとなる。

3 （日本の地理―各県に関する問題）

問1　人口密度は人口を面積で割れば求められる。人口密度の高い順にA　大阪府4645.67人/km^2→B　愛知県1459.50人/km^2→F　沖縄県644.45人/km^2→D　長崎県331.64人/km^2→E　富山県251.88人/km^2→B　北海道64.01人/km^2となる。

重要　問2　Eは富山県なので米騒動の起こったエ。アは鎌倉がある神奈川県，イは宇治がある京都府，ウは金閣があるのは京都府。

4 （日本の歴史―様々な時代に関する問題）

問1　カ　旧石器時代の打製石器→イ　縄文時代の縄文式土器→ウ　弥生時代の弥生式土器→ア　708年につくられた和同開珎→エ　1582年の太閤検地で使われた京ます→オ　江戸時代末期につくられた反射炉の順。

問2　663年の白村江の戦いの頃の東アジア。Bが日本とつながっていた百済。Aは唐，Cは高句麗，Dは新羅。

問3　A　仮名文字はまずカタカナが僧侶などが経典の解釈などの勉強で使うようになり，その後平仮名が平安時代に使われるようになった。　B　紫式部は藤原道長の娘で一条天皇に嫁いだ彰子に仕えた。　C　藤原道長は10世紀末から11世紀頭に摂政，関白として活躍した。

問4　法然の浄土宗から分かれたのは親鸞の浄土真宗。

問5　ウ　バテレン追放令は豊臣秀吉が出した禁教令で1587年に出された。

問6　イ　兵役の義務は1873年の徴兵令で定められたもので，現在の憲法ではない。

重要　問7　エ　GHQ連合国軍最高司令官総司令部の指示で様々な分野において民主化政策がすすめられ，経済の分野での民主化としては財閥解体や農地改革が行われた。第二次世界大戦がはじまると，アメリカとイギリスの間で1941年の8月に大西洋会談がもたれ，ここから国際連合設立に向けての動きが始まった。

5 （政治―環境，憲法，人権，三権に関する問題）

問1　ア　地球温暖化の原因は温室効果ガスの排出量が増えて大気中の濃度が高くなったこと。　ウ　持続可能な社会の概念は，当初はない。　エ　2011年の東日本大震災以後，日本の中での火力発電への依存度は高くなり，原子力への依存度は以前よりは低くなっている。

問2　日本国憲法第12条は，憲法が自由や権利を保障はするが，それを国民も努力して保とうとしなければならないということと，その自由や権利を個人主義的に乱用するのではなく，社会全体にたいしても目を向け，他の人のことも考えて使えという内容。第13条は旧憲法と異なり，ここの国民を個人として尊重するというもの。第25条は生存権の定義にもよく使われる条文。

やや難　問3　ア　リンカンは南北戦争の時の合衆国大統領。リンカンの時代に憲法を採択とかいう話はない。資料Ⅴは日本国憲法前文。　イ　資料Ⅲはワイマール憲法の条文なのでアメリカではなくドイツのもの。　エ　資料Ⅱはフランス人権宣言で，憲法ではない。　オ　教育を受ける権利は社会権の一部であり，自由権とは別。

問4　日本にはまだ死刑制度はあり，死刑廃止条約には調印していない。

問5　ア　内閣不信任案が衆議院で可決された場合，10日以内に内閣は総辞職をするか，衆議院を解散させるかのどちらかをとる。　イ　内閣の方針を決定するのは閣議であり，公聴会は国会において専門家の意見などを聴く場。　ウ　国会が指名し天皇が任命する。

6（政治一憲法に関する問題）

問1　ウ　漢方の改正に関しては，日本国憲法第96条に定められており，衆議院参議院それぞれの院の総議員の3分の2以上の賛成で国会が発議し，それの賛否について国民投票にかけ，有効票の過半数の支持があれば，天皇が国民の名において発布するという形式になっている。日本国憲法

問2　ア　立法機関は日本では国会。裁判所は司法権を持つ機関。　ウ　日本国憲法第99条に定めてある，憲法の順守義務があるものは，天皇，摂政，国務大臣，国会議員，裁判官その他の公務員となっており，一般の国民は含まれていない。　エ　立憲主義では法の支配による政治が必要とされ，すべての国家行為にはそれを支える方が必要となる。

やや難　問3　イ　②　自衛隊が海外での活動を行う法的根拠はPKO派遣法。　④　自衛隊の最高指揮権は内閣総理大臣がもつ。天皇には現在は政治的な権限は一切ない。

7（経済一消費生活，雇用に関連する問題）

問1　ア　クーリングオフが適用できる期間は，購入したものによっても異なるが8日から20日で1か月はない。　イ　逆。購入した商品による健康被害や欠陥住宅，詐欺などの問題はほとんどが消費者側が被害者。　エ　流通は消費者もしくは最終使用者にたどり着くところまで。

やや難　問2　ア　グラフⅠでは正規労働者は近年増加しつつある。　イ　グラフⅡを見ると正規労働者と非正規労働者の賃金の格差はいまだにある。　エ　非正規雇用の労働者は増加傾向にある。

★ワンポイントアドバイス★

小問数が25題ほどで試験時間が40分なので時間的には余裕があるが，落ち着いて一つずつ正確に解答欄を埋めていきたい。正誤問題の選択肢を選ぶ際に，正それぞれの選択肢の内容を一語一語正確に読み取り考えること。

＜国語解答＞

一　問一　a　ひろう　b　構造　問二　A　ア　C　ウ　問三　「文学　問四　イ　問五　エ　問六　ウ　問七　ア　問八　教師の説明

二　問一　a　特訓　b　き　問二　二年生なんか使うなよ　問三　オレたちを～っていた。　問四　イ　問五　ウ　問六　イ　問七　エ　問八　ア　問九　X　友達　Y　心配

三　問一　みかど　問二　エ　問三　ア　問四　ア　問五　ウ

○推定配点○

一　問一　各2点×2　問二・問五・問六　各3点×4　他　各6点×4

二　問一・問四・問八　各2点×4　他　各6点×6(問九完答)

三　問一・問五　各2点×2　他　各4点×3　計100点

＜国語解説＞

一 （論説文―漢字，脱語補充，接続語，文脈把握，内容吟味，品詞・用法，語句の意味，指示語）

問一　a 「披露」は，広く人々に見せること。「披」を使った熟語はほかに「披見」など。字形の似た「被」と区別する。　b 「構造」は，物事の組み立て，しくみ，という意味。「構」を使った熟語はほかに「構図」「構成」など。訓読みは「かま(う)」「かま(える)」。字形の似た「講」「購」「溝」と区別する。

問二　A　直後に「漢字や語句の意味などたくさん覚えたという印象」とあるので，あらかじめ作り上げられている固定的な観念，という意味の「先入観」が入る。　C　直後の「結びついている」につながる語としては「直接的」が適切。

問三　「国語」と「音楽」が似ていると考える理由については，「『感じることを大切にするところと，表現するおもしろさがある点で似ている』とあり，筆者は「『文学』を中心に国語を考えてきたのかもしれない」としている。

問四　直後で「体育」の「とび箱」の例を挙げて，「どんなにたくみな説明がなされても……生徒本人がトライしてとぶこと以上の意味はない。やってみなければ上達は望めない」と述べ，「国語も同じである。教師の説明，教師のすぐれた読みなどはちょっとしたヒントといった程度のものである。……それを生かして自ら読むことを大切にした方がよい」とあるので，イが適切。

問五　直前に「国語は実技教科に比較的近い」とあり，直後で「『体育』」と具体例が示されているので，例示を表す「たとえば」が入る。「教師の説明，教師のすぐれた読みなどは，ちょっとしたヒントといった程度のものである。……それを生かして自ら読むことを大切にした方がよい」としているので，アが適切。

問六　ア・イ・エ・オは，助詞に接続しているので，存在しないという意味の「無い」を意味する形容詞。ウは，動詞「望む」の未然形「望め」に接続しているので，打消しを意味する助動詞。

問七　「試行錯誤」は，一度失敗しても，また別の方法で何度も繰り返し，適切な方法と結果を得ること，という意味なので，アが適切。

問八　前に「教師の説明，教師のすぐれた読みなど」とあり，それを記憶するのではなく，それを生かして自ら読む方がよい，と続く文脈なので，「教師の説明」を抜き出す。

二 （小説―漢字，文脈把握，語句の意味，情景・心情，品詞・用法，大意）

問一　a 「特訓」は，特別に行う訓練，という意味。「特」を使った熟語はほかに「特許」「特権」など。　b 「利」の訓読みは「き(く)」。よくはたらく，よく動く，という意味。「利き腕」などと使われる。音読みは「リ」。熟語は「利益」「利用」など。

問二　「うまい奴が試合に出る」とは異なる考えは，前に「『二年生なんか使うなよ』と山内さんに文句を言う人も何人かいて」とあるので，「二年生なんか使うなよ(10字)」を抜き出す。

問三　「ぼく」と「岡野」の違いについては，後に「オレたちをスタメンで使っていれば二回戦も勝っていた，とぼくは思い，タイムアップ寸前のスリーポイントシュートをはずした岡野は，目に涙を浮かべて先輩一人一人に謝っていた」とある。

問四　アの「途方に暮れる」は，どうしらいいかわからなくなる，という意味。イの「我を忘れる」は，物事に夢中になる，という意味。ウの「前後の見境がなくなる」は，物事の筋道がどうなっているのか冷静に考えられなくなること。エの「分別を失う」は，世間的な物事の道理をわきまえることができなくなること，という意味なので，イの意味だけが異なる。

問五　直後に「山内さんに言い返したかった」とある。「山内さん」については，前に「山内さんが指名したキャプテンは岡野，副キャプテンはぼく」とあることから，山内さんが新キャプテンに岡野を指名したことが少し悔しかった，という文脈が読み取れるので，ウが適切。

問六　新キャプテンとなった「岡野」については，前に「岡野は急に性格がキツくなった。いままでは自分一人で黙々と練習していたのが，ぼくらがちょっとサボっただけで，……文句を言うようになった。部活のロッカーの使い方や一年生の言葉づかいにもうるさくなり，……覚えの悪い奴は二年生でも怒鳴りつけた」とある。そんなふうに変わったことについて，「『試合に勝たなきゃしょうがないだろ』」と「つまらなそうに」笑ったのである。直後には「ちょっと無理してるんじゃないかとぼくは思ったけど……」とある。一人で黙々と練習するタイプの「岡野」が部員を統率する立場になり，無理しているキャプテンらしく振る舞おうとしている様子がうかがえるので，イが適切。

問七　直後に「ぼくは一番たいせつなことを岡野に話していなかった。膝の痛みは，その頃はもうがまんできないぐらいになっていた」とあるので，エが適切。部活を続けることに支障をきたすほどの痛みを，新キャプテンとして張り切っている岡野に話していないことを「負い目」と感じているのである。

問八　⑦「禁じられた」の「られ」は，「受け身」を表す助動詞。アは「受け身」，イは「自発」，ウは「可能」，エは「尊敬」の用法。

問九　「岡野」の言葉は「『新人戦には間に合うんだろ？』」というもので，「心配した顔と声だった。もちろん驚いていたし，ぼくへの同情もないわけじゃなかった」「キャプテンとして当然の言葉だ」とある。前に「桜ヶ丘クリニックを訪れたのはお盆休みの前。レントゲンを何枚か撮られ，その日のうちに診断が出て，激しい運動を禁じられた」とあり，「激しい運動を禁じられた」ことを伝えたときに，キャプテンとして当然のこととはいえ，岡野が最初に口にしたのは新人戦に間に合うかどうかという心配だったことで「胸の奥が急に冷え冷えとした」のである。キャプテンとしてではなく，友達として「ぼく」の膝を心配してほしかった，という思いが読み取れるので，Xには「友達」，Yには「心配」が入る。

三　**（古文一漢字の読み，脱語補充，文脈把握，大意，文学史）**

問一　「帝(みかど)」は，天皇の位を意味し，天皇を敬っていう敬称。

問二　「あやし」には，不思議に思う，という意味があるので，エが適切。笛の音があまりにもすばらしかったので不思議に思ったのである。

問三　前に「博雅の三位」とあるので，主語は「博雅の三位」。「博雅の三位」が，自分と同じような姿で笛を吹く男がいて，さらにその笛の音がすばらしかったので，近寄って顔を見たのである。

問四　前に「三位失せてのち」とあることから，「博雅の三位」が亡くなったとわかるので，アが適切。博雅の三位が亡くなった後，同じ笛を吹いても，三位と同じような音色を出せる人はいなかったというのである。

問五　アの『竹取物語』は平安時代前期に成立した作り物語。イの『源氏物語』は平安時代中期に成立した長編物語。ウの『平家物語』は鎌倉時代に成立した軍記物語。エの『伊勢物語』は平安時代前期に成立した歌物語。

★ワンポイントアドバイス★

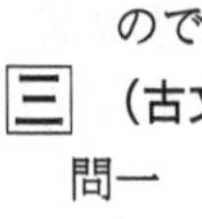

現代文の読解は，指示内容や言い換え表現に注意し，細部までしっかり読んで解答しよう！　古文は，口語訳を対照させて内容をしっかりと把握する練習をしておこう！

解答用紙集

○月×日　△曜日　天気（合格日和）

◆ご利用のみなさまへ

＊解答用紙の公表を行っていない学校につきましては、弊社の責任において、解答用紙を制作いたしました。

＊編集上の理由により一部縮小掲載した解答用紙がございます。

＊編集上の理由により一部実物と異なる形式の解答用紙がございます。

人間の最も偉大な力とは、その一番の弱点を克服したところから生まれてくるものである。――カール・ヒルティ――

東京学参株式会社

同朋高等学校　2024年度

◇数学◇

※ 118％に拡大していただくと，解答欄は実物大になります。

【解答上の注意】
1　HB以上の濃さの黒鉛筆（シャープペンシルも可）を使用すること。
2　マーク欄は、右の例を参考に塗りつぶすこと。
3　訂正する場合は、消しゴムできれいに消すこと。
4　解答用紙は、汚したり、折り曲げたりしないこと。

良い例
●

悪い例	
⊙小さい	◓上だけ
⦶線	○丸囲み
⬮はみ出し	◌うすい

1	(1)	ア	− 0 1 2 3 4 5 6 7 8 9
		イ	− 0 1 2 3 4 5 6 7 8 9
		ウ	− 0 1 2 3 4 5 6 7 8 9
	(2)	エ	− 0 1 2 3 4 5 6 7 8 9
		オ	− 0 1 2 3 4 5 6 7 8 9
		カ	− 0 1 2 3 4 5 6 7 8 9
	(3)	キ	− 0 1 2 3 4 5 6 7 8 9
	(4)	ク	− 0 1 2 3 4 5 6 7 8 9
		ケ	− 0 1 2 3 4 5 6 7 8 9
	(5)	コ	− 0 1 2 3 4 5 6 7 8 9
		サ	− 0 1 2 3 4 5 6 7 8 9

1	(6)	シ	− 0 1 2 3 4 5 6 7 8 9
		ス	− 0 1 2 3 4 5 6 7 8 9
	(7)	セ	− 0 1 2 3 4 5 6 7 8 9
		ソ	− 0 1 2 3 4 5 6 7 8 9
		タ	− 0 1 2 3 4 5 6 7 8 9
	(8)	チ	− 0 1 2 3 4 5 6 7 8 9
		ツ	− 0 1 2 3 4 5 6 7 8 9
		テ	− 0 1 2 3 4 5 6 7 8 9
	(9)	ト	− 0 1 2 3 4 5 6 7 8 9
		ナ	− 0 1 2 3 4 5 6 7 8 9
		ニ	− 0 1 2 3 4 5 6 7 8 9
		ヌ	− 0 1 2 3 4 5 6 7 8 9
	(10)	ネ	− 0 1 2 3 4 5 6 7 8 9
		ノ	− 0 1 2 3 4 5 6 7 8 9
		ハ	− 0 1 2 3 4 5 6 7 8 9
		ヒ	− 0 1 2 3 4 5 6 7 8 9
		フ	− 0 1 2 3 4 5 6 7 8 9
2	(1)	ア	− 0 1 2 3 4 5 6 7 8 9
		イ	− 0 1 2 3 4 5 6 7 8 9
		ウ	− 0 1 2 3 4 5 6 7 8 9
	(2)	エ	− 0 1 2 3 4 5 6 7 8 9
		オ	− 0 1 2 3 4 5 6 7 8 9

3	(1)	ア	− 0 1 2 3 4 5 6 7 8 9
		イ	− 0 1 2 3 4 5 6 7 8 9
		ウ	− 0 1 2 3 4 5 6 7 8 9
	(2)	エ	− 0 1 2 3 4 5 6 7 8 9
		オ	− 0 1 2 3 4 5 6 7 8 9
	(3)	カ	− 0 1 2 3 4 5 6 7 8 9
		キ	− 0 1 2 3 4 5 6 7 8 9
		ク	− 0 1 2 3 4 5 6 7 8 9
4	(1)	ア	0 1 2 3
		イ	0 1 2 3
	(2)	ウ	0 1 2 3 4 5 6 7
	(3)	エ	0 1 2 3
		オ	0 1 2 3
		カ	0 1 2 3
		キ	0 1 2 3
5	(1)	ア	− 0 1 2 3 4 5 6 7 8 9
		イ	− 0 1 2 3 4 5 6 7 8 9
	(2)	ウ	− 0 1 2 3 4 5 6 7 8 9
		エ	− 0 1 2 3 4 5 6 7 8 9
	(3)	オ	− 0 1 2 3 4 5 6 7 8 9
		カ	− 0 1 2 3 4 5 6 7 8 9

同朋高等学校　2024年度

◇英語◇

※ 111％に拡大していただくと，解答欄は実物大になります。

【解答上の注意】
1　HB以上の濃さの黒鉛筆（シャープペンシルも可）を使用すること。
2　マーク欄は、右の例を参考に塗りつぶすこと。
3　訂正する場合は、消しゴムできれいに消すこと。
4　解答用紙は、汚したり、折り曲げたりしないこと。

良い例
●

悪い例	
⊙小さい	上だけ
線	丸囲み
はみ出し	うすい

1		解答記入欄
(1)	1	㋐ ㋑ ㋒ ㋓
(2)	2	㋐ ㋑ ㋒ ㋓

2		解答記入欄
(1)	3	㋐ ㋑ ㋒ ㋓
(2)	4	㋐ ㋑ ㋒ ㋓

3		解答記入欄
(1)	5	㋐ ㋑ ㋒ ㋓
(2)	6	㋐ ㋑ ㋒ ㋓
(3)	7	㋐ ㋑ ㋒ ㋓

4		解答記入欄
(1)	8	㋐ ㋑ ㋒ ㋓
	9	㋐ ㋑ ㋒ ㋓
(2)	10	㋐ ㋑ ㋒ ㋓
	11	㋐ ㋑ ㋒ ㋓
(3)	12	㋐ ㋑ ㋒ ㋓
	13	㋐ ㋑ ㋒ ㋓

5		解答記入欄
(1)	14	㋐ ㋑ ㋒ ㋓ ㋔ ㋕ ㋖
	15	㋐ ㋑ ㋒ ㋓ ㋔ ㋕ ㋖
(2)	16	㋐ ㋑ ㋒ ㋓ ㋔ ㋕ ㋖
	17	㋐ ㋑ ㋒ ㋓ ㋔ ㋕ ㋖
(3)	18	㋐ ㋑ ㋒ ㋓ ㋔ ㋕ ㋖
	19	㋐ ㋑ ㋒ ㋓ ㋔ ㋕ ㋖

6		解答記入欄
(1)	20	㋐ ㋑ ㋒ ㋓
(2)	21	㋐ ㋑ ㋒ ㋓
(3)	22	㋐ ㋑ ㋒ ㋓
(4)	23	㋐ ㋑ ㋒ ㋓
(5)	24	㋐ ㋑ ㋒ ㋓ ㋔
	25	㋐ ㋑ ㋒ ㋓ ㋔

7		解答記入欄
(1)	26	㋐ ㋑ ㋒ ㋓
(2)	27	㋐ ㋑ ㋒ ㋓ ㋔
(3)	28	㋐ ㋑ ㋒ ㋓
(4)	29	㋐ ㋑ ㋒ ㋓ ㋔
	30	㋐ ㋑ ㋒ ㋓ ㋔
(5)	31	㋐ ㋑ ㋒ ㋓ ㋔

同朋高等学校　2024年度

※解答欄は実物大です。

◇理科◇

【解答上の注意】

1　HB以上の濃さの黒鉛筆（シャープペンシルも可）を使用すること。
2　マーク欄は、右の例を参考に塗りつぶすこと。
3　訂正する場合は、消しゴムできれいに消すこと。
4　解答用紙は、汚したり、折り曲げたりしないこと。

良い例
●

悪い例	
⊙小さい	◓上だけ
⦶線	○丸囲み
●はみ出し	◯うすい

1		解答記入欄
(1)	1	①②③④
(2)	2	①②③④
(3)	3	①②③④
(4)	4	①②③④
(5)	5	①②③④

2		解答記入欄
(1)	6	①②③④
(2)	7	①②③④
(3)	8	①②③④⑤⑥⑦⑧⑨
(4)	9	①②③④
(5)	10	①②③④

3		解答記入欄
(1)	11	①②③④⑤⑥
(2)	12	①②③
(3)	13	①②③④
(4)	14	①②③④
(5)	15	①②③④

4		解答記入欄
(1)	16	①②③④
(2)	17	①②③
(3)	18	①②③④
(4)	19	①②③④
(5)	20	①②③④

5		解答記入欄
(1)	21	①②③④
(2)	22	①②③④
(3)	23	①②③④
(4)	24	①②③④
(5)	25	①②③④

同朋高等学校　2024年度

※解答欄は実物大です。

◇社会◇

【解答上の注意】
1　HB以上の濃さの黒鉛筆（シャープペンシルも可）を使用すること。
2　マーク欄は、右の例を参考に塗りつぶすこと。
3　訂正する場合は、消しゴムできれいに消すこと。
4　解答用紙は、汚したり、折り曲げたりしないこと。

良い例
●

悪い例	
小さい	上だけ
線	丸囲み
はみ出し	うすい

1		解答記入欄
問1	1	㋐ ㋑ ㋒ ㋓
問2	2	㋐ ㋑ ㋒ ㋓ ㋔ ㋕
問3	3	㋐ ㋑ ㋒ ㋓ ㋔ ㋕
問4	4	㋐ ㋑ ㋒ ㋓

2		解答記入欄
問1	5	㋐ ㋑ ㋒ ㋓ ㋔ ㋕
問2	6	㋐ ㋑ ㋒ ㋓ ㋔ ㋕

3		解答記入欄
問1	7	㋐ ㋑ ㋒ ㋓ ㋔ ㋕
問2	8	㋐ ㋑ ㋒ ㋓

4		解答記入欄
問1	9	㋐ ㋑ ㋒ ㋓ ㋔ ㋕
問2	10	㋐ ㋑ ㋒ ㋓ ㋔ ㋕
問3	11	㋐ ㋑ ㋒ ㋓ ㋔ ㋕
問4	12	㋐ ㋑ ㋒ ㋓
問5	13	㋐ ㋑ ㋒ ㋓ ㋔ ㋕

5		解答記入欄
問1	14	㋐ ㋑ ㋒ ㋓ ㋔ ㋕
問2	15	㋐ ㋑ ㋒ ㋓ ㋔ ㋕ ㋖
問3	16	㋐ ㋑ ㋒ ㋓ ㋔ ㋕ ㋖
問4	17	㋐ ㋑ ㋒ ㋓ ㋔ ㋕
問5	18	㋐ ㋑ ㋒ ㋓ ㋔ ㋕

6		解答記入欄
問1	19	㋐ ㋑ ㋒ ㋓
問2	20	㋐ ㋑ ㋒ ㋓ ㋔ ㋕
問3	21	㋐ ㋑ ㋒ ㋓ ㋔ ㋕
問4	22	㋐ ㋑ ㋒ ㋓ ㋔ ㋕ ㋖ ㋗
問5	23	㋐ ㋑ ㋒ ㋓
問6	24	㋐ ㋑ ㋒ ㋓
問7	25	㋐ ㋑ ㋒ ㋓

同朋高等学校　2024年度

※解答欄は実物大です。

◇国語◇

【解答上の注意】
1　HB以上の濃さの黒鉛筆（シャープペンシルも可）を使用すること。
2　マーク欄は、右の例を参考に塗りつぶすこと。
3　訂正する場合は、消しゴムできれいに消すこと。
4　解答用紙は、汚したり、折り曲げたりしないこと。

良い例
●

悪い例	
小さい	上だけ
線	丸囲み
はみ出し	うすい

一			解答記入欄
問一	a	1	㋐ ㋑ ㋒ ㋓
	b	2	㋐ ㋑ ㋒ ㋓
問二	A	3	㋐ ㋑ ㋒ ㋓
	C	4	㋐ ㋑ ㋒ ㋓
問三		5	㋐ ㋑ ㋒ ㋓
問四		6	㋐ ㋑ ㋒ ㋓
問五		7	㋐ ㋑ ㋒ ㋓
問六		8	㋐ ㋑ ㋒ ㋓
問七		9	㋐ ㋑ ㋒ ㋓
問八		10	㋐ ㋑ ㋒ ㋓

二			解答記入欄
問一	a	11	㋐ ㋑ ㋒ ㋓
	b	12	㋐ ㋑ ㋒ ㋓
問二		13	㋐ ㋑ ㋒ ㋓
問三		14	㋐ ㋑ ㋒ ㋓
問四		15	㋐ ㋑ ㋒ ㋓
問五		16	㋐ ㋑ ㋒ ㋓
問六		17	㋐ ㋑ ㋒ ㋓
問七		18	㋐ ㋑ ㋒ ㋓
問八		19	㋐ ㋑ ㋒ ㋓
問九		20	㋐ ㋑ ㋒ ㋓

三		解答記入欄
問一	21	㋐ ㋑ ㋒ ㋓
問二	22	㋐ ㋑ ㋒ ㋓
問三	23	㋐ ㋑ ㋒ ㋓
問四	24	㋐ ㋑ ㋒ ㋓
問五	25	㋐ ㋑ ㋒ ㋓

同朋高等学校　2023年度

◇数学◇

※解答欄は実物大になります。

1

(1)		(2)	
(3)		(4)	
(5)		(6)	$x=$
(7)	$x=$　　　, $y=$	(8)	(度)
(9)	(点)	(10)	

2

(1)	(個)	(2)	(個)

3

(1)		(2)	
(3)			

4

(1)		(2)	

5

(1)	C(　　　,　　　)	(2)	
(3)			

同朋高等学校　2023年度

◇英語◇

※ 159%に拡大していただくと，解答欄は実物大になります。

1

(1)		(2)	

2

(1)		(2)	

3

(1)		(2)		(3)	

4

(1)	(　　)(　　)(　　)		
(2)	(　　)(　　)	(3)	(　　)

5

(1)	3番目(　　)6番目(　　)	(2)	3番目(　　)6番目(　　)	(3)	3番目(　　)6番目(　　)

6

(1)		(2)		(3)	
(4)		(5)			

7

(1)		(2)		(3)	
(4)			(5)		

同朋高等学校　2023年度

◇理科◇

※ 106％に拡大していただくと，解答欄は実物大になります。

1

(1)	(2)	(3)	(4)	(5)

2

(1)	(2)	(3)	(4)	(5)

3

(1)	(2)	(3)	(4)	(5)

4

(1)	(2)	(3)	(4)	(5)
			時	

5

(1)	(2)	(3)	(4)	(5)
km/h	m/s	J		

同朋高等学校　2023年度　◇社会◇

※ 154％に拡大していただくと，解答欄は実物大になります。

1

問 1					
問 2	（別名）	（通貨）		問 3	
問 4	1 月（　　　）日　午前・午後　（　　　）時				
問 5	（地形）	（宗教）		問 6	

2

問 1		問 2		問 3		問 4		問 5	
問 6									

3

問 1		問 2		問 3		問 4	
問 5	（北京）		（上海）		（香港）		

※問 5：教科書に記載されている読み方に準ずる。

4

問 1	①	③	⑥	問 2		問 3	
問 4							

5

問 1		問 2		問 3	

◇国語◇

同朋高等学校　２０２３年度

※１４１％に拡大していただくと、解答欄は実物大になります。

一

問一　a　　b

問二　A　　C　　問三

問四

問五　　問六　I　　II

問七

二

問一　a　しい　　b　った　　問二

問三　　問四　　問五

問六　　問七　　問八

問九

三

問一　　問二　　問三　月

問四　　問五

同朋高等学校　2022年度

◇数学◇

※解答欄は実物大になります。

1

(1)		(2)	
(3)		(4)	
(5)		(6)	$x=$
(7)	$x=$　　　　，$y=$	(8)	（%）
(9)	$n=$	(10)	（個）

2

(1)	（分）	(2)	

3

(1)		(2)	

4

(1)	（個）	(2)	（個）
(3)	（番目）		

5

(1)	（cm^2）	(2)	（cm^2）
(3)	（秒後）		

同朋高等学校　2022年度　◇英語◇

※ 159%に拡大していただくと，解答欄は実物大になります。

1

(1)		(2)	

2

(1)		(2)	

3

(1)		(2)		(3)	

4

(1)	(　　　　)(　　　　)	(2)	(　　　　)(　　　　)
(3)	(　　　　)		

5

(1)	3番目(　　　)6番目(　　　)	(2)	3番目(　　　)6番目(　　　)	(3)	3番目(　　　)6番目(　　　)

6

(1)		(2)			
(3)			(4)		

7

(1)		(2)		(3)	
(4)			(5)		

※ 106%に拡大していただくと，解答欄は実物大になります。

1

(1)	(2)	(3)	(4)	(5)

2

(1)	(2)	(3)	(4)	(5)
	g	cm	cm	cm

3

(1)	(2)		(3)	(4)		(5)
	水面	目線		ア	イ	

4

(1)	(2)	(3)	(4)	(5)
	AA : Aa : aa			

5

(1)	(2)	(3)	(4)	(5)
		N		

同朋高等学校　2022年度

◇社会◇

※ 154%に拡大していただくと，解答欄は実物大になります。

1

問 1		問 2		問 3		問 4	
問 5	①	②	③				

2

問 1		問 2	①	②	③	④
問 3		問 4		問 5		

3

問 1		問 2	(a)	(b)	問 3	

4

問 1		問 2		問 3	A	B	問 4	

5

問 1		問 2		問 3	

同朋高等学校　２０２２年度

※１４１%に拡大していただくと、解答欄は実物大になります。

◇国語◇

一

問一 a

b

問二

問三

問四

問五

問六

〜

問七

問八

問九

二

問一 a

b

問二

問三

問四

問五

問六

問七

問八

〜

から

問九

三

問一

問二

問三

問四

問五

同朋高等学校　2021年度

◇数学◇

※解答欄は実物大になります。

1

(1)		(2)	
(3)		(4)	
(5)	$x=$ 　　　, $y=$	(6)	$n=$
(7)		(8)	(円)
(9)	(%)	(10)	$x=$ 　　　(度)

2

(1)	$a=$ 　　　(点)	(2)	(点)

3

(1)	$y=$	(2)	C (　　　,　　　)

4

(1)	(個)	(2)	(個)
(3)	(個)		

5

(1)	(m)	(2)	
(3)	(分)		

同朋高等学校　2021年度　◇英語◇

※ 161％に拡大していただくと，解答欄は実物大になります。

1

(1)		(2)	

2

(1)		(2)	

3

(1)		(2)		(3)	

4

(1)	(　　)	(2)	(　　)(　　)
(3)	(　　)		

5

(1)	3番目(　　)6番目(　　)	(2)	3番目(　　)6番目(　　)	(3)	3番目(　　)6番目(　　)

6

(1)	(　　)(　　)(　　)(　　)(　　)							
(2)			(3)		(4)		(5)	

7

(1)		(2)			
(3)			(4)		

同朋高等学校　2021年度

◇理科◇

※解答欄は実物大になります。

1

（1）	（2）	（3）	（4）	（5）
		%		

2

（1）	（2）	（3）	（4）	（5）

3

（1）	（2）	（3）	（4）	（5）
				g

4

（1）	（2）	（3）	（4）	（5）

5

（1）	（2）	（3）	（4）	（5）
	m／s	m	秒後	

同朋高等学校　2021年度

◇社会◇

※ 152%に拡大していただくと，解答欄は実物大になります。

1

問 1		問 2	月　日　午前 午後　時	問 3		問 4	m

2

問 1		問 2	都道府県名	位置	問 3	

3

問 1		問 2		問 3		問 4	
問 5	A 群	B 群					

4

問 1	2番目	4番目	問 2		問 3	

5

問 1	(A)	(B)	問 2		問 3		問 4	

6

問 1		問 2	

7

問 1		問 2		問 3	

◇国語◇

同朋高等学校　２０２１年度

※１５２%に拡大していただくと、解答欄は実物大になります。

一

問一 a

b

問二

問三

問四

問五 B

C

問六

問七

問八

二

問一 a

b

問二

問三

問四

問五

問六

問七

問八

問九

三

問一

問二

問三

問四

問五

同朋高等学校　2020年度

◇数学◇

※解答欄は実物大です。

1

(1)		(2)	
(3)		(4)	
(5)		(6)	$x=$
(7)	$x=$　　　，$y=$	(8)	$968=$
(9)		(10)	(度)

2

(1)	ア	イ
(2)	$a=$	
(3)	GH =　　　(cm)	EH =　　　(cm)

3

(1)		(2)	

4

(1)	$a=$	(2)	$y=$
(3)			

同朋高等学校　2020年度

◇英語◇

※161％に拡大していただくと，解答欄は実物大になります。

1

(1)		(2)	

2

(1)		(2)	

3

(1)		(2)		(3)	

4

(1)	(　　　)(　　　)	(2)	(　　　)(　　　)	(3)	(　　　)

5

(1)	3番目(　　　)6番目(　　　)	(2)	3番目(　　　)6番目(　　　)	(3)	3番目(　　　)6番目(　　　)

6

(1)	3番目(　　　)5番目(　　　)	(2)		(3)		(4)	
(5)		(6)					

7

(1)		(2)	2番目(　　　)4番目(　　　)	(3)		(4)	
(5)	(　　　)(　　　)(　　　)(　　　)	(6)					

同朋高等学校　2020年度　◇理科◇

※解答欄は実物大です。

1

(1)	(2)	(3)	(4)	(5)

2

(1)	(2)	(3)	(4)	(5)
	A	V		

3

(1)	(2)

(3)	(4)	(5)	
		記号	訂正

4

(1)	(2)	(3)	(4)	(5)

5

(1)	(2)

6

(1)	(2)	(3)
		%

同朋高等学校　2020年度

◇社会◇

※147％に拡大していただくと，解答欄は実物大になります。

1

問 1	名前　州	説明	問 2	大陸	問 3	時間

2

問 1		問 2	

3

問 1		問 2	

4

問 1	2 番目	5 番目	問 2	国名	記号	問 3		
問 4	名前	宗派	問 5		問 6		問 7	

5

問 1		問 2	A	B
			C	D

問 3			問 4		問 5	

6

問 1		問 2		問 3	

7

問 1		問 2	

◇国語◇

同朋高等学校　２０２０年度

※１６１％に拡大していただくと、解答欄は実物大になります。

一

問一 a　b

問二 A　C

問三

問四

問五

問六

問七

問八

二

問一 a　b　き

問二

問三　～

問四

問五

問六

問七

問八

問九 X　Y

三

問一

問二

問三

問四

問五

東京学参の

中学校別入試過去問題シリーズ

＊出版校は一部変更することがあります。一覧にない学校はお問い合わせください。

東京ラインナップ

あ　青山学院中等部(L04)
麻布中学(K01)
桜蔭中学(K02)
お茶の水女子大附属中学(K07)
か　海城中学(K09)
開成中学(M01)
学習院中等科(M03)
慶應義塾中等部(K04)
啓明学園中学(N29)
晃華学園中学(N13)
攻玉社中学(L11)
国学院大久我山中学
（一般・CC）(N22)
（ＳＴ）(N23)
駒場東邦中学(L01)
さ　芝中学(K16)
芝浦工業大附属中学(M06)
城北中学(M05)
女子学院中学(K03)
巣鴨中学(M02)
成蹊中学(N06)
成城中学(K28)
成城学園中学(L05)
青稜中学(K23)
創価中学(N14)★
た　玉川学園中学部(N17)
中央大附属中学(N08)
筑波大附属中学(K06)
筑波大附属駒場中学(L02)
帝京大中学(N16)
東海大菅生高中等部(N27)
東京学芸大附属竹早中学(K08)
東京都市大付属中学(L13)
桐朋中学(N03)
東洋英和女学院中学部(K15)
豊島岡女子学園中学(M12)
な　日本大第一中学(M14)
日本大第三中学(N19)
日本大第二中学(N10)
は　雙葉中学(K05)
法政大学中学(N11)
本郷中学(M08)
ま　武蔵中学(N01)
明治大付属中野中学(N05)
明治大付属八王子中学(N07)
明治大付属明治中学(K13)
ら　立教池袋中学(M04)
わ　和光中学(N21)
早稲田中学(K10)
早稲田実業学校中等部(K11)
早稲田大高等学院中学部(N12)

神奈川ラインナップ

あ　浅野中学(O04)
栄光学園中学(O06)
か　神奈川大附属中学(O08)
鎌倉女学院中学(O27)
関東学院六浦中学(O31)
慶應義塾湘南藤沢中等部(O07)
慶應義塾普通部(O01)
さ　相模女子大中学部(O32)
サレジオ学院中学(O17)
逗子開成中学(O22)
聖光学院中学(O11)
清泉女学院中学(O20)
洗足学園中学(O18)
捜真女学校中学部(O29)
た　桐蔭学園中等教育学校(O02)
東海大付属相模高中等部(O24)
桐光学園中学(O16)
な　日本大中学(O09)
は　フェリス女学院中学(O03)
法政大第二中学(O19)
や　山手学院中学(O15)
横浜隼人中学(O26)

千・埼・茨・他ラインナップ

あ　市川中学(P01)
浦和明の星女子中学(Q06)
か　海陽中等教育学校
（入試Ⅰ・Ⅱ）(T01)
（特別給費生選抜）(T02)
久留米大附設中学(Y04)
さ　栄東中学(東大・難関大)(Q09)
栄東中学(東大特待)(Q10)
狭山ヶ丘高校付属中学(Q01)
芝浦工業大柏中学(P14)
渋谷教育学園幕張中学(P09)
城北埼玉中学(Q07)
昭和学院秀英中学(P05)
清真学園中学(S01)
西南学院中学(Y02)
西武学園文理中学(Q03)
西武台新座中学(Q02)
専修大松戸中学(P13)
た　筑紫女学園中学(Y03)
千葉日本大第一中学(P07)
千葉明徳中学(P12)
東海大付属浦安高中等部(P06)
東邦大付属東邦中学(P08)
東洋大附属牛久中学(S02)
獨協埼玉中学(Q08)
な　長崎日本大中学(Y01)
成田高校付属中学(P15)
は　函館ラ・サール中学(X01)
日出学園中学(P03)
福岡大附属大濠中学(Y05)
北嶺中学(X03)
細田学園中学(Q04)
や　八千代松陰中学(P10)
ら　ラ・サール中学(Y07)
立命館慶祥中学(X02)
立教新座中学(Q05)
わ　早稲田佐賀中学(Y06)

公立中高一貫校ラインナップ

北海道　市立札幌開成中等教育学校(J22)
宮　城　宮城県仙台二華・古川黎明中学校(J17)
市立仙台青陵中等教育学校(J33)
山　形　県立東桜学館・致道館中学校(J27)
茨　城　茨城県立中学・中等教育学校(J09)
栃　木　県立宇都宮東・佐野・矢板東高校附属中学校(J11)
群　馬　県立中央・市立四ツ葉学園中等教育学校・
市立太田中学校(J10)
埼　玉　市立浦和中学校(J06)
県立伊奈学園中学校(J31)
さいたま市立大宮国際中等教育学校(J32)
川口市立高等学校附属中学校(J35)
千　葉　県立千葉・東葛飾中学校(J07)
市立稲毛国際中等教育学校(J25)
東　京　区立九段中等教育学校(J21)
都立大泉高等学校附属中学校(J28)
都立両国高等学校附属中学校(J01)
都立白鷗高等学校附属中学校(J02)
都立富士高等学校附属中学校(J03)
都立三鷹中等教育学校(J29)
都立南多摩中等教育学校(J30)
都立武蔵高等学校附属中学校(J04)
都立立川国際中等教育学校(J05)
都立小石川中等教育学校(J23)
都立桜修館中等教育学校(J24)
神奈川　川崎市立川崎高等学校附属中学校(J26)
県立平塚・相模原中等教育学校(J08)
横浜市立南高等学校附属中学校(J20)
横浜サイエンスフロンティア高校附属中学校(J34)
広　島　県立広島中学校(J16)
県立三次中学校(J37)
徳　島　県立城ノ内中等教育学校・富岡東・川島中学校(J18)
愛　媛　県立今治東・松山西中等教育学校(J19)
福　岡　福岡県立中学校・中等教育学校(J12)
佐　賀　県立香楠・致遠館・唐津東・武雄青陵中学校(J13)
宮　崎　県立五ヶ瀬中等教育学校・宮崎西・都城泉ヶ丘高校附属中学校(J15)
長　崎　県立長崎東・佐世保北・諫早高校附属中学校(J14)

公立中高一貫校「適性検査対策」問題集シリーズ

総合編　作文問題編　資料問題編　数と図形編　生活と科学編　実力確認テスト編

私立中・高スクールガイド

THE《ザ》 私立

私立中学＆高校の学校生活がわかる！

〈ダウンロードコンテンツについて〉

本問題集のダウンロードコンテンツ、弊社ホームページで配信しております。現在ご利用いただけるのは「2025年度受験用」に対応したもので、**2025年3月末日**までダウンロード可能です。弊社ホームページにアクセスの上、ご利用ください。
※配信期間が終了いたしますと、ご利用いただけませんのでご了承ください。

高校別入試過去問題シリーズ
同朋高等学校　2025年度
ISBN978-4-8141-3055-9

[発行所] 東京学参株式会社
〒153-0043　東京都目黒区東山2-6-4

書籍の内容についてのお問い合わせは右のQRコードから ⇒

※書籍の内容についてのお電話でのお問い合わせ、本書の内容を超えたご質問には対応できませんのでご了承ください。

2024年7月26日　初版